LA MAISON des MATERNELLES

Le guide des parents épanouis

LA MAISON des MATERNELLES

Le guide des parents épanouis

FIRST
ÉDITIONS

Édito

Mais quelle bonne idée vous avez de tenir ce livre entre vos mains ! Depuis presque vingt ans, les animatrices qui se sont succédé dans cette émission ont été les porte-parole des fragilités et des questionnements qui nous assaillent quand cette immense tempête affective entre dans nos vies : la parentalité !

La Maison des Maternelles est un endroit où nous essayons chaque jour de déculpabiliser les parents, de libérer la parole, d'informer sans chichis, c'est un endroit où l'on se confie, où l'on échange des astuces de parents, où l'on s'entraide, parce que oui, je crois, le fait d'avoir un enfant redéfinit les personnes que l'on croyait être, nous révèle à nous-mêmes, et ce n'est pas une mince affaire.

Dans cet ouvrage vous trouverez des béquilles pour vivre le mieux possible ce moment de vie qu'il faut absolument réapprendre à savourer ! On a une médecine de pointe, et c'est une chance extraordinaire, mais à mon sens on en oublie beaucoup trop tout ce qui se joue affectivement pendant le suivi de grossesse et pendant les premiers jours du bébé.

Au-delà de toutes les informations essentielles que vous lirez dans cet ouvrage, je pense que le plus important est d'apprendre à écouter votre petite voix intérieure : personne ne connaît votre corps mieux que vous, personne ne connaît votre bébé mieux que vous, aussi écoutez-vous, imposez-vous !

Et quand vous aurez un petit doute, dites-vous que Winnicott, qui était un immense psychanalyste, évoquait la notion de « mère suffisamment bonne », sous-entendant qu'elle ne devait pas l'être trop… Alors, vive les mères imparfaites !

Agathe Lecaron

SOMMAIRE

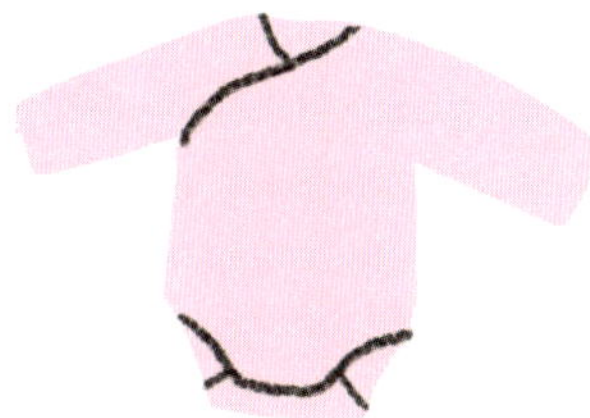

CHAPITRE 3

Bébé de 0 à 2 ans

CHAPITRE 4

Enfance

CHAPITRE 5

Parents

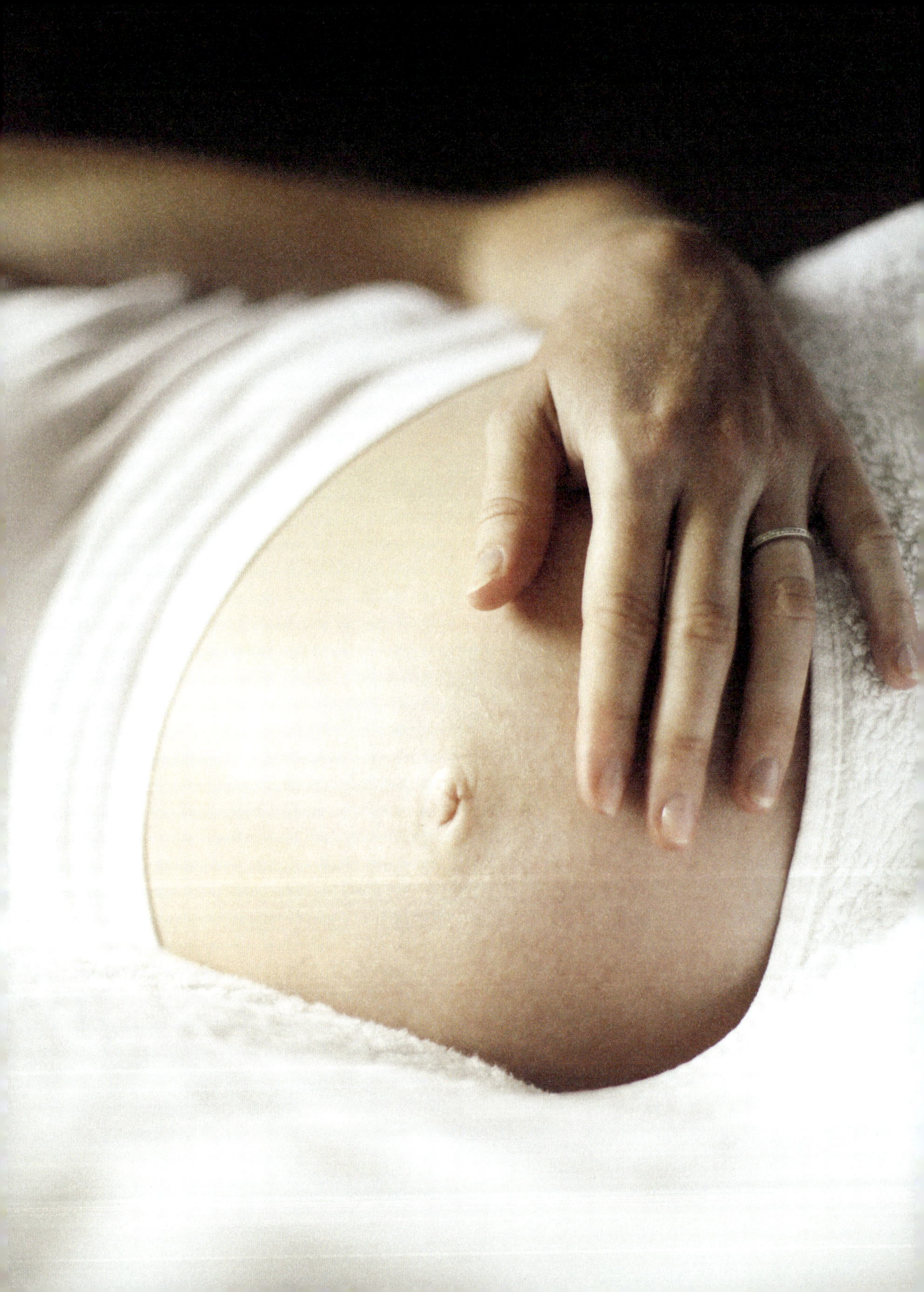

CHAPITRE 1

Grossesse

Fille ou garçon ?

De l'alimentation pendant la grossesse à la révélation du sexe, chaque parent gère cette surprise à sa manière.

Si vous désirez une fille ou un garçon à tout prix, vous pouvez influencer vos chances de choisir le sexe de votre bébé. Mais certains préfèrent la surprise et le hasard.

L'alimentation

En consommant des aliments plutôt basiques ou acides plusieurs mois avant la conception, on modifierait les probabilités de concevoir un garçon ou une fille, en influant sur l'acidité du pH sanguin. En effet, le spermatozoïde Y (garçon) est moins résistant à l'acidité que le X (fille). Attention toutefois à bien respecter un régime alimentaire équilibré !

Le calendrier

Avoir des rapports 2-3 jours avant l'ovulation favoriserait la conception d'une fille : le X étant plus endurant, il restera en plus grand nombre dans la cavité utérine jusqu'à l'ovulation. Inversement, si le rapport a lieu le jour de l'ovulation, les chances d'avoir un garçon sont plus importantes, puisque les spermatozoïdes Y, plus rapides, atteignent l'ovule plus vite. Cette méthode est loin d'être fiable à 100 %. Acceptez la surprise !

La révélation

On peut connaître le sexe de son enfant au cours du 5e mois de grossesse, lors de la seconde échographie. 9 couples sur 10 font le choix de demander s'ils attendent un garçon ou une fille.

La surprise

Le Dr Catherine Dolto, pédiatre et haptothérapeute, milite pour que le secret du sexe du bébé soit maintenu jusqu'à la naissance. Pour elle, connaître le sexe provoque une « interruption volontaire de fantasme ». L'enfant risque d'être soumis à un carcan imaginaire auquel il ne pourra pas coller, et il sera exposé aux projections. In utero, il ne peut pas se défendre alors que quand il naît, un processus d'adoption mutuelle se met en place.
Ce mystère offre la liberté de se découvrir autrement, les mamans qui l'ont vécu en témoignent. Moins focalisées sur la médicalisation, elles étaient entièrement à la magie de la naissance et à l'émotion de la rencontre.

Parole de parent

Sophie, maman de Nina (8 ans), d'Arthur (5 ans) et de Marcus (3 mois)

Ce fut très excitant de s'imaginer tour à tour maman d'une petite fille ou d'un petit garçon. L'incertitude nous place dans une attente différente, on focalise moins sur les petits maux. Le désir de la rencontre est décuplé.

Comment choisir sa maternité ?

Proximité, équipement médical ou encore volonté de naissance la plus physiologique possible, quels sont les critères à prendre en compte pour décider où accoucher ?

Commencez cette réflexion dès que possible pour vous assurer de trouver une place dans la maternité de votre choix, car les faits montrent qu'il faut s'y prendre vraiment tôt...

Des critères importants

Pour presque la moitié des femmes, la proximité avec le logement est le premier critère de sélection d'une maternité*. Votre médecin peut également vous en recommander une. Toutefois, d'autres éléments entrent en ligne de compte : vos moyens, vos envies concernant l'accouchement et vos convictions.

Les niveaux, kezako ?

L'équipement médical est également un critère de choix. En France, les maternités sont classées par niveaux en fonction de la prise en charge plus ou moins complexe qu'elles peuvent offrir aux futures mamans et aux nouveau-nés.

Engagement et philosophie

Vous pouvez vous renseigner sur le nombre d'accouchements, le taux d'épisiotomies (voir p. 80) et de césariennes pratiquées par un établissement (voir p. 75). Certaines maternités revendiquent aussi leurs engagements et leur philosophie, et travaillent à ce que la naissance soit plus douce, en privilégiant la communication et l'écoute avec les parents, même dans un contexte hyper-médicalisé. N'hésitez pas à consulter leurs sites pour trouver celle dont vous vous sentirez la plus proche.

Zone sans maternité

En 20 ans, en France, plus de 300 maternités ont fermé et il existe de réelles inégalités territoriales. Si vous habitez dans une zone sans maternité proche, le choix sera par conséquent réduit. Pour pallier la désertification, des centres périnataux de proximité ont été créés : ces structures médicales assurent des consultations pré- et postnatales. Par ailleurs, sauf complication ou grossesse à risque, le suivi de votre grossesse peut être réalisé par une sage-femme.

* Étude réalisée en exclusivité pour La Maison des Maternelles auprès d'un échantillon de 4 242 jeunes mamans du 29 mars au 8 avril 2019 par La Boîte Rose, site spécialisé dans la maternité qui propose conseils et bons plans.

LES MAISONS DE NAISSANCE

Encore très rares car au stade expérimental – 9 maisons de naissance ont été accréditées en 2015 pour une durée de 5 ans –, ce sont des structures autonomes et gérées par des sages-femmes. Elles s'adressent aux femmes qui ne présentent aucun facteur de risque connu et qui souhaitent un accouchement physiologique, moins médicalisé. Cependant, ces maisons sont associées à un établissement de santé afin de garantir la sécurité en cas de complication ou d'urgence médicale.

LES NIVEAUX DE MATERNITÉS

Maternités de niveau 1	service obstétrique
Maternités de niveau 2	services obstétrique + néonatal
Niveau 2A	troubles d'intensité moyenne
Niveau 2B	état nécessitant des soins intensifs
Maternités de niveau 3	services obstétrique + néonatal + réanimation néonatale

Les maux de la grossesse

Comment mieux vivre les nausées, les crampes et les jambes lourdes ? Voici quelques astuces pour rendre ces maux plus supportables au quotidien.

Calmer les nausées

Elles sont très fréquentes en début de grossesse et reflètent l'augmentation de l'hormone HCG. Elles sont dues à une hypoglycémie, c'est pourquoi l'un des premiers conseils est de manger dès le lever ! Pour éviter la sensation de ventre vide en journée, qui accentue le phénomène, mieux vaut fractionner ses repas, en mangeant un peu moins à chaque fois, mais plus souvent. Les nausées tendent à redoubler avec le stress et la fatigue.

Les recommandations

Les plats gras, en sauce, épicés ou vinaigrés sont à éviter car ils alourdissent la digestion.

Pour éviter l'hypoglycémie, on recommande des aliments riches en hydrates de carbone. Par ailleurs, ceux riches en zinc et en vitamine B6 seraient des anti-nausées efficaces.

Sont donc conseillés : toast, muesli, céréales complètes, pâtes, pommes de terre, escalope de veau, blanc de volaille, jambon, carrelet, sole, germes de blé, brocolis, épinards, chou rouge, tomate, banane...

Il est aussi important de suivre vos envies : certains aliments provoquent un dégoût chez certaines femmes enceintes, alors qu'ils seront peut-être parmi vos préférés !

Côté remède de grand-mère, on vous recommande la racine de gingembre frais coupée en petits morceaux et infusée 5 minutes dans de l'eau bouillante. On peut consommer le gingembre sous d'autres formes, notamment confit.

N'oubliez pas de pratiquer des exercices de respiration régulièrement. Ils pourront vous aider à mieux traverser ces désagréments et réduire le stress (voir p. 64).

Soulager une crampe

Cette contraction musculaire involontaire au niveau de la jambe est courante au 3e trimestre de la grossesse. Elle touche le plus souvent le mollet (parfois la cuisse ou le pied) et survient généralement la nuit, de manière soudaine et souvent violente. Les crampes peuvent être liées à un manque d'hydratation, un effort trop important, à du stress, à de la fatigue ou encore à une carence.

Comment les faire disparaître ? Étirez le muscle dans le sens inverse de la contracture. Cela accroîtra peut-être la douleur temporairement mais la fera disparaître ensuite rapidement.

Assurez-vous de boire régulièrement,

DES SIGNAUX D'ALERTE

Vomissements et nausées sont assez courants en début de grossesse. Toutefois, si vous perdez plus de 10 % de votre poids, il est important de consulter car vous souffrez peut-être, comme Kate Middleton, d'*hyperemesis gravidarum*.

Côté jambes, si les douleurs de crampes persistent au lever, si vous ressentez un engourdissement, si votre mollet est gonflé, rouge, consultez rapidement afin d'écarter toute suspicion de phlébite.

au moins 1,5 l d'eau par jour. Optez pour une alimentation riche en magnésium : eaux enrichies, chocolat noir, légumes verts, oléagineux, céréales et légumes secs. Pensez aussi à votre apport en calcium, le meilleur ami de vos muscles : produits laitiers, fruits secs et légumes verts.

Soulager les jambes lourdes

Mal aux jambes à la fin de la journée, jambes qui gonflent, varicosités (petites veinules superficielles), varices, hémorroïdes, les « jambes lourdes » peuvent prendre des formes différentes. Elles sont très fréquentes au cours de la grossesse notamment en raison de l'imprégnation hormonale, ainsi que du bébé qui appuie et qui gêne le retour veineux. Plus on avance au cours de la grossesse, plus ces désagréments augmentent. Ils sont renforcés en cas de station debout prolongée ou de piétinement.

Comment les soulager ? Prenez soin de votre circulation sanguine ! Le premier conseil est le port de bas de contention (qui peuvent d'ailleurs être prescrits par une sage-femme ou un médecin). En fin de douche ou de bain, vous pouvez terminer par un jet d'eau froide sur les jambes, du bas vers le haut. Essayez aussi de surélever vos pieds avec un coussin pour dormir. Si vous n'avez pas de contre-indication, la marche et la natation sont recommandées. Enfin, privilégiez des vêtements amples.

EXERCICE LE BALANCEMENT

par Karim NGosso, coach sportif

Cet exercice favorise la circulation sanguine et permet d'étirer les jambes. Une main contre le mur, balancez une jambe d'avant en arrière puis alternez ; faites 8 répétitions.

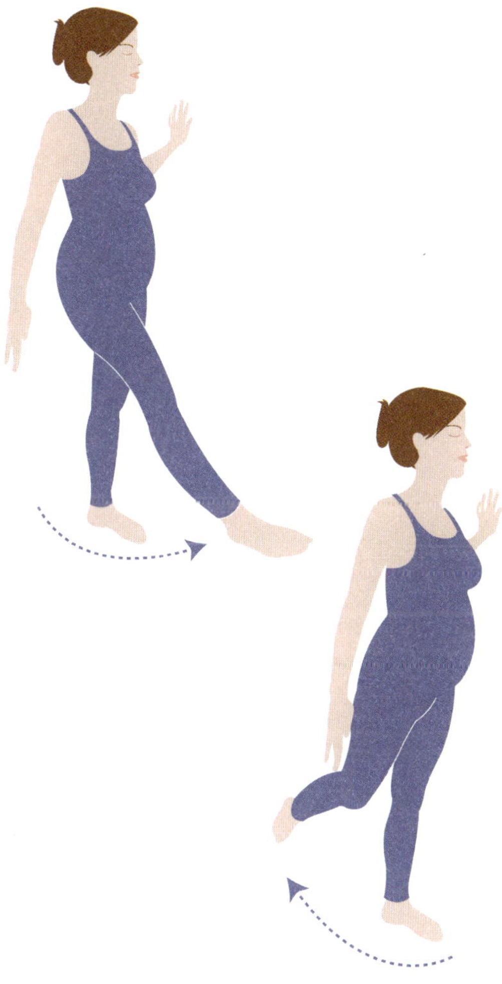

Parole d'expert

Willy Belhassen, sage-femme

Quel que soit le désagrément dont vous souffrez, il faut en parler à votre sage-femme ou votre médecin. Ils vous donneront des conseils correspondant à votre situation spécifique et, si besoin, pourront vous prescrire un traitement. Mais surtout, pas d'automédication !

À lire

Le Guide de ma grossesse au naturel, Willy Belhassen, Nathan, 2012.

Bien manger

Une bonne alimentation contribue à la bonne santé de la future maman et de son bébé. Quels aliments éviter, quels aliments privilégier ?

Enceinte, vous pouvez tout à fait continuer à vous faire plaisir à table, tout en acceptant, bien sûr, de respecter quelques précautions.

Quelles maladies ?

La toxoplasmose est causée par l'infection d'un parasite (*Toxoplasma gondii*), elle est habituellement transmise par ce qui vient de la terre (si vous n'êtes pas immunisée, évitez de jardiner ou portez des gants et lavez-vous soigneusement mains et ongles), par les animaux domestiques (si vous nettoyez une litière de chat par exemple), ou par l'ingestion de viande mal cuite. C'est une maladie qui peut être très grave car si elle touche le fœtus pendant les phases précoces du développement cérébral, elle peut aboutir à des dégénérescences cérébrales. Il est possible d'être immunisé, notamment si on a déjà contracté la maladie. Cela se vérifie par une prise de sang.
Au contraire, impossible d'être immunisé contre la salmonellose et la listériose, qui sont provoquées par des bactéries et qui présentent des risques graves (fausse couche, accouchement prématuré, infection du nouveau-né...).

Comment les éviter

Pour éviter ces maladies, voici les conseils à suivre :
– Évitez les aliments à risque : poissons fumés, tarama, surimi, coquillages et crustacés, lait cru et fromages au lait cru, charcuterie, œuf cru et graines germées. Vous pouvez consommer du poisson et des fruits de mer cuits, mais en étant sûre de leur qualité.
– Rincez les légumes, les fruits et les plantes aromatiques (attention à bien enlever la terre).
– Choisissez de préférence les aliments pasteurisés.
– Cuisez bien la viande à cœur car la bactérie *Listeria* est détruite au-delà de 100 °C. Même au congélateur, la bactérie peut résister.
– Soyez très attentive à l'hygiène en cuisine : nettoyez votre réfrigérateur régulièrement, lavez les surfaces et les ustensiles de cuisine après chaque utilisation (notamment immédiatement après avoir coupé de la viande crue).

On ne mange pas pour deux

Attention, ne croyez pas cette légende qui dit qu'il faut manger pour deux lorsque l'on est enceinte ! Une femme enceinte a des besoins énergétiques/métaboliques légèrement supérieurs à une femme non enceinte et qui restent constants au long de la grossesse (toutefois ces besoins peuvent augmenter avec l'allaitement). En revanche, elle peut avoir des fringales. Dans ce cas, mieux vaut choisir un en-cas « sain », des fruits secs par exemple.

Manger sain et équilibré

Plus qu'en temps normal, privilégiez les produits frais et la cuisine maison. Faites la chasse aux produits transformés, aux additifs, conservateurs et édulcorants. Limitez les biscuits apéritifs et les gâteaux sucrés du commerce. Attention aux produits enrichis en phytostérol, qui vise à réduire le cholestérol mais qui est mauvais pour le système hormonal du bébé, ainsi qu'à une consommation trop importante de soja (à cause des phyto-œstrogènes qu'il contient).

Benjamin a dit

Les futurs papas se demandent souvent comment ils peuvent se rendre (réellement) utiles pendant que leur femme bataille, un peu seule, avec les petits maux de la grossesse. Voici une bonne idée à ne pas négliger : messieurs, devenez des cuisiniers hors pair. Profitez de cette période pour vous familiariser avec les livres de cuisine ou les sites internet, qui apprennent à préparer des petits plats sains. C'est selon moi la période idéale pour s'y mettre. Et ne vous dites pas que vous êtes nuls en cuisine. C'est comme le reste, ça s'apprend. Et dans quelques mois, vous serez hyper à l'aise pour préparer des purées d'exception à votre enfant.

À lire

Bien manger en attendant bébé, Dr Arnaud Cocaul et Katrin Acou-Bouaziz, First, coll. « Ma p'tite famille », 2018.

Enfin, il est recommandé d'éviter les poissons des mers profondes (espadon, marlin, requin et thon rouge) qui contiennent des métaux lourds (ceci est valable aussi pour l'alimentation de l'enfant jusqu'à ses 3 ans).

Et côté boisson ?

Une règle absolue à respecter : « 0 alcool ». Vous pouvez continuer à boire du thé et du café, mais sans en abuser ! En revanche, évitez les boissons avec des sucres ajoutés.

Une grossesse végétarienne ?

Selon le Dr Arnaud Cocaul, il est tout à fait possible d'avoir une grossesse végétarienne ou vegan, à condition de ne pas devenir vegan pendant une grossesse. Il faut avoir un régime parfaitement équilibré. Il n'y a pas de danger si les règles sont respectées. La future maman sera supplémentée en fer éventuellement associé à de la vitamine C, qui aide à son assimilation.

Grossesse et endométriose

« Les règles, c'est naturel, pas la douleur », scandait le slogan de la première grande campagne d'information sur cette maladie, longtemps passée sous silence en France.

L'endométriose touche aujourd'hui 1 femme sur 10 en France. Pourtant, on compte en moyenne 6 à 10 ans pour poser le diagnostic de cette maladie, ce qui signifie une longue errance médicale pour les patientes et souvent une douleur mal prise en charge.

Quelques définitions

Même si on comprend le fonctionnement de la maladie, ses causes n'ont pas encore été précisément identifiées et font l'objet de recherches. L'endomètre est la muqueuse utérine qui réagit aux variations des taux d'hormones au cours du cycle et s'élimine lors des règles. L'endométriose est caractérisée par l'existence d'îlots de cellules d'endomètre en dehors de l'utérus. Un des mécanismes en cause est le reflux des menstruations dans la cavité abdominale par les trompes au lieu d'un écoulement normal par le vagin. Les cellules ainsi éliminées peuvent se greffer au péritoine (membrane qui tapisse l'abdomen). Si ces cellules ne sont pas éliminées par le système immunitaire et persistent, elles réagissent aux variations hormonales comme l'utérus et provoquent des symptômes. L'endométriose semble pouvoir apparaître à tout âge chez une femme ayant ses règles. Enfin, le terme « adénomyose » fait référence à l'endométriose interne à l'utérus.

Les symptômes

Il arrive qu'une femme atteinte d'endométriose ne présente aucun symptôme. Lorsque la maladie est parlante, elle provoque principalement des douleurs pelviennes (dans le bas du ventre) notamment au moment des rapports sexuels, lorsque l'on fait ses besoins ou lors des règles. On peut également noter des règles abondantes et/ou des saignements en dehors. Les symptômes sont concomitants des règles le plus souvent mais pas toujours. Toutes les femmes qui ont mal lors de leurs règles ne souffrent cependant pas d'endométriose : les douleurs pelviennes peuvent avoir des origines multiples.

NE RESTEZ PAS SEULE

Souvent, les femmes témoignent de leur solitude dans ce combat. C'est face à ce sentiment partagé que des associations et des groupes de discussions (par exemple Endo-girls, sur Facebook) se sont créés. Les membres échangent sur leurs expériences, partagent des conseils, notamment sur l'importance de bien choisir son médecin, mais aussi donnent de l'espoir en témoignant de leur maternité.

Parole de parent

Ornella, maman de Yuna (2 mois et demi)

Lorsqu'on m'a prescrit la pilule après mon diagnostic d'endométriose, nous avons traversé une période compliquée avec mon compagnon à cause des effets secondaires : grosse fatigue, baisse de libido... J'étais très déprimée à cause de la maladie quand je l'ai appris. On s'en est sortis en parlant beaucoup.

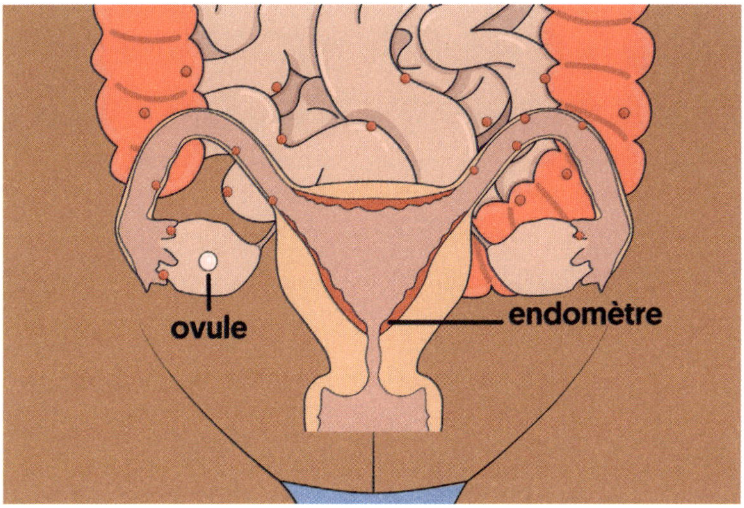

L'impact sur la fertilité

Même si la fertilité n'est pas systématiquement altérée en cas d'endométriose, cette dernière est l'une des causes majeures d'infertilité en France. Cette maladie se développe sous des formes extrêmement variées, rendant difficile l'identification d'un profil-type. Ainsi, une femme peut souffrir terriblement d'un tout petit nodule qui la rend infertile, tandis qu'une autre peut avoir un gros nodule ou des lésions étendues, mais ne jamais avoir de douleurs et avoir eu des enfants. Le Pr Daraï souligne que des facteurs génétiques ont été identifiés ; ainsi, une fille dont la mère souffre d'endométriose aura un risque plus élevé de la développer, sans que ce soit non plus une obligation. Il ajoute que des facteurs environnementaux ont été identifiés, notamment les perturbateurs endocriniens.

Le traitement

Pour la prise en charge de la douleur, la solution principale est d'arrêter les règles via une contraception hormonale. S'il n'y a pas d'amélioration, une opération chirurgicale – les techniques ont beaucoup évolué ces 10 dernières années – peut être envisagée afin d'enlever les nodules ou kystes à l'origine de ces douleurs. Celle-ci est parfois conseillée (selon votre dossier médical) afin de favoriser une grossesse. Toutefois, elle peut comporter des risques importants dont votre médecin vous informera.

Si la priorité de la patiente est un désir d'enfant, alors la prise en charge se fera dans cette direction. Comme chaque cas est différent, il n'y a pas une marche à suivre. Toutefois, le corps médical souligne que la FIV (Fécondation in vitro, voir p. 20) donne de bons résultats dans les cas d'endométriose.

L'accompagnement psychologique ne doit pas être négligé car cette maladie a un impact sur la sexualité et la relation de couple. Le suivi par un psychologue ou un psycho-sexologue doit ainsi faire partie de la prise en charge dès l'annonce du diagnostic.

Le répit de la grossesse

La grossesse constitue une lune de miel de la maladie, qui s'étend même au-delà, environ 12 à 18 mois. Cela ne signifie pas que l'endométriose est guérie. Après votre grossesse, rappelez au médecin ou gynécologue que vous étiez suivie pour endométriose, afin que la prise en charge soit adaptée.

Parole d'expert

Pr Émile Daraï, hôpital Tenon

Nous connaissons beaucoup de choses de la maladie mais nous n'avons pas d'armes sur le plan thérapeutique pour lutter contre son développement. On la traite, mais on ne la guérit pas. Quand on a eu une endométriose, on risque d'en avoir toute sa vie : le facteur de risque de récidive est très important, même après une opération (environ 20 %).

Ressource

www.endofrance.org
EndoFrance est l'association française de lutte contre l'endométriose.

À lire

Des barbelés dans mon corps,
Virginie Durant, éd. du Rocher, 2019.
Docteur, j'ai encore une question,
Pr Philippe Descamps, Larousse, 2016.

La PMA, pour qui, pourquoi ?

En France, un couple sur six rencontre des difficultés pour avoir un enfant. La plupart se lance alors dans un long parcours d'AMP (assistance médicale à la procréation), appelée plus communément PMA.

La procréation médicalement assistée est une aide aux couples qui souffrent d'infertilité. Les techniques permettent, chaque année, à près de 24 000 enfants de naître.

Qui y accède ?

Jusqu'ici exclusivement adressée aux couples hétérosexuels infertiles, la PMA s'ouvre aux femmes célibataires. En France, en 2018, 1 enfant sur 30 est conçu par une technique d'aide à la procréation.

Quand faut-il consulter ?

Depuis 2009, on estime qu'il faut consulter après un an de rapports réguliers sans succès lorsqu'on a moins de 35 ans (l'idéal étant des rapports tous les 2 à 3 jours entre J10 et J20 si on a un cycle régulier), et après 6 mois passé cet âge. Il est aussi recommandé de réduire la consommation de tabac, pour l'homme et la femme, et d'adopter un mode de vie le plus sain possible, sans tomber non plus dans un excès de privations ! S'il y a un problème déjà connu, tel que l'endométriose (voir p. 18), il faut consulter avant.

Pourquoi avoir recours à une PMA ?

L'infertilité peut être d'origine féminine et liée au syndrome des ovaires polykystiques ou à des obstructions ou lésions des trompes de Fallope. Elle peut aussi être d'origine masculine et être liée à des altérations du sperme. Enfin, elle peut être mixte, c'est-à-dire que les deux membres du couple sont à l'origine de l'infertilité.

Dans 20 à 40 % des cas, la cause n'est pas identifiée. Il faut noter aussi qu'à partir de 35 ans, la capacité reproductive diminue et qu'après 40 ans, cette capacité tombe en dessous de 10 %.

Quelles méthodes ?

En France, l'AMP commence dès l'insémination intra-utérine (qui imite la procréation naturelle, dans l'utérus, en aidant les spermatozoïdes à parvenir au bon endroit au moment de l'ovulation). Il y a aussi la FIV (Fécondation in vitro, on met en contact l'ovule et les spermatozoïdes, hors de l'utérus, en laboratoire) et la FIV ICSI (on micro-injecte le spermatozoïde dans l'ovule). La méthode choisie dépend de l'indication et du type d'infertilité.

Un long processus

Les traitements sont très fatigants, avec des dosages et des échographies fréquentes. La PMA est un processus qui peut être long et épuisant, nerveusement et physiquement. En effet, les chances de grossesse varient de 10 à 22 % selon la technique et le profil de la patiente.

Parole de parent

Jennifer, maman de Tom (3 ans) et de Charlie (1 an)

À un moment, j'ai demandé à mon mari de me quitter. J'avais peur qu'il regrette de ne pas avoir d'enfant. Mais il a refusé. Il m'a dit qu'on s'adapterait. Il a été formidable alors que j'étais épuisée par les traitements. J'étais à fleur de peau. Il y a une vraie pression. On sait que nos chances ne sont pas illimitées.

Stress et grossesse

Ne vous laissez pas submerger par l'anxiété ! Écoutez-vous et surtout n'hésitez pas à en parler à votre médecin ou à votre sage-femme et à leur demander de l'aide.

Vous n'êtes pas (la) seule ! Peur de la fausse couche, angoisse de l'accouchement, crainte de ne pas être à la hauteur, conseils envahissants des proches, travail trop prenant... Toutes les femmes ou presque traversent des moments de stress pendant la grossesse. Le tout est de ne pas se laisser submerger et de le transformer en quelque chose de positif !

Un chemin vers l'inconnu

La grossesse est un saut dans l'inconnu ! Il est donc normal qu'elle appelle des questionnements sur soi-même. Des angoisses peuvent alors émerger, d'autant que cette période nous renvoie aussi vers l'enfant que l'on a été. Ces questionnements peuvent être positifs : c'est l'occasion de se mettre au clair avec sa propre histoire, et donc d'accueillir l'enfant à sa juste place.

Trouver des solutions

Que vous traversiez une déprime passagère ou que vous souffriez d'un stress prolongé, il est important d'en parler à un professionnel de santé. Ce dialogue suffira peut-être à vous apaiser et à y voir plus clair. Si besoin, ils pourront vous recommander un spécialiste (par exemple, un psychologue en périnatalité) ou une pratique particulière (sophrologie, yoga, relaxation...). De plus, quelques exercices de respiration au quotidien (voir p. 64) ou une pratique sportive douce et régulière (si vous n'avez pas de contre-indication) pourront vous aider à calmer votre anxiété.

Une étourderie naturelle

En fin de grossesse notamment, nombre de futures mamans paniquent à l'idée de ne pas être à la hauteur, car elles se retrouvent à faire des actions farfelues (clés oubliées dans le frigo par exemple !). Ne vous inquiétez pas, il s'agit de ce que Donald Winnicott, pédiatre et psychanalyste, appelait la « préoccupation maternelle primaire » : vous développez une hypersensibilité aux besoins de l'enfant, et toute votre attention lui est dédiée, au détriment du reste. Plutôt rassurant, non ?

Benjamin a dit

Je vais vous livrer un conseil que je devrais appliquer à moi-même : ne plus JAMAIS aller sur internet pour obtenir la réponse à une question médicale que je me pose. On pense se rassurer, c'est tout l'inverse. Quelque chose vous stresse ? Parlez-en à votre sage-femme, à votre médecin ou à votre mère, mais sûrement pas à Google. Vous vous sentirez déjà mieux.

À lire

Devenir maman pour les nuls, Anna Roy, Julianna Vamos et Diane de Wailly, First, 2018.

Parole d'expert

Ève Piorowicz, psychologue clinicienne

J'ai remarqué une hyper-intellectualisation de la grossesse chez les femmes plus âgées : elles se renseignent beaucoup et ont du mal à lâcher prise. Il faut s'autoriser à s'abandonner, se laisser ressentir, et surtout se faire dorloter !

C'est pour quand ?

Comment calculer son terme ? Aménorrhée, grossesse, terme, SA, SG... Ce n'est parfois pas facile de s'y retrouver ! Petit tour du vocabulaire employé pour savoir quand naîtra votre enfant.

Dater la grossesse

Les professionnels déterminent la date en semaines d'aménorrhée (SA), c'est-à-dire d'absence de règles. On considère que le début de la grossesse, donc l'ovulation, a lieu deux semaines après la date du 1er jour des dernières règles. L'information est toutefois insuffisante pour déterminer la date précise car certaines femmes ont des cycles longs ou courts, voire pas de règles, en cas de retour de couches tardive (règles qui mettent du temps à revenir après un accouchement). Sans compter que les spermatozoïdes peuvent survivre 5 jours après un rapport !

L'échographie de datation reste le meilleur moyen de déterminer exactement la date de début de grossesse car à ce terme les fœtus ont tous la même taille.

Prévoir la naissance

Une fois qu'on a la date de début de grossesse, il suffit d'ajouter 9 mois pleins pour connaître la date de l'accouchement présumée !

Calculer le terme

Pour déterminer à quel stade de la grossesse vous en êtes, vous pouvez utiliser une roulette comme les professionnels (on en trouve en magasin ou parfois dans des magazines pour parents) ou recourir à un calculateur sur internet ou sur une appli.

Pour connaître votre terme en semaines de grossesse, il suffit d'ôter 2 semaines aux semaines d'aménorrhée.

Des « SA » aux « SG »

Pour transposer la valeur de semaines d'aménorrhée au mois, le plus simple est de se reporter au tableau ci-dessous. Attention, on parle de mois révolus. Par exemple, dire « je suis à 5 mois » signifie qu'on les a finis, et qu'on est « dans le 6e mois ». L'accouchement est ainsi prévu à 9 mois révolus.

(révolu)	semaine d'aménorrhée (SA)	semaine de grossesse (SG)
1 mois	6,5 SA	4,5 SG
2 mois	10,5 SA	8,5 SG
3 mois	15 SA	13 SG
4 mois	19,5 SA	17,5 SG
5 mois	23,5 SA	21,5 SG
6 mois	28 SA	26 SG
7 mois	32,5 SA	30,5 SG
8 mois	36,5 SA	34,5 SG
9 mois	41 SA	39 SG
au-delà	à partir de 41 SA	à partir de 39 SG

Sexe et grossesse

Être enceinte et avoir une sexualité épanouie, c'est possible !
Le point sur les questions que vous vous posez.

Les futures mamans ont le droit au désir et au plaisir ! À moins de contre-indications extrêmement rares et spécifiques, il n'y a aucune raison de mettre la sexualité au placard, bien au contraire ! Certes, les désagréments de la grossesse peuvent influer sur la libido. Mais avec la réorganisation hormonale et la nouvelle perception du corps pendant la grossesse, les futures mamans sont en général plus à l'écoute de leurs sensations.

Rester complices

Des études ont montré que plus le couple maintient une bonne intimité pendant cette période, plus il lui sera facile de reprendre la sexualité en post-partum.
La grossesse est un moment où l'on peut mieux découvrir son corps, essayer de nouvelles positions, faire plus de préliminaires... C'est pourquoi il faut absolument que le couple discute de ces questions quand il y a des soucis, car la grossesse est l'occasion de renforcer l'intimité et la complicité des partenaires.
Si cela vous inquiète, sachez que le bébé est entouré par la poche des eaux, entouré par l'utérus, il ne peut absolument pas voir, ni sentir quoi que ce soit...
En revanche, l'utilisation de sex-toys vibrants est à déconseiller.

Les contre-indications rares

Un placenta praevia : placenta inséré près du col de l'utérus. La pénétration peut entraîner des saignements du placenta et mettre le bébé en danger.
Un col ouvert, raccourci accompagné d'une menace d'accouchement prématuré : les relations sexuelles sont interdites.
Une rupture prématurée de la poche des eaux : de même, car il y a un risque d'infection.

Sexe et contractions

On dit que pour déclencher un accouchement qui tarde, on fait l'amour : les prostaglandines contenues dans le sperme, associées éventuellement à un orgasme, peuvent aider à déclencher les contractions.

Parole d'expert

Anna Roy, sage-femme

Si votre gynéco ou votre sage-femme ne vous a rien dit au cours des consultations, alors il n'y a pas de mal à se faire du bien, allez-y : votre bébé profite des endorphines que sa mère sécrète.

Benjamin a dit

En gros, les trois premiers mois, oubliez. La nausée, ça n'aide pas à avoir envie. Le dernier trimestre : oubliez aussi. Le gros ventre, le dos qui fait mal, ça n'aide pas vraiment non plus. Mais la bonne nouvelle, c'est qu'entre le 1er et le 3e trimestre, il y a quoi ? Trois mois de bonheur (normalement) où vous allez pouvoir profiter l'un de l'autre. Alors profitez-en, car les mois qui vont suivre, ce ne sera pas le même délire...

Médicaments et grossesse

Se soigner quand on est enceinte n'est pas toujours évident, de nombreux médicaments étant contre-indiqués ou interdits.

Plusieurs substances pouvant présenter un danger pour le fœtus, la prise de médicaments pendant la grossesse doit être faite avec un avis médical. En revanche, ne restez pas seule face à la douleur : celle-ci peut se traiter et il est nécessaire de consulter.

Rhume, gastro, etc.

Il faut limiter la médicalisation car l'immense majorité des symptômes d'origine virale vont partir tout seuls, à commencer par le rhume qui se soigne avec du sérum physiologique. Pour des douleurs de sciatique par exemple, privilégiez l'ostéopathie et la kinésithérapie si possible. Ce qu'il va falloir gérer, ce sont les vomissements et les diarrhées, qui peuvent déshydrater. Dans ce cas, les régimes alimentaires peuvent aider à réduire les symptômes. La médicalisation arrive en deuxième étape. Par exemple, en cas de poussées de fièvre, qui peuvent provoquer des contractions, ou des douleurs pénibles, sachez que le paracétamol peut être utilisé, de manière ponctuelle et en respectant la prescription de votre médecin.

Les maladies chroniques

En cas de maladie chronique pendant la grossesse, il faut distinguer trois choses : l'indication du traitement, l'influence de la maladie elle-même sur la mère et l'enfant, et l'influence du médicament. Certains traitements sont dangereux

pour la grossesse, mais il n'existe parfois pas d'alternative, l'arrêt de ceux-ci étant, dans certains cas, impossible. Une consultation préconceptionnelle – elle consiste à faire le point avec son médecin dans une optique de grossesse – prend tout son sens dans ce contexte, afin que les différents spécialistes (dont le gynécologue) s'accordent sur le traitement à mettre en place. Dans le cas d'une grossesse non planifiée, votre médecin doit prendre contact avec votre gynécologue dès l'annonce de celle-ci.

Et les vaccins ?

Le vaccin contre la grippe est fortement conseillé, les risques d'une non-vaccination étant plus élevés que ceux liés au vaccin. Pour les autres, il faut distinguer entre les vaccins vivants, qui ne sont généralement pas prescrits au cours de la grossesse (ou au cas par cas) car ils peuvent constituer un danger, et les vaccins inactivés, qui ne présentent pas de risque.

Parole d'expert

Pr Jacky Nizard, gynécologue-obstétricien

Le principe est écrit sur toutes les boîtes de médicaments : « Ne pas prendre sans avis médical ». Le problème, c'est l'automédication ou l'inverse, les femmes enceintes qui gèrent leur traitement chronique sans demander l'avis d'un médecin. On le répète : on n'arrête pas un traitement en cours, pas plus qu'on ne commence de traitement sans avis médical.

COMPRENDRE LES PICTOS

Les boîtes de médicaments peuvent présenter deux pictogrammes :
- « Médicament + Grossesse = Danger », ce qui signifie : à ne pas utiliser sauf en l'absence d'alternative thérapeutique.
- « Médicament + Grossesse = Interdit » : il est formellement contre-indiqué en cas de grossesse, même s'il n'existe pas d'alternative thérapeutique.

Ressource

www.lecrat.fr Le CRAT est un site d'informations accessible à tous, professionnels et patients, référençant les risques des médicaments pendant la grossesse et l'allaitement, et conseillant une autre molécule en cas de doute sur un médicament.

Halte à la cigarette !

Malgré la motivation, il n'est pas toujours facile d'arrêter de fumer sans aide... Patch, médecine alternative, suivi psychologique, des solutions existent pour se sevrer avant la grossesse.

Les fumeurs ont tous une histoire différente avec la cigarette, qui fait que certains peuvent arrêter dès qu'ils ont le « déclic », tandis que d'autres ont plus de difficultés. Ce n'est pas un manque de volonté mais une impossibilité due à la nicotine, qui est une drogue dure, provoquant une addiction forte.

Quels risques ?

Attention, les risques existent aussi dans les cas de tabagie passive. Chaque cigarette contient 4 000 molécules chimiques, dont beaucoup de perturbateurs endocriniens. Les risques dus au tabac sont présents dans le cadre d'une grossesse et même avant. Il entraîne une baisse de la fertilité et augmente le risque de grossesse extra-utérine, de fausse couche, d'accouchement prématuré, d'enfant mort-né et de mort subite du nourrisson. Comme le bébé est moins oxygéné, il grandit moins vite et le bon développement des organes peut être aussi menacé.

La dépendance

La relation à la cigarette est très différente d'une personne à l'autre, c'est pourquoi il faut adapter le traitement et l'accompagnement à chaque cas. Il existe ainsi trois grandes familles de dépendance :

- la dépendance au produit (la nicotine) ;
- la dépendance comportementale : la cigarette est associée à une situation (pause au bureau, café et cigarette, etc.) ;
- la dépendance psychologique : la cigarette rassure, elle est comparée à un doudou par exemple.

Les solutions

Arrêter de fumer, c'est un bébé à la croissance plus harmonieuse, un accouchement plus serein et aussi plus de goût, d'odorat, moins d'essoufflement. Si vous êtes dans un cas de dépendance au produit, les traitements de substitution sont en général efficaces. Sachez que s'ils vous sont prescrits (par exemple par votre médecin traitant ou votre sage-femme), ils sont pris en charge. En revanche, faites attention à l'automédication : certains médicaments qui dégoûtent de la cigarette sont interdits aux femmes enceintes.

Il existe également des solutions alternatives : hypnose, homéopathie, acupuncture, etc.

N'hésitez pas à en parler à un professionnel de santé. Un suivi psychologique pourra également être un atout pour réussir à vous sevrer sur le long terme.

JE NE VEUX PAS DE SUBSTITUT !

Dans ce cas, Corinne Adler, sage-femme et tabacologue, recommande de faire autre chose dès que l'envie d'une cigarette arrive : manger une pomme, faire un petit footing, prendre une gorgée d'eau gazeuse... Et surtout, s'encourager et se concentrer sur les bénéfices !

Ressource

tabac-info-service.fr

Dépister la trisomie 21

Le diagnostic de trisomie 21 peut être effectué dès le 1er trimestre de grossesse. Même si aucune méthode n'est fiable à 100 %, la science a beaucoup évolué en matière de dépistage.

Le dépistage combiné

Le « tri-test » se fait au 1er trimestre de grossesse (entre 11 et 14 semaines d'aménorrhée (SA) et est calculé à partir de :
- la mesure de l'épaisseur du cou par échographie (clarté nucale) ;
- une prise de sang de la mère (marqueurs sériques) réalisée au même terme ;
- l'âge de la mère (plus on vieillit, plus les risques augmentent).

Le calcul donne l'estimation du risque que le bébé soit porteur de trisomie 21 :
- Moins de 1/1000 : risque très faible, la surveillance est celle d'une grossesse normale, avec les 3 échographies habituelles.
- Entre 1/50 et 1/1000 : risque moyen ou élevé. On propose une autre prise de sang.
- Plus de 1/50 : risque très élevé. On peut proposer un biopsie du trophoblaste (avant 14 SA) ou faire un diagnostic par amniocentèse (prélèvement du liquide amniotique, après 15 SA).

Ce test permet de repérer 85 % des cas.

Le DPNI

Dans le cas d'un risque moyen ou élevé, on réalise un dépistage prénatal non invasif (DPNI), fiable à 99 %. Il est remboursé depuis janvier 2019 sous certaines conditions. Il s'agit d'une prise de sang de la mère, dans laquelle on pourra analyser l'ADN du fœtus et vérifier la présence d'éventuelles anomalies chromosomiques. En cas de résultat positif du DPNI, le dépistage devra être confirmé par une amniocentèse.

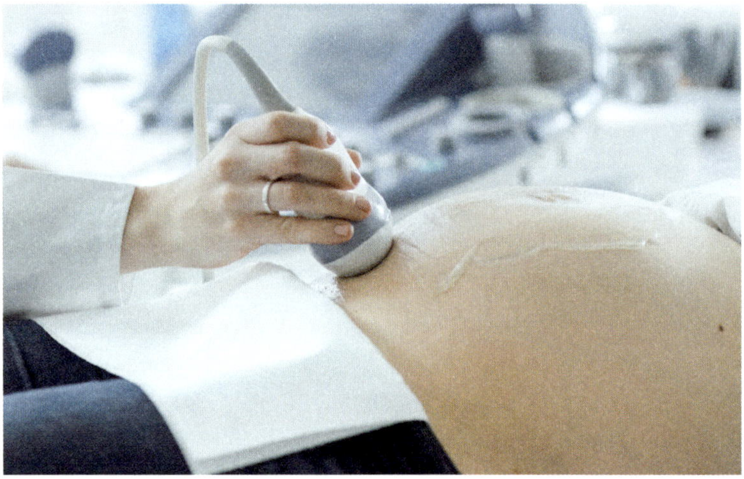

Les dépistages invasifs

En cas de risque très élevé, il existe deux méthodes de diagnostic :
- la biopsie du trophoblaste (fiable à 95 %) qui consiste à aller chercher un petit bout de placenta avec une aiguille ;
- l'amniocentèse (fiable à 100 %) peut être réalisée entre 15 à 17 SA : on prélève un peu de liquide amniotique.

Ces deux dépistages sont invasifs avec un risque de fausse couche estimé à 0,5 %.

Si les différents dépistages ont des taux de fiabilité très élevés, il existe tout de même un petit pourcentage de cas où la trisomie 21 n'est pas identifiée.

Le choix des parents

Le dépistage n'est pas obligatoire. Le médecin explique son existence et les risques associés à la trisomie.

En cas de diagnostic positif, une interruption médicale de grossesse est proposée. Elle reste le choix des parents.

Parole d'expert

Dr Laurent Salomon, gynécologue-obstétricien

On se pose beaucoup de questions sur l'amniocentèse et on se rend compte que son risque a été considérablement surestimé pendant des années.

Il semblerait que chez les femmes qui font une amniocentèse, le risque de fausse couche n'est quasi pas majoré. Une femme plus âgée avec un placenta qui ne fonctionne pas bien a un risque de fausse couche plus élevé.

Les perturbateurs endocriniens

Ces substances chimiques qui perturbent le système hormonal peuvent nous rendre malades ou provoquer des malformations chez le fœtus.

D'où viennent ces molécules et comment les éviter ?
Les perturbateurs endocriniens sont des molécules présentes partout dans notre environnement (alimentation, produits ménagers, cosmétiques, vêtements, jouets, etc.) qui interfèrent avec notre système hormonal et viennent perturber son fonctionnement. Ils ont des effets sur la fonction de reproduction (infertilité, puberté précoce, malformations génitales, endométriose, etc.), ou sont responsables d'anomalies du développement psychomoteur ou de maladies.

La contamination

Les perturbateurs endocriniens peuvent entrer dans notre organisme par :
- la voie orale : alimentation (pesticides, additifs alimentaires…), eau que l'on boit, plastique (emballage des aliments, jouets mis à la bouche, etc.) ;
- la voie respiratoire : pollution de l'air intérieur et extérieur, bougies, parfums d'intérieur, bombes insecticides, etc. ;
- la voie cutanée : produits cosmétiques, vêtements, dentifrice au triclosan… La peau du bébé absorbe tous les produits : évitez les lingettes et les parfums !

Comment les éviter ?

Dès que vous le pouvez et dans tous les domaines, faites le choix de la simplicité et du naturel !
Côté alimentation, il est recommandé de consommer des aliments sans pesticides, si possible issus de l'agriculture biologique : même si cela ne protège pas de tout, cela limite l'effet « cocktail ».
Ne réchauffez plus les produits dans un emballage en plastique, et privilégiez le verre et l'inox en cuisine.
Pour le nettoyage, faites simple : du vinaigre blanc, du bicarbonate de soude, des lingettes en microfibre…
Pensez à aérer toutes les pièces de votre logement au moins 10 minutes par jour (même si l'air extérieur est pollué, car il l'est souvent moins que l'air intérieur – sauf en cas de pic de pollution).

Benjamin a dit

Avant, les applications dont je me servais le plus, sur mon téléphone, c'était Instagram, What'sApp et L'Équipe. Mais ça, c'était avant. Aujourd'hui, ma meilleure amie s'appelle Yuka. C'est une appli qui permet de scanner tous les aliments ou cosmétiques avant de les acheter pour savoir s'ils sont bons pour votre santé (ou bourrés de perturbateurs). J'ai l'air bizarre en faisant mes courses, mais j'assume. Essayez, vous allez l'adopter.

Parole d'expert

Dr Véronique Bied Damon, gynécologue

Il ne faut pas paniquer, il faut adopter des attitudes saines, apprendre les bons réflexes pour diminuer cette exposition. On peut agir !

À lire

Le Guide anti-toxique de la grossesse, Dr Laurent Chevallier et Claude Aubert, Marabout, 2017.

Devenir frère ou sœur

L'arrivée d'un nouveau bébé peut perturber votre enfant.
Comment réagir et comment l'impliquer ?

On parle souvent du sixième sens des enfants : plus ils sont petits, plus ils savent vite qu'un petit frère ou une petite sœur est en chemin, parfois même avant que les parents ne s'en soient rendu compte !

Écouter ses émotions

Les parents constatent fréquemment un changement d'attitude. Il peut s'agir d'une régression (pipi dans la culotte, demande du biberon, etc.), avec un mécanisme d'identification au bébé à venir. L'enfant peut aussi montrer de la colère, une réaction émotionnelle face au chamboulement qu'il traverse. Mettre des mots sur ce qui se passe est fondamental.

Quand l'annoncer ?

Certaines mamans retardent le moment d'annoncer leur grossesse à leurs enfants, selon l'idée qu'il ne faut rien dire tant qu'on n'est pas sûr que tout va bien. Or, ce n'est pas la bonne solution ! Au contraire, les enfants perçoivent les non-dits. Il faut parler à ses enfants, même dans les cas où l'on perd le bébé en cours de grossesse. Si la parole est fondamentale, il n'y a en revanche pas de « mode d'emploi », chacun reste fidèle à sa personnalité, du moment que la communication se fait avec honnêteté et bienveillance.

Parler et rassurer

L'angoisse de l'enfant est que le bébé à venir lui vole ses parents ou sa place. Il est dans une période d'incertitude pendant laquelle il craint d'être abandonné ou s'imagine ne pas suffire ou convenir à ses parents. Il faut le rassurer, l'assurer de votre amour, lui expliquer. Attention toutefois à ne pas lui dire : « C'est pour toi qu'on l'a fait ! » Si vous aimez lire avec votre enfant, il existe de nombreux livres qui pourront vous aider à en parler (voir À lire).

Impliquer l'enfant

Vous pouvez l'impliquer dans la préparation de l'accueil du bébé, tout en faisant attention à bien respecter sa place d'enfant : il ne s'agit pas de l'alourdir de responsabilités qui ne sont pas de son âge, mais plutôt de l'accompagner sur le chemin de l'autonomie. Surtout, ne le forcez pas si vous sentez qu'il a besoin de temps pour s'adapter à la situation : restez bienveillant et à l'écoute.

Parole d'expert

Dr Myriam Szejer, pédopsychiatre et psychanalyste

Emmener les enfants aux échographies ? Je suis contre, car c'est avant tout un examen médical, pour détecter des anomalies. Si vous devez faire sortir votre enfant, il va sentir la tension. Si les parents le souhaitent, ils peuvent montrer les échos tout en les décryptant bien : ce n'est pas une photo mais un document pris par une machine, et le bébé ne sortira pas comme sur l'image !

Agathe a dit

Mon fils aîné a très mal vécu l'arrivée de son petit frère. On m'a dit que le pire écart d'âge était 2 ans, or les miens ont 2 ans et 3 mois de différence. Une psy a comparé un jour l'arrivée d'un petit frère ou d'une petite sœur à l'arrivée d'une rivale dans la famille : que dirait-on si notre mari nous annonçait l'arrivée d'une autre femme à coups de « J'ai de la place pour deux femmes dans mon cœur ! Tu vas voir, tu vas beaucoup t'amuser avec elle » ? Ça permet de mieux comprendre quel drame ça peut être pour un tout-petit !

À lire

Moi, je connais bien les bébés, Myriam Szejer, Albin Michel Jeunesse, coll. « La cause des bébés », 2002.
Il y a une maison dans ma maman, Giles Andreae et Vanessa Cabban, Gautier-Languereau, 2001.
Le Bébé, Stéphanie Ledu, Milan Jeunesse, coll. « Mes p'tits docs », 2017.
Et dedans il y a..., Jeanne Ashbé, l'école des loisirs, coll. « Pastel », 1997.

Le CMV, ce dangereux inconnu

Une infection au cytomégalovirus chez une femme enceinte peut s'avérer redoutable pour le développement du bébé en début de grossesse : problèmes de surdité et troubles neurologiques graves sont à craindre. Comment l'éviter ? Comment l'identifier et le diagnostiquer ?

Le CMV est un virus fréquent de la famille des herpès. On estime qu'1 femme sur 2 l'a rencontré avant sa grossesse. Il ne présente aucune danger, sauf quand on est enceinte.

Transmission

Le virus est très présent chez les enfants en bas âge, notamment ceux qui fréquentent les collectivités (crèche, halte-garderie, accueil chez une assistante maternelle...). Lorsqu'ils sont sociabilisés en petite communauté, les enfants se transmettent le virus de façon quasi systématique : en s'échangeant des jouets ou en portant à la bouche des tétines par exemple. Le risque est donc grand pour une femme enceinte qui travaille en contact avec des jeunes enfants ou pour une maman enceinte ayant un enfant en bas âge.

Comment l'éviter ?

Pendant la période de la conception et jusqu'à 13 semaines d'aménorrhée (SA), que vous ayez déjà eu le CMV ou pas, prenez des précautions quand vous vous trouvez en présence d'enfants en bas âge, et adoptez les bons gestes si vous êtes en contact direct avec les sécrétions des plus jeunes (nasales, larmes, urine, salive, selles...). Ainsi, il est recommandé de se laver les mains après le change, d'embrasser son enfant plutôt sur la tête, de nettoyer les jouets qui ont été portés à la bouche. Évitez de vous échanger les verres ou les couverts... Ces recommandations sont aussi valables pour le conjoint.

Peu de symptômes

Chez les femmes, il n'y a pas de symptômes les trois quarts du temps. S'il y en a, ils sont assez similaires à ceux d'une grippe : un peu de fièvre, une sensation d'écœurement. Chez les hommes, les signes sont plus marqués et sont semblables à un syndrome grippal. Mieux vaut alors vérifier par une prise de sang.

Quels risques ?

Si la mère a contracté le virus, elle ne va pas automatiquement le transmettre : le risque de contamination fœtale est estimé entre 30 et 40 %. Sur le nombre de bébés atteints, la majorité va naître sans symptômes. Si la sérologie est positive à la naissance, il faudra surveiller le bébé car il peut développer des symptômes pendant sa croissance. En effet, les bébés atteints peuvent présenter des séquelles graves, notamment des malformations, des troubles neurologiques entraînant un retard du développement, des troubles de l'audition ou une surdité complète.

Le suivi

Si la contamination de la mère au CMV est confirmée par prise de sang, on peut pratiquer une amniocentèse à partir de 17 semaines d'aménorrhée (en respectant un délai de 8 semaines entre l'infection et l'examen). Si le résultat est positif, on donnera un traitement à la mère qui sera suivie tout au long de sa grossesse, ainsi que le bébé : IRM du cerveau, échographies... Dans les cas les plus graves de malformations, une interruption médicale de grossesse peut être envisagée.

Parole d'expert

Pr Yves Villes, hôpital Necker

Il faut être très attentif au début de la grossesse. Après 12-13 SA, les conséquences sont moins sévères : un placenta qui fonctionne un peu moins bien, donc un bébé pas très gros à la naissance. Mais rien de dramatique : pas de troubles d'audition ni de troubles neurologiques plus sérieux.

Ressource

www.chantermarchervivre.org
Pour en savoir plus sur le CMV et ses conséquences, vous pouvez consulter le site de l'association Chanter Marcher Vivre.

Hypertension et grossesse

Près de 5 % des femmes enceintes souffrent d'hypertension. Quels sont les risques ? Quels signes doivent alerter ? Quand consulter en urgence ?

L'hypertension artérielle pendant une grossesse apparaît le plus souvent au cours du dernier trimestre. Cette pathologie, si elle n'est pas prise en charge, peut avoir de graves conséquences sur la maman et son bébé.

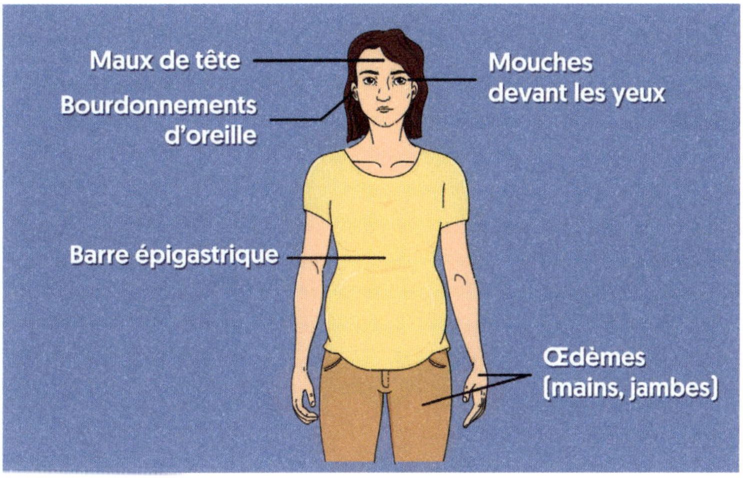

Les situations cliniques

Une patiente souffrant d'hypertension peut tomber enceinte. Dans ce cas, elle a déjà un traitement qu'il faudra adapter à la grossesse. Il faut un accord conjoint du cardiologue et de l'obstétricien : certains médicaments sont contre-indiqués pendant la grossesse.
L'hypertension peut aussi apparaître chez une future maman qui n'en avait jamais eu. Elle peut survenir hors des facteurs de risque (antécédents familiaux, surpoids).

La pré-éclampsie

Elle se caractérise par une hypertension associée à des protéines dans les urines. Cette maladie de la grossesse est due à une mauvaise implantation du placenta qui crée une moins bonne vascularisation de celui ci. Cela va provoquer la contraction des vaisseaux sanguins, entraîner une pression artérielle élevée et un flux sanguin réduit qui peut affecter différents organes chez la mère dans les cas les plus graves : les reins (ils fonctionnent moins bien, albumine dans les urines...), le cerveau (crise d'éclampsie : crise convulsive provoquée par une hypertension artérielle intracrânienne), le foie, une chute des plaquettes (HELLP Syndrome). Pour le bébé, les risques principaux sont le retard de croissance, l'accouchement prématuré en cas de pré-éclampsie sévère et parfois un décollement du placenta (hématome rétroplacentaire). On ne peut jamais savoir quels organes seront atteints, ni dans quel ordre.
Les signaux d'alerte sont :
- maux de tête, mouches devant les yeux, bourdonnements d'oreille ;
- barre épigastrique : sensation d'une barre au niveau du diaphragme ;
- œdèmes (jambes, mains, pieds, visage...) s'expliquant par de la rétention d'eau (les reins tournent moins bien, on va moins uriner). La femme enceinte prend alors vite du poids...

Quel traitement ?

On peut traiter le symptôme, mais pas la maladie : seul l'accouchement peut y mettre fin. On surveille donc très régulièrement les constantes de la mère et du bébé. L'enjeu consiste à prolonger la grossesse le plus longtemps possible, afin de faire naître l'enfant à une période acceptable de son développement. À 8 mois et demi (39 SA) au plus tard, on fait accoucher la maman.

Parole d'expert

Dr Pierre-François Ceccaldi, gynécologue-obstétricien

On parle d'hypertension quand la tension systolique (chiffre du haut sur le tensiomètre) est supérieure ou égale à 14 et/ou que la tension diastolique (chiffre du bas) est à 9. Quand on voit une première valeur limite, on recontrôle la patiente une fois au repos.

Ressource

www.grossesse-sante.org
L'association Grossesse Santé informe les femmes sur les risques de la pré-éclampsie.

Le diabète gestationnel

Chaque année en France, environ une femme enceinte sur dix développe un diabète de grossesse. Comment l'identifier et le prendre en charge ?

Le diabète gestationnel se caractérise par un taux de sucre trop élevé dans le sang. La plupart du temps cette pathologie disparaît après l'accouchement.

D'où vient-il ?

Le taux de sucre dans le sang doit être très bas pendant la grossesse et le corps doit sécréter beaucoup d'insuline, la seule hormone capable de faire baisser la glycémie. Quand le corps n'arrive pas à s'adapter, survient l'hyperglycémie. Chez certaines femmes, il existe certains facteurs de risque : antécédents familiaux, surpoids, grosse prise de poids pendant la grossesse et âge de la future maman (supérieur à 35 ans).

Quels sont les risques ?

Le diabète gestationnel n'est pas un facteur de risque pour la maman. Si le diabète est bien contrôlé, il ne le sera pas non plus pour le bébé. Dans le cas contraire, l'excédent de sucre peut être dangereux pour lui. Il le stocke dans ses organes et grossit. Cela peut entraîner une macrosomie (un poids à la naissance supérieur à 4 kg) ou des problèmes respiratoires.

Le dépistage

Il n'y a aucun symptôme, d'où l'importance du dépistage. En début de grossesse, on vérifie qu'il n'y a pas de diabète préexistant à la grossesse par une « glycémie à jeun » (prise de sang). Un deuxième dépistage, une hyperglycémie provoquée, est souvent mené entre 24 et 28 semaines d'aménorrhée (SA) : la patiente doit boire un sirop de glucose et faire un dosage de la glycémie à jeun, puis 1 heure, puis 2 heures après l'ingestion. Ce test, systématique pour les personnes à risque, permet de voir comment le corps régule la glycémie.

La prise en charge

Les comprimés antidiabétiques étant contre-indiqués pendant la grossesse, un traitement médicamenteux ne peut pas être proposé. Vous devez suivre une alimentation équilibrée associée à une surveillance rigoureuse de la glycémie avant et après chaque repas, six fois par jour. Ne vous inquiétez pas, c'est facile et sans douleur ! Vous allez apprendre à vous piquer le bout du doigt (avec un petit appareil) et placer la goutte de sang dans un glucomètre, qui vous indiquera votre taux. Si vous n'avez pas de contre-indication, restez active pour aider à réguler la glycémie ! En cas de diabète sévère, on complétera par une ou plusieurs injections d'insuline par jour. Si la glycémie se régule bien et que le bébé est normal, la grossesse pourra aller à son terme. Si le diabète gestationnel est mal équilibré, la tendance est de déclencher l'accouchement vers 39 SA (15 jours avant terme). Si l'on suspecte une macrosomie, une césarienne pourra être programmée.

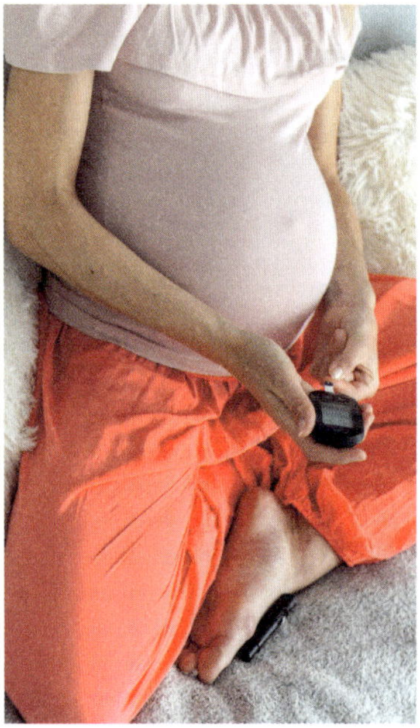

ET APRÈS ?

Selon le Pr Agnès Hartemann, chef de service de diabétologie à l'hôpital de la Pitié-Salpêtrière, le diabète gestationnel disparaît généralement après l'accouchement. Toutefois, en vieillissant, il existe un risque que vous développiez un diabète de type 2. Ici comme ailleurs, la prévention reste la meilleure des solutions : évitez toute prise de poids, adoptez un régime méditerranéen avec beaucoup de légumes, de poisson, moins de graisses animales, moins de produits sucrés. Fuyez la sédentarité et pratiquez une activité physique quotidienne. Le bébé ne sera pas forcément diabétique mais il sera aussi plus à risque, ce qui semble lié à la transmission d'une partie de son capital génétique. Vous devez donc prendre de bonnes habitudes pour lui aussi.

Quand consulter en urgence ?

Saignements, fièvre, chute ou coup sur le ventre, rupture de la poche des eaux, certains signaux doivent vous alerter...

Voici les principaux motifs de consultation en urgence, mais il y en a bien sûr d'autres plus rares. Si vous avez un doute, n'hésitez pas à appeler les urgences de votre maternité : cela vous rassurera, et mieux vaut leur poser la question plutôt que de passer à côté de quelque chose !

Les saignements

Rendez-vous aux urgences de votre maternité quelle que soit la couleur (marron, rose ou rouge) ou la quantité de sang perdu. Souvent, les saignements s'avèrent bénins, mais mieux vaut vérifier.

Ne plus sentir le bébé

Si votre bébé bouge nettement moins ou plus du tout, commencez par manger un aliment très sucré (biscuit, chocolat, jus de fruits...) et allongez-vous 1 heure sur le côté gauche. Votre bébé s'est remis à bouger ? Tout va bien. Si vous ne l'avez pas senti, consultez rapidement. En fin de grossesse, les mouvements du bébé sont moins spectaculaires car il a moins de place, mais il doit bouger tout autant en fréquence.

Après une chute

Si vous avez eu, au cours d'une chute, d'une bousculade ou d'un coup, la sensation que votre ventre a été heurté, il faut vous rendre aux urgences. Souvent, le bébé a bien été protégé par votre utérus et le liquide amniotique mais mieux vaut s'en assurer.

En cas de fièvre

Si la fièvre (à partir de 38 °C) est associée à des signes que vous connaissez (nez qui coule, maux de gorge, toux, vomissements, diarrhée, etc.), consultez votre médecin ou appelez SOS Médecins.

Si la fièvre est associée à des signes qui ne vous sont pas familiers comme des maux de dos ou des douleurs dans le bas-ventre, il vaut mieux vous rendre directement aux urgences de votre maternité afin que l'on détermine s'il y a une infection et d'où elle provient.

Si on perd les eaux

La rupture (ou la fissuration) de la poche des eaux ne compromet pas le bien-être de votre bébé, mais il faut renforcer la surveillance car la barrière de protection contre les infections qu'elle constituait n'existe plus. Votre bébé se retrouve un peu plus vulnérable. Il faut vous rendre à la maternité pour faire le point.

Si vous êtes très proche du terme, que le liquide amniotique est transparent et que vous n'avez pas de contractions, vous avez le temps de prendre une douche, de manger quelque chose, de prévenir votre moitié, de rassembler vos affaires puis de vous rendre à la maternité.

LES CONTRACTIONS : QUAND PARTIR À LA MATERNITÉ ?

Pour un premier bébé, partez à la maternité après 2 heures de contractions de travail toutes les 5 à 7 minutes. Pour un second ou plus, après 1 heure de contractions de travail toutes les 5 à 7 minutes. N'oubliez pas de tenir compte du temps de trajet dans ces calculs...
Si les contractions se conjuguent à la rupture de la poche des eaux, partez tout de suite !

Contractions courtes :
- durée : moins de 30 secondes ;
- irrégulières en fréquence et en intensité ;
- désagréables et douloureuses mais pas au point d'empêcher de parler ;
- tendance à s'estomper avec le mouvement, l'eau chaude ou le repos.

Contractions de travail :
- durée : 1 minute ou plus ;
- régulières en fréquence et en intensité ;
- douloureuses au point de ne pas pouvoir parler lorsqu'elles surviennent ;
- tendance à s'accentuer en termes de douleur au fil du temps.

Préparer son congé

À quel moment faut-il déclarer sa grossesse à son employeur ? De combien de temps bénéficiez-vous pour vous occuper de votre enfant ? Et les hommes dans tout ça ? Tour d'horizon de vos droits.

Déclarer sa grossesse

Administrativement, tout commence par la déclaration de grossesse que votre médecin (généraliste ou gynécologue) ou votre sage-femme remplit. Si vous avez connu la version papier (une partie à transmettre à la Sécurité sociale, l'autre à la CAF), sachez que votre praticien peut désormais faire la déclaration en ligne. Ne traînez pas trop, il faut déclarer sa grossesse avant la fin du 3e mois.

Informer son employeur

Dans le cas des salariées, il vous faudra informer votre employeur avant le 7e mois. Il fournira une attestation de salaire à la Sécurité sociale, grâce à laquelle les indemnités pourront être calculées. Toutefois, il vous faudra remplir certaines conditions, notamment d'affiliation à la Sécurité sociale (voir Ressources).

Pour les indépendantes, 2019 marque l'harmonisation de la durée du congé maternité sur le régime général, même si les conditions particulières d'indemnisation de celui-ci peuvent rester problématiques selon les professions.

Congé prénatal et postnatal

Votre congé maternité se compose de deux parties : un congé prénatal (avant la naissance) et un congé postnatal. Il est éventuellement possible de réduire le congé prénatal pour allonger le postnatal, de 3 semaines maximum. Si votre enfant naît avant la date initialement prévue de l'accouchement, ce qui n'a pas été pris en congé prénatal sera transformé en congé postnatal, mais la durée de votre congé maternité ne sera pas réduit.

Lors de votre retour au travail, vous reprenez votre poste ou votre employeur doit vous garantir un poste similaire à celui que vous avez quitté, à rémunération au minimum équivalente (voir aussi le congé parental, p. 134).

Congé de naissance

Pour le papa, la durée du congé de naissance est fixée à 3 jours.

Congé de paternité

Celui-ci est de 11 jours calendaires consécutifs. Non obligatoire, il n'est pris que par 70 % des pères... Le congé paternité peut succéder au congé de naissance de 3 jours ou être pris séparément. Il doit débuter dans un délai de 4 mois suivant la naissance de l'enfant, mais il peut prendre fin au-delà de ce délai.

Un enjeu de société

La question de l'allongement de la durée du congé paternité est un véritable sujet de société et une question de volonté politique. Il serait un réel progrès vers plus d'égalité homme/femme. Non seulement il permettrait au papa de prendre sa place au sein de la cellule familiale, de mieux soutenir la maman dans cette période post-partum qui n'est pas évidente, mais lui donnerait aussi le temps de créer du lien avec le nouveau-né. D'un point de vue professionnel, il permettrait d'éviter cette situation encore trop fréquente où, à profils équivalents, un homme est préféré à une femme, pour éviter une absence pour cause de grossesse.

Et une durée plus longue est possible ! Chez nos voisins européens, les papas portugais bénéficient de 5 semaines de congé paternité, ceux de Lituanie de 4 semaines, et ceux de Finlande de 3 semaines par exemple.

Parole d'expert

Amandine, co-fondatrice du collectif Pour une parentalité féministe

Si on aligne le congé de paternité sur celui des mères et qu'on le rend obligatoire, on ira vers plus d'égalité. Et vers plus de possibilités d'égalité dans la famille, dans le travail domestique et familial, dans la présence et l'éducation des enfants, et dans le milieu de l'emploi.

Ressources

ameli.fr

Rubrique détaillée « Grossesse : démarches et accompagnement ».

service-public.fr

Les conditions à remplir et les démarches à effectuer pour bénéficier des congés maternité et paternité.

DURÉE DU CONGÉ MATERNITÉ SELON LE NOMBRE D'ENFANTS

Vous attendez	un enfant	un enfant	des jumeaux	des triplés
et vous avez déjà	**0-1 enfant**	**2 enfants**	-	-
Congé prénatal	6 semaines	8 semaines	12 semaines	24 semaines
Congé postnatal	10 semaines	18 semaines	22 semaines	22 semaines
Total	16 semaines	26 semaines	34 semaines	46 semaines

Les trois échographies

Ces échographies sont nécessaires pour dépister d'éventuelles anomalies et vérifier le développement du fœtus. Un moment clé de la grossesse, mêlé d'anxiété et de grande émotion.

L'échographie est un acte médical qui permet d'améliorer l'état de santé des enfants à naître et des mamans : grâce aux informations qu'elle fournit, on peut adapter le suivi pendant la grossesse, l'accouchement et anticiper les soins ou interventions dont le nouveau-né pourrait avoir besoin. Selon les recommandations officielles, une femme enceinte passe 3 échographies, en réalité un peu plus (écho de tout début de grossesse, en cas de grossesse à risque, de visite aux urgences, etc.).

« En moyenne, 60 à 70 % des malformations sont détectées. En revanche, plus c'est grave, plus c'est identifiable. »

Dr Gilles Grangé, gynécologue-obstétricien

Dater la grossesse

Vers 12 semaines d'aménorrhée (SA), la première des trois échographies a pour objectif de dater la grossesse. L'échographiste compte le nombre d'embryons et observe attentivement la morphologie du ou des bébés : les organes (cerveau, cœur, etc.) sont-ils bien présents et à leur place ? Le cœur bat-il ? L'examen de la clarté nucale fait partie du dépistage de la trisomie 21 (voir p. 26). Cette échographie permet de dépister environ 60 % des malformations les plus graves, conduisant parfois à une interruption médicale de grossesse.

Dépister et vérifier

Entre 22 et 24 SA, l'écho « morphologique » permet d'écarter des malformations majeures et d'orienter vers le dépistage d'anomalies chromosomiques ou de malformations à expression plus tardive. On mesure la taille du fémur, des périmètres crânien et abdominal. On vérifie le bon fonctionnement de l'échange sanguin et du placenta. On regarde le cœur, les poumons, l'estomac, les reins, le visage, les parties cérébrales, la colonne vertébrale, les différents membres. C'est aussi le moment souvent très attendu de la révélation du sexe du bébé !

Voir les anomalies

Entre 32 et 34 SA, la troisième échographie permet de dépister des anomalies impossibles à détecter avant. L'échographiste vérifie plusieurs aspects morphologiques car les tuyaux comme les intestins, les reins, l'urètre se mettent en place. Il regarde aussi la circulation sanguine, le cœur, le cerveau. Ensuite, il s'attarde sur la croissance fœtale, s'assure qu'il n'y a pas de retard de croissance intra-utérin, d'indice nécessitant d'avancer la date d'accouchement. Il vérifie aussi la place du placenta : s'il est sur l'utérus de la maman, il faudra probablement prévoir une césarienne.

Comment ça marche ?

La sonde est constituée d'une barrette de 256 cristaux en ligne qui envoient des ultrasons les uns après les autres. Ces ultrasons rencontrent des obstacles, ils sont alors réfléchis et produisent un écho, comme le son qui se réverbère

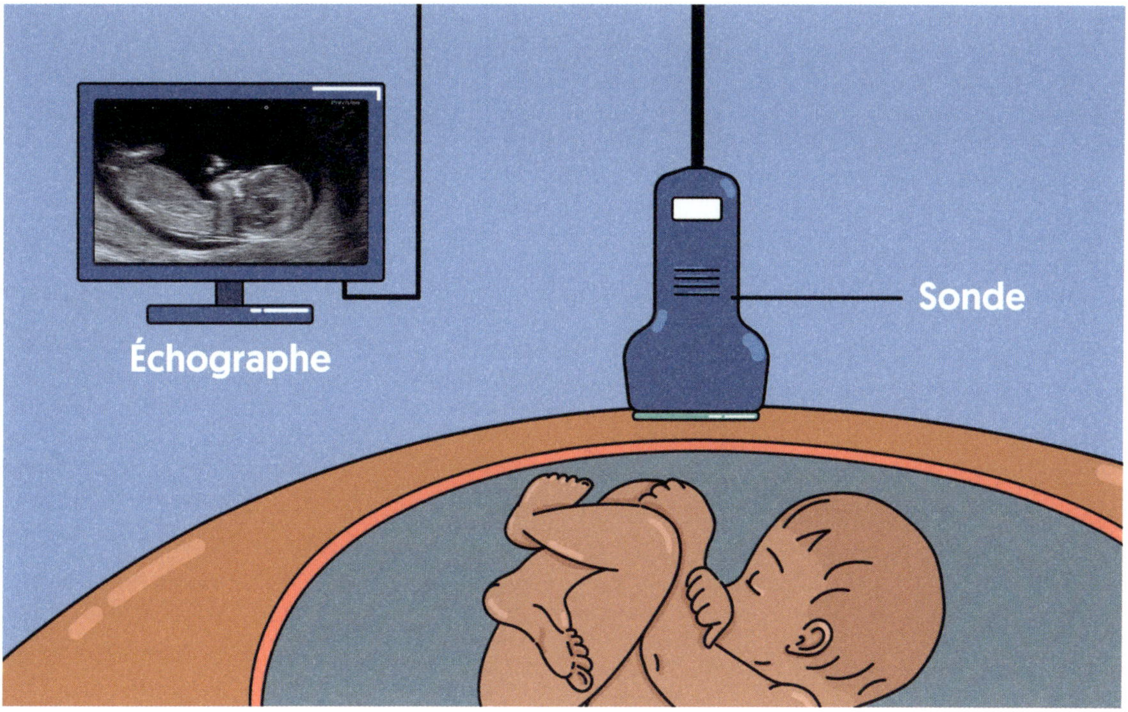

dans les montagnes ! Les échos forment sur l'écran de l'appareil une ligne pour chaque cristal, et ainsi de suite pour les 256 lignes qui constituent une image.

Noir, gris, blanc

Les ultrasons produisent des échos plus forts quand ils se heurtent à un os ou de la chair : à l'écran, cela se traduit par une image plus blanche. Si la différence de structure est faible entre deux matériaux, par exemple entre le liquide amniotique et l'utérus, l'image aura un aspect plus gris. Le liquide amniotique ne renvoie pas d'écho, donc il apparaît complètement noir.

Pourquoi du gel sur le ventre ?

Les futures mamans connaissent bien ce rituel de début d'échographie : on leur badigeonne le ventre de gel. Mais pourquoi ? L'échographie fonctionne avec des ultrasons mais l'air ralentit le son alors que l'eau l'accélère. Si on met la sonde directement sur la peau, la couche d'air entre la peau et la sonde va empêcher l'ultrason de passer. Le gel, qui est en fait de l'eau gélifiée, permet de se rapprocher de la consistance du liquide amniotique.

En cas d'anomalie

Toute anomalie détectée lors d'une écho « de dépistage » (dans un cabinet de ville) impose une écho « de diagnostic ». Elle doit être passée dans un centre pluridisciplinaire par un échographiste reconnu par ses collègues comme échographiste de référence.

Plusieurs types d'anomalies existent :
- Les faux positifs : finalement, l'anomalie n'est pas confirmée, tout va bien.
- La réelle malformation : elle devra être prise en charge dès la naissance, les parents sont orientés vers un chirurgien ou un pédiatre, etc.
- La malformation incurable ou grave : en fonction des cas, la possibilité d'une interruption médicale de grossesse (IMG) peut être envisagée.

Parole d'expert

Dr Jean-Marc Levaillant, obstétricien et échographiste référent

L'échographie est sans risque pour le bébé. Même chose pour la 3D. Y compris lorsque nous devons faire des échographies supplémentaires. À ce jour aucune complication n'a été signalée.

Chat et chien : quelles précautions ?

À quoi faut-il faire attention quand on a un animal familier, pendant la grossesse et avec les tout-petits ?

Nous évoquons ici les précautions générales avec les chats et les chiens, animaux de compagnie les plus fréquents, mais en cas de situation particulière, demandez conseil à votre vétérinaire.

Chat, chien et grossesse

Si vous n'êtes pas immunisée contre la toxoplasmose (voir p. 16), quelques précautions s'imposent avec votre chat : évitez de changer la litière, ne lui faites pas de bisous sur le museau et lavez-vous les mains après l'avoir manipulé. Pour le chien, il n'y a pas de risque de toxoplasmose. Concernant les autres maladies transmissibles à l'homme, elles sont très rares et il suffit de respecter les règles d'hygiène élémentaires. Pensez aussi à vermifuger vos animaux et à les traiter contre les puces.

Chat et bébé

Les chats adorent le propre, la douceur et la chaleur, ils peuvent donc s'installer dans le berceau, non pour faire du mal au bébé, mais dans une recherche de confort. Pour l'éviter, Laetitia Barlerin, vétérinaire, vous conseille de placer une moustiquaire au-dessus du lit. La plupart du temps toutefois, ces félins ont plus tendance à fuir le bébé qu'à s'en approcher. Laissez votre chat renifler le bébé s'il en a envie et s'il n'est pas agressif.

Chien et bébé

Il faut prendre plus de précautions avec un chien. Laetitia Barlerin recommande de lui interdire la chambre du bébé dès l'installation pour qu'il comprenne que ce sera l'espace de l'enfant et pour qu'il ne soit pas trop possessif avec lui. De plus, vous aurez moins de temps à lui consacrer : pendant la grossesse, systématisez les habitudes que vous avez avec lui pour les sorties, les jeux, les interactions, afin qu'après la naissance, sa vie ne change pas brutalement. Grâce à cela, l'animal ne se sentira pas délaissé ou exclu.

Placez le panier du chien dans un endroit en retrait dans le salon, au calme, car il aura besoin de s'apaiser. Cela constituera un refuge pour lui. Lorsque bébé sera né, éloignez le chien au moment de donner le sein ou le biberon. En grandissant, il est fréquent qu'il devienne le meilleur ami de l'enfant (voir aussi p. 216).

Un risque d'allergie ?

Plusieurs facteurs entrent en jeu dans l'apparition d'une allergie, dont un facteur familial (le fait d'avoir un « terrain allergique »). Des études récentes ont montré que si l'enfant grandit dans ses premières années avec un chien ou un chat, cela diminue l'apparition des allergies, des troubles ORL et des crises d'asthme. Contrairement à l'idée reçue, grandir avec un animal stimulerait le système immunitaire.

LA RONRONTHÉRAPIE

Le ronronnement du chat (s'il est posé sur votre ventre, pendant votre grossesse) est perceptible par votre bébé car ce sont des sons graves. Ce doux bruit est aussi agréable pour les adultes que pour les fœtus. On parle même de ronronthérapie !

à lire

Chats, tout ce qu'ils essaient de nous dire, Dr Laetitia Barlerin, Albin Michel, 2018.

Stop aux stéréotypes !

Même si les choses commencent à bouger, la plupart des médias ont une vision encore stéréotypée de la grossesse. Laissons leurs injonctions culpabilisantes et les clichés sexistes de côté pour vivre une grossesse plus libre !

La grossesse est souvent réduite à l'expérience médicale, biologique. Cette vision ne prend pas suffisamment en compte le fait que la maternité est aussi une « expérience psychique et sociale », pour reprendre l'expression d'Elisa Rigoulet. D'ailleurs, la place accordée au partenaire est encore trop faible, et bien des clichés conservateurs et sexistes continuent de circuler, sans parler des normes et des injonctions auxquelles la société attend que l'on se conforme. Heureusement, le regard critique se renforce et les futures mamans s'approprient de plus en plus leur grossesse.

L'injonction au bonheur

Ce cliché a la peau dure : pendant la grossesse, la future maman doit être rayonnante, c'est l'image qui est la plus répandue. Or, la grossesse est aussi synonyme de douleurs, de contraintes. Contrairement à la vision normée (certaines mamans sont heureuses, d'autres dépriment, etc.), la grossesse est loin d'être aussi linéaire ! Et on a tout à fait le droit de ne pas trouver la grossesse merveilleuse.

Grossesse et féminisme

Contrairement à ce que véhiculent encore trop de publications (sur les réseaux sociaux notamment) qui mettent en avant une silhouette définie comme idéale, le corps change, puis met du temps à retrouver un équilibre après la naissance. Déculpabilisons-nous et acceptons ces changements. D'ailleurs, les choses commencent à évoluer et on assiste à une libération de l'image, avec les projets de photographes mettant en lumière le corps post-partum dans sa réalité, non transformée, avec les vergetures, le ventre encore déformé… Ainsi, voir la série de photos de Jade Beall intitulée « A Beautiful Body Project », ou encore le projet mené par January Harshe via le compte Instagram @takebackpostpartum.

Benjamin a dit

Selon moi, le meilleur moyen de vivre sa grossesse sans être victime des stéréotypes sexistes, c'est avant tout d'assumer ses choix. Et de ne pas hésiter à l'ouvrir. Posez des questions. Assumez, par exemple, de ne pas vouloir de péridurale ou d'épisiotomie (dans la mesure du possible). Ayez confiance en vous, même si les médecins essaient, dans une certaine limite bien sûr, de vous faire changer d'avis et demandez au futur papa d'être votre meilleur soutien dans vos choix. Il faut du courage pour s'imposer en salle de naissance. Mais celles qui y parviennent ne le regrettent pas.

À lire

Le Guide féministe de la grossesse, pour des futurs parents libres, Pihla Hintikka et Elisa Rigoulet, Marabout, 2019.

Parole d'expert

Elisa Rigoulet, autrice

Le féminisme s'est arrêté aux portes de la maternité, alors qu'aujourd'hui on en parle de plus en plus dans tous les domaines de la société. Dans de nombreux guides pratiques sur la grossesse, on trouve des visions sexistes et stéréotypées de la femme.

J'attends des jumeaux

Suivi, accouchement…
Quelles sont les spécificités d'une grossesse multiple ?

Sur près de 725 000 naissances en France en 2017, 1,7 % concernaient des jumeaux… et 0,023 % des triplés. Il y a même eu huit naissances de quadruplés (source : Institut national des études démographiques). L'augmentation des grossesses multiples s'explique par l'augmentation des grossesses tardives et par le recours à la procréation médicalement assistée.

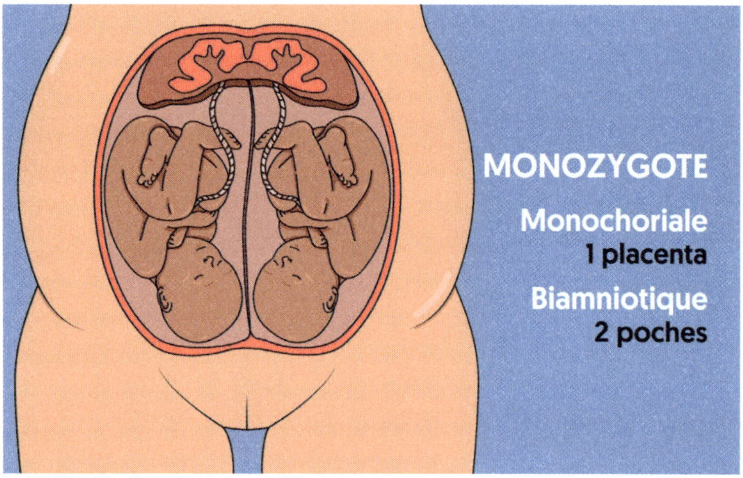

Quel suivi médical ?

Les grossesses multiples sont plus à risque que les autres, ce qui signifie que le suivi est renforcé pour éviter ou anticiper toute complication : diabète gestationnel, hypertension, pré-éclampsie (voir Hypertension et grossesse p. 31), etc. L'un des risques est notamment l'accouchement prématuré, c'est pourquoi on recommande souvent aux mamans de se reposer dès que le besoin s'en ressent – d'ailleurs, le congé maternité est globalement plus long (voir p. 34). Pour les grossesses bichoriales, il y aura une échographie tous les mois ; pour les monochoriales, une tous les 15 jours, dès la 16e semaine d'aménorrhée (SA). Cela permet de voir si les bébés grossissent bien et ne se mettent pas en déséquilibre, ou d'identifier un STT, syndrome transfuseur-transfusé (grossesses monochoriales), en surveillant la taille des vessies et la quantité de liquide amniotique.

L'accouchement

La plupart du temps, en cas de grossesse multiple, vous serez orientée vers une maternité de niveau 2 ou 3 (voir p. 13), qui a l'expérience et les équipements nécessaires pour vous prendre en charge en toute sérénité. Le risque d'accouchement prématuré est plus élevé car il y a plusieurs bébés, mais l'accouchement par les voies naturelles est possible pour la majorité des mamans ! Certaines complications nécessitent toutefois une césarienne : naissance prématurée, mauvaise position d'un ou deux bébés dans le ventre de la mère, etc.

Parole de parent

Candice, maman de Lyron et d'Elly (8 mois) et d'Alon (3 ans)

Mon conseil : ne pas s'angoisser, anticiper au niveau matériel mais pas plus. Ce n'est pas deux fois plus dur. Je les sens plus indépendants que le premier, plus vite autonomes. Rapidement on prend le rythme, on ne se pose plus de questions. Voir leur bouille au réveil me motive !

Ressource

www.jumeaux-et-plus.fr La Fédération Jumeaux et Plus pourra vous accompagner dès l'annonce de votre grossesse.

PLUSIEURS CAS SONT POSSIBLES

	Nombre d'ovules fécondés	Nombre de placentas	Nombre de poches de liquide amniotique
Faux jumeaux	2 = jumeaux dizygotes	2	2
Vrais jumeaux, avec séparation rapide de l'œuf fécondé	1 = jumeaux monozygotes	2 = grossesse bichoriale	2 = grossesse biamniotique
Vrais jumeaux, avec séparation plus lente de l'œuf fécondé	1 = jumeaux monozygotes	1 = monochoriale	2 = biamniotique
Vrais jumeaux, avec séparation encore plus lente, cas le plus rare	1 = monochoriale	1 = monoamniotique	1 = jumeaux monozygotes

La préparation à la naissance

Recommandée mais non obligatoire, elle se compose de 8 séances et est assurée par une sage-femme. Petit tour non exhaustif de vos options.

Constituée de 8 séances prises en charge par la Sécurité sociale, la « préparation à l'accouchement », appelée aussi couramment « préparation à la naissance », est assurée par une sage-femme, en libéral ou à l'hôpital. Elle est parfois individuelle mais se déroule souvent en groupe.

L'entretien du 4e mois

L'entretien prénatal précoce est la première des 8 séances. Il s'agit d'un long entretien avec la future maman ou les futurs parents : la sage-femme cherche à savoir dans quel état d'esprit se trouve la future maman, ce qu'elle attend et envisage, si ses projets sont compatibles avec une potentielle grossesse à risque, quelles sont ses éventuelles angoisses, etc.

La préparation classique

Il reste donc 7 séances, qu'organisent les maternités et les sages-femmes libérales. Elles sont le plus souvent dispensées en groupe. On y apprend quand partir à la maternité, comment le travail et l'accouchement peuvent se dérouler, que la césarienne fait partie des options, que la péridurale peut parfois mal fonctionner, comment gérer la douleur, comment ça se passe une fois que l'enfant est là, comment nourrir le bébé, le changer... Suivre la préparation à la maternité permet de la visiter et de se familiariser avec l'ambiance.
Selon leur formation, les sages-femmes pourront vous accompagner dans une préparation plus spécifique (méthode de Gasquet, hypnose, etc.).

La sophrologie

Traditionnellement recommandée aux mamans angoissées, la sophrologie est une technique basée sur des exercices de respiration et de détente du corps avant de passer à l'apaisement des angoisses grâce à des exercices de visualisation. La future maman apprend à dédramatiser et à retrouver confiance.

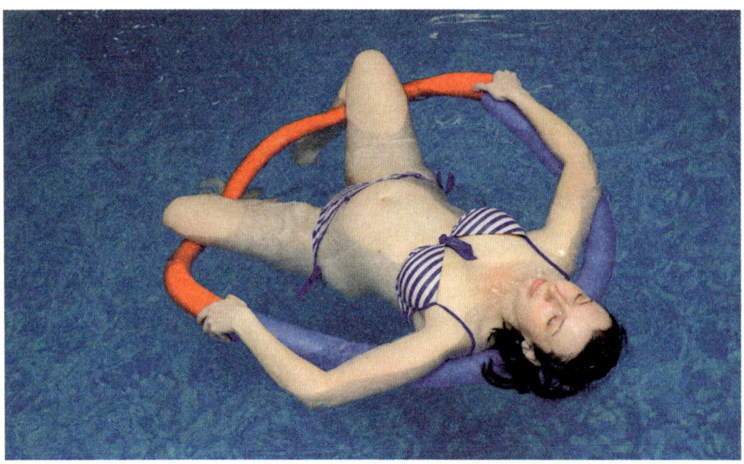

Le yoga prénatal

Cette pratique conjugue activité physique douce, maîtrise de sa respiration, relaxation mentale et physique. Dans le cadre de la grossesse et de l'accouchement, on apprend à étirer le dos, bien placer son bassin, se lever sans douleur et reconnaître son périnée (sur la question du périnée, voir p. 103).

L'haptonomie

Considérée comme la « science de l'affectivité », elle permet de rencontrer son bébé, communiquer avec lui in utero, le toucher, le caresser. Cette technique inclut autant les deux parents, ce qui offre une vraie place au conjoint et lui permet de créer une relation avec le bébé in utero. À travers les caresses sur le ventre de la future maman, les parents apprennent à déplacer leur enfant, à le bercer, à lui donner un sentiment de sécurité.

La préparation aquatique

La piscine permet d'allier préparation à l'accouchement et pratique physique, tout en bénéficiant de l'effet relaxant du milieu aquatique. Grâce à la sensation d'apesanteur, les mouvements se font plus facilement.
Cette préparation est déconseillée aux femmes qui souffrent d'hypertension, de contractions utérines fréquentes, de maladie de peau ou de fièvre.

Le chant prénatal

Dans cette pratique, l'abdomen devient une caisse de résonance. Nul besoin de chanter juste, l'idée est de com-

muniquer son bien-être au bébé et de créer du lien. Il ressent les vibrations du chant comme une caresse sonore, d'autant que l'eau qui entoure le bébé dans le ventre de la maman transmet les vibrations.

Au moment de l'accouchement, l'utilisation des sons lors des contractions est un outil intéressant dans la gestion de la douleur à l'aide du souffle. On va utiliser plutôt des sons graves, qui vont avoir une résonance dans le bassin et le bas du corps.

Le chant prénatal en tant que tel n'est pas conventionné, il peut être choisi comme un complément à une préparation à l'accouchement.

La place du conjoint

Il est important que le conjoint participe et ne soit pas seulement spectateur. Le lien à trois commence à se tisser pendant la préparation. Le fait d'avoir une information théorique lui permet d'être moins stressé et d'accompagner au mieux l'accouchement (voir p. 84). Il peut par exemple apprendre des massages, participer à des postures pour soulager les contractions, ou aider sa compagne à trouver sa respiration.

COMMENT CHOISIR ?

Chaque couple est différent. N'oubliez pas en premier lieu le critère pratique : quelles sont les préparations près de chez vous ? Quand êtes-vous disponibles ? L'entretien prénatal vous aidera à orienter votre choix en fonction de votre état de santé et de vos envies.

Il est envisageable d'associer deux types de préparation, mais attention à ne pas vous éparpiller, car vous risquez, le jour J, de ne plus savoir quoi faire.

Parole d'expert

Adrien Gantois, sage-femme

C'est plutôt une préparation à la naissance et à la parentalité, qui ne se limite plus à l'accouchement. Cela englobe le post-partum, la place du couple dans le parcours, à savoir les débuts de la parentalité, les bonnes pratiques.

Un prénom pour la vie

Un prénom peut être une évidence qui s'impose,
une idée de dernière minute, ou le fruit de longues négociations !

Pour les parents, les possibilités sont de plus en plus nombreuses. S'il y avait 5 000 prénoms différents en 1945, il y en a pas moins de 15 000 aujourd'hui ! Raisons personnelles, familiales, souhait d'honorer ses origines ou de marquer son originalité, influence de la société ou des arts, les critères qui président à l'élection d'un prénom sont très variés.

Une décision à deux

Faites-vous confiance, recommande Ève Piorowicz, psychologue clinicienne. Le choix du prénom appartient aux seuls parents et n'est en aucun cas du ressort des autres membres de la famille, fussent-ils frères et sœurs. Il est donc grandement conseillé d'activer un petit bouclier de protection face à la pression de l'entourage ! Le processus de nomination est extrêmement intime, il relève de l'émotionnel, du psychique, du couple.

Un accès à l'imaginaire

Comme le souligne Ève Piorowicz, le prénom est le premier accès à l'enfant, d'abord imaginaire. À la naissance, l'enfant réel vient déloger l'enfant imaginaire et parfois le prénom prévu change au moment de la rencontre avec son bébé ou à cause de l'histoire (un accouchement difficile, par exemple). Laissez-vous cette possibilité de changement !

Un désir de transmission

Pour certains parents, le prénom véhicule l'histoire de l'enfant et de la famille, par exemple dans le choix de la consonance du prénom, pour rendre hommage à leurs origines. Toutefois Ève Piorowicz met en garde lorsque le choix se porte sur un prénom qui a une dimension forte et lourde à porter, comme celui d'un enfant mort, ou d'un ancêtre héroïque ou mort dans des conditions tragiques.

Une page blanche

Historiquement, le prénom servait à marquer une appartenance à un groupe, une lignée, une famille, souligne le sociologue Baptiste Coulmont. On s'appelait François de père en fils. Au contraire, à présent, on veut que le prénom suffise à distinguer un individu dans la vie quotidienne, par exemple dans une classe d'école. Ainsi, pour une partie des parents, le prénom doit apporter

Parole d'expert

Ève Piorowicz, psychologue clinicienne

Un prénom est un écrin sonore, le premier qu'on offre à un bébé : c'est un peu le tube de notre vie ! Quand on l'entend, c'est comme une caresse, et si on l'écorche, c'est un peu une griffure. Son choix n'est pas qu'une histoire de sonorités. Il raconte aussi quelque chose de nos fantasmes, de nos projections, de notre intimité de parents, de notre narcissisme.

LE PRÉNOM, UN MARQUEUR SOCIAL

Pour le sociologue Baptiste Coulmont, historiquement, le prénom fait l'objet d'une circulation descendante. Les prénoms à la mode ont d'abord été portés, il y a une dizaine d'années, par des enfants d'artistes, d'intellectuels, de cadres, alors qu'aujourd'hui ils sont surtout donnés dans les familles de milieux populaires. Or, un phénomène nouveau est apparu : il existe désormais une sorte d'imperméabilité entre les classes. Aujourd'hui, les choix de la bourgeoisie, tels que Louise et Joséphine pour une fille, ne sont plus forcément repris par les autres milieux sociaux. À l'inverse, les classes populaires apprécient des prénoms (notamment anglo-saxons) tels que Dylan, Kevin ou Jessica qui n'ont jamais été donnés par les classes supérieures.

LE TOP 10 DES PRÉNOMS 2020

Fille

1. Emma
2. Jade
3. Louise
4. Alice
5. Chloé
6. Lina
7. Rose
8. Léa
9. Anna
10. Mila

Garçon

1. Gabriel
2. Raphaël
3. Léo
4. Louis
5. Lucas
6. Adam
7. Arthur
8. Hugo
9. Jules
10. Maël

quelque chose de nouveau. Une maman témoigne en ce sens : « Je voulais un prénom qui ne m'embarque pas ailleurs, mais une page blanche. » Parfois, la recherche d'originalité pour elle-même est revendiquée, mais c'est loin d'être systématique. Les parents souhaitent avant tout être libres de choisir le prénom qu'ils aiment.

Tout est permis ?

On peut déclarer à l'état civil n'importe quel prénom du moment qu'il ne porte pas préjudice à l'enfant. Seul l'employé de l'état civil est à même de l'estimer, et, le cas échéant, d'en avertir le procureur, qui peut à son tour saisir le juge. Certains prénoms ont déjà été retoqués par l'état civil... C'est le cas de Clafoutis, Astérix, Fraise, Nutella, Mini-Cooper ou Prince-William.

Un effet de mode

Aujourd'hui, la durée de vie d'un prénom est de deux ou trois ans en tête du palmarès. Ensuite, il faut une centaine d'années pour qu'ils reviennent à la mode, ce qui explique le retour des prénoms dits rétro, comme Jules, Marcel, Madeleine, Louise... Marie-Odile Mergnac, historienne et généalogiste, observe une attirance pour les prénoms féminins en « a », avec une vraie tendance pour les prénoms courts, les prénoms composés ayant totalement été laissés de côté.

À lire

L'Officiel des prénoms 2020, Stéphanie Rapoport et Claire Tabarly, First, 2019.

Le sport pendant la grossesse

Comment rester active ? Que peut-on faire ou pas ?
Comment trouver des exercices qui ne font de mal ni à vous ni au bébé ?

Être enceinte n'est pas une maladie ! Si votre grossesse se déroule normalement et que vous n'avez pas de contre-indication médicale, maintenir une activité physique douce (marche, natation...) est tout à fait recommandé pour votre corps autant que pour votre bien-être. C'est d'ailleurs l'un des outils de prévention du diabète gestationnel. Karim NGosso, coach sportif, fait le point.

Les règles d'or

Avant de vous mettre à l'exercice, commencez toujours par demander conseil à votre médecin et/ou votre sage-femme en précisant le type d'activité que vous souhaitez pratiquer, notamment pour les préparations à la naissance spécifiques, tels le yoga prénatal ou la préparation en piscine. Même si cela est peu fréquent, il peut exister des contre-indications. Certains sports sont à bannir, tels que la plongée, le ski, tous les sports où il y a un risque de chute, le parachutisme, les sports de contact...
Si vous n'êtes pas sportive et que vous décidez de commencer ou de vous y remettre, allez-y progressivement.
Quelle que soit l'activité, ne dérogez jamais au principe suivant : écoutez-vous et arrêtez-vous à la moindre gêne. Grande sportive ou débutante, allez-y en douceur et adaptez vos exercices.

Le cardio-training

Interdiction de faire du cardio éreintant : la montée en température trop importante du corps est un risque de déshydratation sévère pour la maman et surtout pour le bébé. Vous devez toujours être capable de parler tout au long de vos exercices, cela sert de repère pour le rythme cardiaque. Et plus que jamais lors d'une pratique sportive, buvez abondamment.

Le dos

Beaucoup d'exercices de yoga ou de musculation vous demandent de vous mettre sur le dos pour muscler vos jambes. Or, à partir du 3e trimestre, il vaut mieux éviter les exercices en position couchée : le fœtus risque de comprimer votre veine cave, ce qui peut générer une chute de la tension artérielle. Privilégiez les exercices debout, à l'aide d'un « ballon suisse » (gros ballon de yoga) ou encore en prenant appui sur votre canapé.

Les abdos

Évitez les rotations importantes du buste. Préférez les exercices renforçant les muscles latéraux, comme la planche latérale sur les genoux (voir ci-contre).

Les sauts

Ils sont déconseillés pour deux raisons : la principale est le risque de chute, la deuxième est le stress supplémentaire sur le périnée. Pour vous muscler, privilégiez le vélo elliptique.

Les étirements

Ce n'est pas le moment de développer votre souplesse, car les risques de blessures sont grands à cause de la relaxine, une hormone de grossesse qui détend les ligaments. De même, à partir du 2e trimestre, évitez les exercices où vous devez vous plier à plus de 90 degrés pour limiter la pression sur l'utérus et le bébé. Concentrez-vous plutôt sur le relâchement des tensions posturales, en douceur.

Parole d'expert

Karim NGosso, coach sportif
Il faut s'écouter, c'est vous qui décidez de ce que vous pouvez faire. L'essentiel est de ne pas rester inactive.

Benjamin a dit

*Pour accompagner vos balades, vos marches, vous pouvez, certes, écouter de la musique. Mais aujourd'hui, il y a encore mieux : les podcasts. Rien de mieux qu'une bonne promenade en forêt en écoutant un fait divers bien glauque d'*Hondelatte raconte*, ou une enquête à couper le souffle d'*Affaires sensibles*. Vous allez même oublier que vous faites de l'exercice tellement vous serez à fond dans ce que vous écoutez.*

À lire

Ma gym spéciale grossesse, Brigitte Parnet Evain, First, coll. « Ma p'tite famille », 2019.

QUATRE SÉANCES DE SPORT
par Karim NGosso, coach sportif

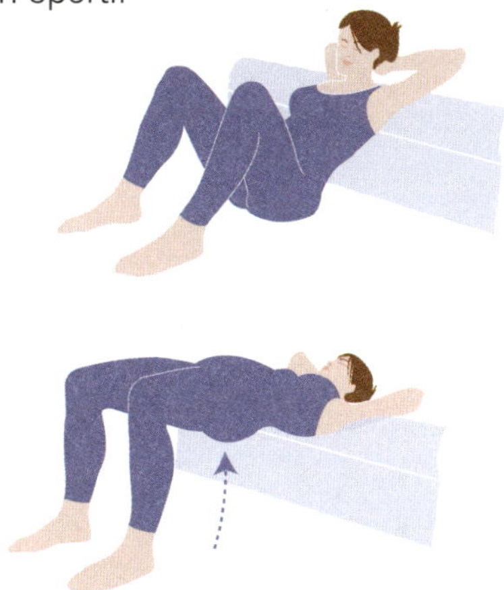

Le squat
Les pieds écartés d'un peu plus que la largeur des épaules, descendez en poussant les genoux, en mettant les fesses en arrière et en gardant le dos bien plat. Redressez les épaules en arrière comme si vous vouliez coincer un stylo entre vos deux omoplates. Si besoin, aidez-vous en mettant les bras en avant.

Les abdos sur canapé
Assise au sol, le dos appuyé contre votre canapé. Placez les mains derrière la tête, les pieds sont écartés de la largeur du bassin, bien à plat au sol, serrez le périnée en expirant, montez le bassin jusqu'à faire une ligne droite avec les épaules, redescendez en inspirant. Pas d'hyper-extension, ne dépassez pas l'horizontale.

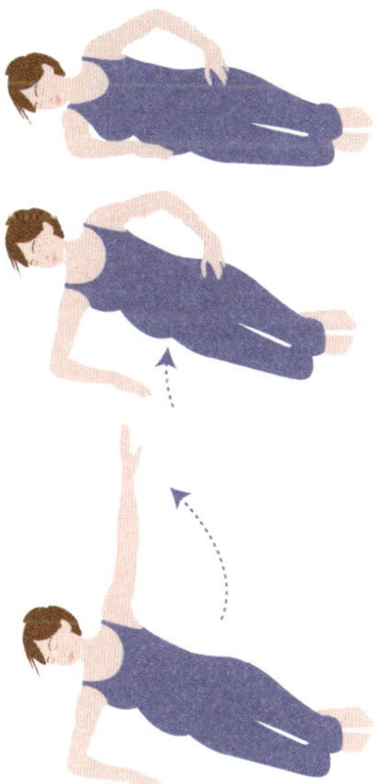

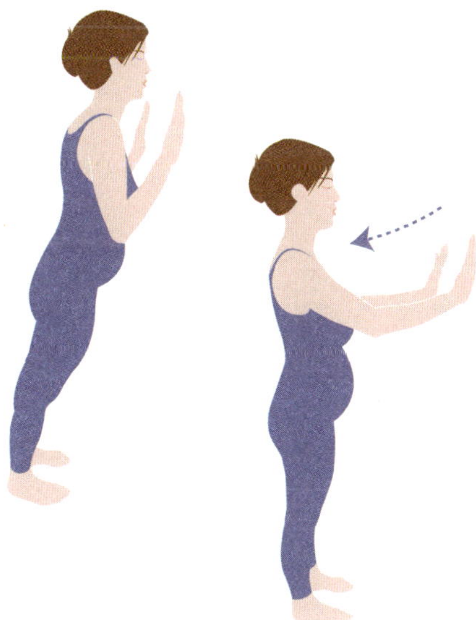

La planche latérale sur les genoux
Installez-vous sur le côté, pliez le coude et appuyez-vous dessus, les genoux légèrement repliés. Vous pouvez mettre une main devant vous pour vous soutenir. Montez et avancez le bassin en serrant votre corps, puis levez la main vers le ciel. Redescendez doucement.

Les pompes debout
Les pompes traditionnelles sont à éviter car elles tirent sur les ligaments et il y a un risque de chute sur le ventre. Tentez les pompes debout, les mains appuyées contre le mur, les bras près du corps. Plus on est proche du mur, plus c'est facile ; plus on recule les pieds, plus on s'entraîne.

La grossesse alitée

Il arrive que l'on doive rester au lit ou sur son canapé pendant plusieurs semaines voire plusieurs mois. Comment s'organiser et ne pas déprimer ?

Rester au lit ou sur son canapé pour donner une chance à son bébé de naître à terme, c'est ce qui arrive chaque année à 10 % des femmes enceintes.

Pourquoi ?

La raison principale est la menace d'accouchement prématuré (MAP), soit avant 37 semaines d'aménorrhée (SA, 8 mois pleins de grossesse). Les contractions utérines ont en effet une action sur le col de l'utérus. L'alitement est aussi prescrit en cas de rupture prématurée des membranes (fissure de la poche des eaux). Cette rupture peut entraîner un risque d'infection ou même provoquer l'accouchement en raison de la libération de substances qui ont une action sur le col et qui stimulent les contractions. Plus rares, certaines malformations utérines imposent l'alitement, tout comme le placenta praevia, un placenta placé bas qui provoque des saignements.

Les formes d'alitement

L'alitement peut être plus ou moins strict, autorisant un minimum de mouvements (douche, toilettes). Dans les cas les plus sévères de col raccourci, vous pouvez être hospitalisée. Rassemblez alors tout ce dont vous avez besoin pour éviter de vous relever. Si vous avez des enfants, il vous faudra organiser une solution de garde supplémentaire afin d'être moins sollicitée.

Quel suivi ?

En fonction du risque, les sages-femmes peuvent se déplacer à domicile pour des consultations et des monitorings. Dans certains cas, une hospitalisation à domicile (HAD) peut être envisagée.

Les précautions à prendre

Avec le manque de mouvements, la circulation sanguine se fait moins bien, ce qui augmente le risque de thrombose et de phlébite. Vous devrez donc porter des bas ou des collants de contention. Méfiez-vous du grignotage et gardez une alimentation équilibrée. Enfin, variez les positions de repos. Faites-vous confiance et installez-vous dans la position dans laquelle vous vous sentez à l'aise.

Contrainte ou chance ?

Souvent, l'alitement est d'abord synonyme de choc voire de culpabilité. Être limitée dans ses mouvements est contraignant, mais ce repos forcé peut devenir une force. C'est une belle école de la parentalité et de la patience : dans la vie, les choses se passent rarement comme prévu ! Voici un temps qui vous est donné pour créer un lien avec votre bébé. Essayez de faire de ce que vous appréciez, méditer, lire, écrire...

Parole de parent

Amélie, maman de Melchior (9 mois)

Après le choc – j'ai été anéantie lorsque j'ai appris que du jour au lendemain je devais être alitée complètement –, je suis rentrée dans ma bulle de maternité. L'alitement m'a permis de me retrouver avec mon bébé. Je lui parlais beaucoup plus. C'est comme un temps d'introspection qu'on n'a pas le temps de faire dans la vie. J'avais l'impression d'être en symbiose avec lui. C'est ce que je retiens de positif de cette période, cela m'a permis de créer le lien.

Définir son projet de naissance

D'origine anglo-saxonne, le « projet de naissance » a commencé à se diffuser en France dans les années 2000. Comment réfléchir à son accouchement et ouvrir le dialogue ?

Non obligatoire, il est habituellement rédigé à l'écrit ou partagé à l'oral par les futures mamans ou les parents en fin de grossesse. Sans valeur juridique, il est la base d'un échange avec la sage-femme qui vous suit ou le personnel médical de la maternité.

Une position dynamique

Grâce au projet de naissance, les femmes se trouvent dans une position dynamique, contrecarrant la passivité qui crée du stress et de l'anxiété. Cette prise en main permet d'être véritablement actrice de sa grossesse. La réflexion peut d'ailleurs conduire à choisir une forme de préparation à la naissance plutôt qu'une autre (classique, sophrologie, haptonomie, etc., voir p. 42).

Comment le formuler ?

Les grandes questions à se poser concernant le projet de naissance sont : la péridurale (avec ou sans, ou en ambulatoire – c'est-à-dire moins dosée, ce qui permet de rester mobile, voir p. 78), la position d'accouchement et d'expulsion, la place du papa, l'accueil du bébé (peau à peau, voir p. 82), la tétée d'accueil, les premiers soins (voir p. 90), l'allaitement…

Certains projets de naissance vont dans le sens d'un accouchement le plus physiologique ou naturel possible (voir p. 70), d'autres sont en réaction à un premier accouchement compliqué ou centrés sur une pathologie à prendre en compte.

Quelle que soit sa situation particulière, chaque future maman peut rédiger son projet, en prenant en compte ses spécificités.

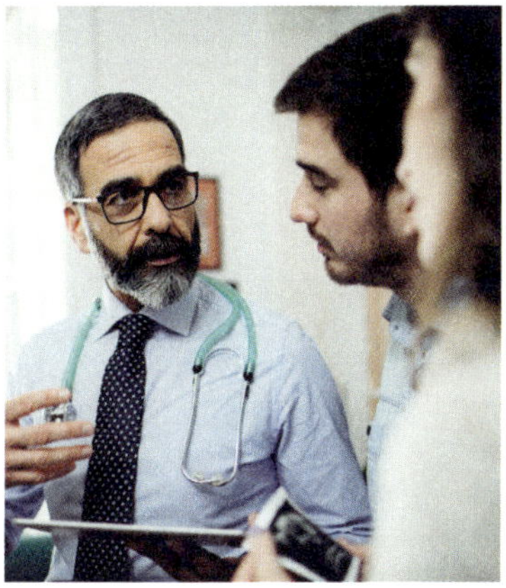

Un projet personnel

Plutôt que de copier-coller un projet sur internet, mieux vaut que celui-ci vienne entièrement de vous. Sentez-vous libre d'échanger avec la sage-femme ou le médecin qui suit votre grossesse : grâce à son expérience et à la connaissance de votre situation, elle ou il pourra vous accompagner lors de l'élaboration de ce projet. Outil parfait pour ouvrir la discussion, il permet d'ailleurs de bien préparer les choses, y compris en cas de complications.

Les imprévus

Certaines demandes peuvent être rejetées si le personnel médical estime qu'elles mettent en danger la maman et le bébé. Méfiez-vous des demandes catégoriques (pas de médicament, pas de césarienne, etc.) et ne devenez pas prisonnière de votre projet : un accouchement est imprévisible, et une situation d'urgence médicale vous conduira peut-être à l'opposé de ce que vous avez rêvé. Restez disponible pour l'imprévu…

CE QUE DISENT LES TEXTES OFFICIELS

« Un projet de naissance est l'énoncé des souhaits des parents quant au déroulement de la grossesse et de la naissance de leur enfant. Il inclut l'organisation des soins, le suivi médical, la préparation à la naissance et à la parentalité, les modalités d'accouchement, les possibilités de suivi pendant la période postnatale y compris les conditions d'un retour précoce à domicile et les recours en cas de difficultés. Il peut être formalisé par un document écrit et rédigé par les parents. »
Haute Autorité de santé (HAS), 2007

Parole de parent

Cécilia, maman de Raphaël (3 ans) et de Gabin (1 an)

J'ai rédigé mon projet de naissance en y mettant ce qui me tenait à cœur, mes souhaits et mes craintes. Cela m'a permis de définir ce que je voulais et ce que je ne voulais pas. Cela m'a obligée à mettre des mots, la chose est devenue moins abstraite.

Le b.a.-ba du siège auto

Trop d'enfants sont encore mal installés dans la voiture.
Alors, comment choisir un bon siège auto et comment bien l'utiliser ?

Selon la Prévention routière, 2 enfants sur 3 sont encore mal installés en voiture à cause d'un siège mal fixé, d'une ceinture mal attachée, d'un siège inadapté, etc.

Pour les bébés

La nacelle existe, mais les experts privilégient d'autres solutions. Elle permet au bébé (jusqu'à 10 kg) d'être allongé. Toutefois, en cas de choc, la tête et les cervicales sont moins maintenues, et il y a un ballottement de la tête qui n'existe pas avec le cosy. Si vous optez pour cette solution, vérifiez que la nacelle est équipée d'un harnais 3 ou 5 points. Elle doit être installée parallèle au dossier de la banquette, la tête du bébé vers le centre de la voiture et non vers la portière.

Le cosy est une coque bébé. Il est le plus fréquemment utilisé, notamment parce qu'il se trouve dans des packages de poussettes. C'est l'un des moyens les plus sûrs pour faire voyager les bébés dès la naissance. Il s'utilise jusqu'à environ 12 mois ou 13 kg.

Le siège baquet se décline en différents modèles, dont certains sont évolutifs et disponibles dès la naissance (c'est ce qu'on appelle les sièges 0+/1). Certains peuvent être utilisés jusqu'à ce que l'enfant atteigne 105 cm (environ 4 ans).

Le système Isofix

On a le choix d'installer le siège dans la voiture avec un système Isofix ou avec la ceinture de sécurité. Si la ceinture est parfaitement mise en place, les deux affichent le même niveau de sécurité. Toutefois, la Prévention routière signale que sa mauvaise installation figure parmi les erreurs les plus fréquentes. Mieux vaut privilégier l'Isofix. Le système est installé dans toutes les voitures depuis 2011. Il suffit de glisser la main entre l'assise et le dossier pour repérer les deux crochets de l'Isofix. Ensuite, on clipse la base Isofix et ça ne bouge plus ! Puis on installe le siège sur cette base (clipsé). Pensez alors à remettre l'anse du cosy en place ou, selon les modèles, le plus proche de la banquette arrière possible (on ne la laisse pas en position haute derrière la tête), car elle constitue une protection anti-rebond.

Installer la ceinture

Sans Isofix, assurez-vous que la ceinture n'est pas tordue ou vrillée, et qu'elle est bien tendue. Votre coque doit utiliser les 2 pans de la ceinture, une à l'avant de la coque et une à l'arrière. Voici un moyen mnémotechnique : la ceinture abdominale, qui passe sur vos hanches/cuisses, doit passer devant la coque au-dessus des jambes de votre enfant, puis la ceinture diagonale doit passer derrière la coque.

Rester dos à la route

Cette position réduit de 5 fois le risque de blessures graves de l'enfant en cas d'accident. Le bébé est poussé au fond du fauteuil plutôt que projeté. Les recommandations sont de faire du dos à la route au moins jusqu'à 15 mois.

Le siège bébé peut être placé à l'arrière (de préférence) ou à l'avant – à la condition impérative de désactiver l'airbag. Si le fait de ne pas voir votre enfant vous gêne vraiment, il existe des miroirs adaptés.

CEINTURE O-BLI-GA-TOIRE !

La règle est plutôt bien intégrée, mais on la rappelle quand même pour les 4 % d'enfants qui voyagent encore sans ceinture : quelle que soit la durée du trajet, quel que soit le type de siège auto, et quel que soit l'âge d'ailleurs, la ceinture doit toujours être attachée.

Marie a dit

En matière de siège auto, oubliez les achats d'occasion : vous ne saurez jamais si le siège acheté en brocante ou sur Le Bon Coin n'a pas été accidenté (même légèrement), auquel cas il risque de ne plus être aussi efficace. Optez donc pour un modèle neuf (et vous pouvez attendre les soldes pour faire des économies). Quant à l'installation dos à la route qui fait peur aux parents (il/elle va s'ennuyer et râler), il existe de nombreux dispositifs pour scruter son bébé (miroirs) et moult jeux pour amuser la galerie. Quoi qu'il en soit, soyez prudents !

Attention aux vêtements

Pas de grosse doudoune ni de combipilote, même en hiver ! En effet, l'épaisseur du blouson va réduire l'efficacité du harnais et l'enfant sera mal tenu : les matières glissent et vont se comprimer en cas de choc. Privilégiez une couverture placée par-dessus le harnais (voire même une couverture avec des emplacements pour les sangles) ou un gilet chaud.

Bien régler le harnais

Pour être sûr que le harnais est suffisamment serré, pincez-le, par exemple au niveau de l'épaule : s'il plisse, ou encore que vous passez 3 doigts entre l'épaule et le harnais, c'est qu'il n'est pas assez serré. Attention aux sangles vrillées.

Quand changer de siège ?

Dès que la tête du bébé dépasse le bord supérieur de la coque (vers 12-15 mois), il est temps de passer au « siège de grand ». Des indications figurent aussi sur les notices. Deux solutions se présentent alors : le siège dos à la route, appelé RF *(Rear Facing)*, beaucoup plus sûr. Pour un siège face à la route, le système avec bouclier est à privilégier à partir de 90 cm. N'oubliez pas d'attacher le bouclier, même quand l'enfant ne voyage pas, pour qu'il ne se transforme pas en projectile dans votre véhicule.

Parole d'expert

Maryline Keiro, association Sécurange

Il est difficile de faire un siège aussi bien adapté à un nourrisson qu'à un enfant de 4 ans, les gabarits sont trop différents et cela reste parfois inconfortable. Je recommande d'opter pour une coque dans les premiers temps. Ces sièges ont été conçus pour les bébés et sont adaptés à leur morphologie.

LISEZ LES NOTICES !

Si vous avez un doute, référez-vous à la notice ou aux tutoriels que les fabricants proposent parfois sur internet. Bien comprendre les réglages est fondamental, afin de les adapter à l'enfant qui grandit. Même le siège le mieux classé au *crash test* ne protégera pas votre enfant s'il est mal réglé et mal installé.

Ressource

securange.fr
Pour vous accompagner dans le choix du siège de votre enfant, ce site est spécialisé dans le comparatif de sièges auto. C'est une source précieuse d'informations !

Bien choisir sa poussette

Il s'agit de l'un des achats les plus importants avant la naissance du bébé ! Quelles questions faut-il se poser ? Sur quels critères fonder son choix ?

Avant même la naissance de bébé, la question de l'achat de la poussette se pose rapidement. En fonction de votre budget, de votre mode de vie, mais aussi du nombre d'enfants que vous avez, voici quelques conseils pour choisir le modèle le plus adapté.

Définir ses besoins

Avant de commencer votre recherche, prenez le temps de définir vos critères de choix. Quel est votre budget ? Avez-vous besoin d'une place ou de deux (jumeaux ou jeunes enfants d'âge rapproché), voire plus ? Êtes-vous principalement citadin ou avez-vous besoin d'une poussette tout-terrain ? Avez-vous l'intention de courir avec la poussette ? Allez-vous devoir la plier et la déplier régulièrement, et la porter ? Aurez-vous besoin d'un siège auto ?

Les critères importants

En fonction des différents besoins des utilisateurs, les fabricants ont créé toutes sortes de poussettes : 3-en-1 (cosy qui sert de siège auto, nacelle, hamac), tout-terrain, canne, hyper-compacte... À vous de voir quel est l'élément déterminant pour votre famille : robustesse, légèreté (si vous devez monter des escaliers avec), maniabilité, petite taille (pas de place de stockage, ascenseur minuscule, etc.), système de freinage (pour ceux qui feront du running – attention, pas avant les 9 mois de votre enfant), facilité de pliage, accessoires disponibles (ombrelle pour l'été, chancelière pour l'hiver, attache pour sac à langer, etc.), taille du panier, possibilité de placer le siège de la poussette face à vous plutôt que face à la route, inclinaison du dossier, compatibilité avec un siège auto, système de suspensions...

L'âge du bébé

Il existe quelques règles à respecter. Comme les nouveau-nés ne tiennent pas leur tête et ne peuvent pas tenir assis, il faut qu'ils puissent être allongés : c'est ce qu'on appelle une poussette « premier âge ». Dans ce cas, l'enfant peut être dans une nacelle, un cosy, ou en position allongée lorsque le système d'inclinaison de la poussette le permet. Vérifiez dans le descriptif si vous pouvez l'utiliser à partir de la naissance. On peut passer à la position assise entre 6 et 9 mois, à partir du moment où l'enfant tient tout seul assis de manière assurée. Si vous utilisez un cosy, veillez à ne pas y laisser bébé plus de 2 heures d'affilée car la position n'est pas idéale pour le dos. Réservez la position cosy aux trajets en voiture, la nacelle étant déconseillée.

Marie a dit

Si vous n'en avez pas un usage intensif dès la naissance, n'investissez pas une grosse somme dans votre poussette premier âge puisque vous n'allez pas vous en servir très longtemps. Mieux vaut privilégier le portage dans les premiers mois de vie et avoir un très bon siège auto, puis investir dans une poussette canne de qualité à partir de 6 mois. Pensez également aux amis qui peuvent parfois vous prêter une « poussette-naissance » pour ces quelques mois.

TESTEZ-LA !

Au-delà du côté théorique, de vos critères, des conseils de vos proches et des classements que vous pouvez trouver sur des magazines ou en ligne, le seul moyen de s'assurer que la poussette de vos rêves est la bonne est d'aller l'essayer en magasin. Testez son poids, entraînez-vous à l'ouvrir et, à la fermer, et faites-la rouler !

Les fausses couches

Chaque année, environ 200 000 grossesses en France se terminent par une fausse couche, le plus souvent dès les premières semaines. Y a-t-il des facteurs déterminants ? Comment traverser cette épreuve ?

Environ 1 grossesse sur 5 est concernée par une fausse couche. Certains couples sont même confrontés à cette épreuve 3 fois, 5 fois, voire plus encore. On parle alors de fausses couches à répétition.

Un processus naturel

La fausse couche est un arrêt spontané de la grossesse au 1er trimestre (parce que l'embryon ne se développe pas, en cas d'œuf clair dont la division cellulaire est bloquée, etc.). On parle de fausses couches répétées à partir de 3 fausses couches consécutives.

Quelles causes ?

En cas de fausses couches à répétition, une recherche des causes est mise en place, même si elle n'aboutit pas toujours. Selon le Dr François Jacquemard, gynécologue-obstétricien, 70 % des fausses couches sont d'origine chromosomique, mais cela peut aussi venir d'un problème hormonal, d'une thrombophilie, d'une anomalie génitale, d'une hypothyroïdie, du diabète, d'un problème infectieux. Par ailleurs, certains facteurs de risque sont liés au mode de vie : un cadre de vie ou de travail hyper-pollué, une surconsommation de cigarettes, d'alcool, de café ou une pratique sportive très intensive... De plus, le risque de fausse couche augmente avec l'âge, à partir de 35 ans environ.

Un « deuil singulier »

La fausse couche est un choc psychologique. La maman a ressenti les premiers changements physiques de la grossesse, les parents ont commencé à se projeter. À cela s'ajoutent parfois la douleur physique de la fausse couche et l'impression dans certains cas de l'indifférence du corps médical ou même des proches qui essaient de relativiser la situation, alors que la maman a besoin d'être entourée et écoutée dans sa souffrance. Fabienne Sardas, psychologue-psychanalyste, parle d'un deuil un peu singulier : celui d'un bébé imaginaire, un deuil qui ne crée pas une parentalité. Mais quelque chose s'est passé dans le corps et s'est arrêté : il y a un avant et un après, comme pour tout événement traumatique. Chacune va y réagir différemment, mais il reste gravé dans la mémoire.

Une nouvelle grossesse ?

Physiologiquement, il n'y a pas de délai à respecter (sauf cas particulier signalé par l'équipe médicale). Le Dr Jacquemard souligne qu'il faut que les femmes se sentent prêtes et qu'elles aient fait le deuil de la précédente grossesse.

Marie a dit

La fausse couche est finalement banale. Mais personne n'en parle, personne n'échange sur le sujet, qui reste tabou. Parce que la fausse couche, c'est terrible. En un quart de seconde, on passe d'un statut à un autre. On porte la vie et puis on ne porte plus rien. Le parcours médical qui s'ensuit est douloureux et on se sent souvent seule, avec ce sentiment que personne ne peut nous comprendre. Parce que c'est notre corps. Parce qu'on l'avait déjà imaginé, cet enfant-là. Alors non, ce n'est pas la fin du monde, certes, mais on a le droit de pleurer quand même et d'être triste. On a le droit de prendre le temps et de faire son deuil, d'en parler surtout. On a le droit de se dire qu'on a perdu quelqu'un. Qui ne sera jamais. Qui n'a pas existé. Sauf dans notre tête. Et que c'est déjà beaucoup.

Parole d'expert

Fabienne Sardas, psychologue-psychanalyste

Dans le parcours de maternité, tout peut arriver, tout est possible. La fausse couche fait partie d'un processus de la maternité. C'est une vérité : on compte 200 000 fausses couches en France par an. Comme dans un voyage, il y a une nécessité de s'adapter aux aléas. Au lieu de dire « Je voudrais un enfant », je dirais « Je fais un vœu d'enfant ». Je trouve que c'est plus juste.

Le deuil périnatal

Cette perspective de perdre un bébé est souvent si insoutenable qu'elle reste un tabou.

La mort fait peur, d'autant plus lorsqu'il s'agit d'un bébé. Briser le tabou est important, car même si c'est rare, cela peut arriver, et des milliers de parents y sont confrontés chaque année en France. Il faut savoir accompagner avec respect ces parents qui font face à une mort fœtale in utero (MFIU), au-delà du 1er trimestre de grossesse, ou à une interruption médicale de grossesse (IMG). Mais aussi ceux qui perdent leur enfant lors de l'accouchement ou dans les 7 premiers jours de vie. Le soutien bienveillant de l'entourage lors d'un deuil périnatal est fondamental.

Le deuil périnatal se distingue de la fausse couche en termes d'avancement de la grossesse : dans le premier cas, on entre dans la période où le fœtus est considéré comme viable, contrairement à la fausse couche, qui se déroule au début de la grossesse.

L'IMG

Chaque année, environ 5 000 interruptions médicales de grossesse sont pratiquées en France. Les IMG s'inscrivent dans un cadre défini : l'enfant est atteint d'une affection d'une gravité reconnue comme incurable au moment du diagnostic. Elles sont décidées après un long processus d'examens, de rencontres avec les spécialistes de la pathologie détectée, de discussions entre le corps médical et les parents, et de délais de réflexion. C'est souvent un choc d'une grande violence pour les parents.

Une épreuve

À côté de la douleur morale du deuil, partagée par le couple, la maman doit aussi traverser l'épreuve de l'accouchement, en général déclenché par les voies naturelles.

Il faut savoir que pour un accouchement après 22 semaines d'aménorrhée (SA), la maman a droit au congé maternité classique (avant, il s'agira d'un congé maladie). Pendant toute cette période, il est indispensable que les parents soient soutenus. À côté d'une prise en charge traditionnelle, certaines maternités ont mis en place des groupes de parole où les couples peuvent se rencontrer entre eux, entourés d'un psychologue ou psychiatre, pour échanger sur leur histoire. Les parents endeuillés peuvent aussi trouver du soutien auprès d'associations (voir Ressources).

Un long travail de deuil

Le Dr Marie-José Soubieux, pédopsychiatre et psychanalyste, souligne que le deuil périnatal, comme tous les deuils, n'est jamais fini et que la douleur peut toujours revenir, avant, pendant ou après une autre grossesse, lors d'événements ou de dates anniversaires… « Une de mes patientes appelait ça la "tristesse douce", qui rappelle l'enfant qu'on a perdu. C'est rassurant de ne pas oublier. Pour autant, ça n'empêche pas d'être heureux. » D'ailleurs, pouvoir donner une place à chacun de ses enfants, vivants comme morts (notamment inscription à l'état civil, photographie – voir Ressources –, tout simplement ne pas nier son existence) fait partie du travail de deuil.

LE STATUT DE L'ENFANT MORT IN UTERO

Après 15 semaines d'aménorrhée, l'inscription à l'état civil ou sur le livret de famille est possible depuis le décret de 2009. On peut d'ailleurs le faire rétroactivement, même des années plus tard.

Ressources

association-agapa.fr et petiteemilie.org
Des associations qui viennent en aide aux parents confrontés au deuil périnatal comme l'AGAPA ou encore Petite Émilie dans le cadre d'une IMG.

www.souvenange.fr
Souvenange est une association de photographes bénévoles qui prennent en photo les enfants décédés dans les maternités, à la demande des parents, dans une démarche de souvenir.

À lire

Pater dolorosa, Jérémie Szpirglas, éd. Le Passeur, 2019 : le point de vue d'un papa confronté à la douleur de l'IMG et du deuil périnatal.
Le Berceau vide, Dr Marie-José Soubieux, Érès, 2013.

La valise de maternité

Il faut penser à emporter des affaires pour maman, pour bébé, sans oublier votre moitié ! Que doit-on emmener à la maternité ? Quand faut-il commencer à se préparer ?

La valise pour la maternité doit être prête 1 mois avant la date d'accouchement prévue car c'est dans cette période que tout peut arriver ! Mieux vaut avoir tout organisé à l'avance pour partir sereins et ne rien oublier. Afin de s'y retrouver facilement, le mieux est de préparer 3 sacs : un spécifique pour la salle de naissance, un pour les affaires de bébé pendant le séjour à la maternité et un pour la maman.

La salle de naissance

Pour le nouveau-né, on conseille

- 1 body manches longues, idéalement en taille 1 mois (sauf si l'on vous a dit que le bébé sera tout petit) ;
- 1 pyjama bien chaud qui s'ouvre sur le devant (plus pratique quand on n'a pas encore l'habitude de manipuler son bébé) ;
- 1 gilet en coton ou en laine ;
- 1 paire de chaussettes ;
- 1 bonnet en laine ou en coton selon la saison ;
- 1 gigoteuse/turbulette ;
- 1 couverture de bébé chaude pour le peau à peau (selon la maternité).

Pensez aussi à prendre

- les papiers administratifs et médicaux (carte de groupe sanguin, carte vitale, pièce d'identité, carte de mutuelle, dossier médical avec échographies et résultats d'analyses sanguines) ;
- quelques pièces de monnaie qui permettront à votre moitié d'avoir accès à la machine à café.

Côté habillement pour la maman

- 1 paire de tongs ou de chaussons ;
- 1 gilet si vous êtes frileuse ;
- 1 grande chemise de nuit ample et confortable, qui s'ouvre devant, plus pratique pour faire le peau à peau avec votre bébé juste après la naissance ;
- 1 brumisateur (il peut faire très chaud dans les salles de naissance) ;
- de la musique et quelques magazines, si l'accouchement prend du temps ;
- un téléphone portable avec son chargeur.

Pour l'accompagnant

- des petits gâteaux et éventuellement un thermos de café.

Les affaires de la maman

On vous recommande d'avoir dans votre valise

- 3 tenues confortables ;
- votre nécessaire de toilette dont du savon neutre pour nettoyer une éventuelle cicatrice ;
- 2 serviettes de bain ;
- 5 culottes jetables ou, mieux, de vraies culottes en coton premier prix ;
- des serviettes hygiéniques (on évite celles en matière ultra-absorbante qui peuvent retarder ou entraver la cicatrisation).

Si vous souhaitez allaiter

- 2 soutiens-gorge d'allaitement, des coussinets et de la crème protectrice pour les mamelons. Si vous en avez un, n'hésitez pas à prendre votre coussin d'allaitement car il est tout à fait possible que la maternité n'en soit pas équipée.

Marie a dit

On va peut-être vous regarder de travers, mais voici quelques menus ajouts qui vont vous réjouir une fois à la maternité :

- *une veilleuse pour les tétées ou biberons de nuit. Le néon blafard est vraiment terrible vers 3 heures du matin ;*
- *un paquet de patchs lissants défatigants pour les yeux. Ça n'a l'air de rien, mais au 3e jour (surnommé « jour de la Chiale »), vous serez ravie de les appliquer sur vos petits yeux fatigués ;*
- *un bon jogging avec bande ventrale qui remonte, parce que votre ventre va rester gros et mou un moment, alors autant lui offrir un petit maintien sympathique ;*
- *une bouilloire (une petite tisane sur les coups de 23 heures, ça peut vous sauver un moral à zéro).*

Les affaires de bébé

Pour le séjour à la maternité, on peut prévoir

- 5 bodies (croisés devant, c'est plus pratique pour les premiers jours, et plutôt en taille 1 mois) ;
- 5 pyjamas ;
- 1 gilet ;
- 1 paire de chaussettes ;
- 1 bonnet ;
- 1 paire de moufles pour éviter que bébé ne se griffe le visage ;
- 5 langes ;
- 2 serviettes de toilette ;
- 1 gel lavant pour le corps ;
- des couches si la maternité n'en fournit pas ;
- une gigoteuse de rechange.

Vérifiez avec votre maternité si elle souhaite que vous apportiez des affaires spécifiques.

Le déni de grossesse

Enceinte sans le savoir... Cette réalité concernerait en France 2 000 à 3 000 femmes chaque année.

Le déni de grossesse peut être partiel, quand la grossesse est découverte après le 1er trimestre mais avant terme, ou total, lorsqu'elle est révélée au moment de l'accouchement.

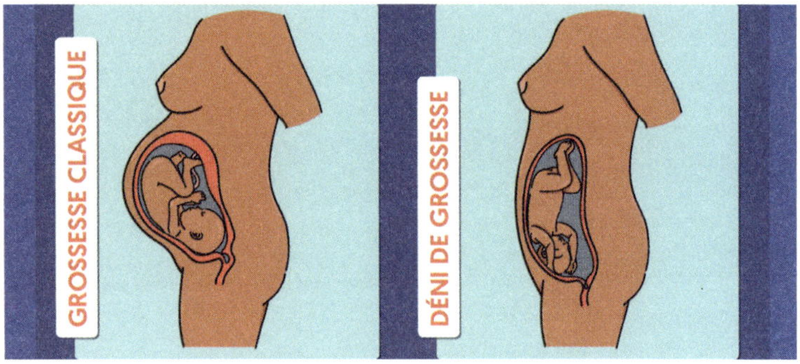

Le ventre plat

Même à 8 ou 9 mois, une femme faisant un déni de grossesse n'aura pas le fameux gros ventre de la femme enceinte. En effet, l'utérus ne bascule pas vers l'avant, la sangle abdominale est tonique et serrée, ce qui force le bébé à remonter le long de la paroi abdominale : le ventre peut donc rester plat.

Une vraie bonne foi

Les femmes faisant un déni de grossesse sont sincèrement dans l'ignorance de leur état, car c'est un mécanisme psycho-corporel très fort et inconscient qui est à l'œuvre. Parfois, quelques signes sont présents (maux de ventre, nausées...), pourtant elles ne les associent pas à une grossesse mais à des problèmes purement digestifs (ballonnements, constipation...). Plusieurs femmes rapportent qu'elles étaient sous pilule et qu'elles avaient des règles régulières.

Comment l'expliquer ?

Le déni concerne des femmes de tous âges et de tous milieux. Pour le Dr Benoît Bayle, psychiatre, il protège la femme d'une perception traumatisante de quelque chose d'inacceptable dans l'accueil de la grossesse, ou du rôle de maman, ou de la venue de l'enfant. Les causes du déni peuvent ainsi être : l'incapacité à accepter les transformations de son corps, un lien avec sa sexualité, la difficulté à accueillir un enfant dans son corps, une angoisse de la fausse couche ou de la réaction de l'entourage, une difficulté à mettre des mots sur ses émotions, un moment important dans sa carrière professionnelle ou bien la certitude d'être stérile.

Mettre fin au déni

Parfois, le déni dure jusqu'au moment de l'accouchement. Parfois, il est révélé avant, lorsque la probabilité d'une grossesse est évoquée par un tiers (par exemple le médecin). Une fois le déni levé, quelque chose se débloque alors physiquement et psychologiquement, avec un changement morphologique en général très rapide : le fœtus prend sa place en avant et le ventre se met à gonfler. Toutefois, cette prise de conscience est souvent un véritable choc pour les futures mamans qui, dans leurs témoignages, mentionnent souvent leur culpabilité de ne pas être de bonnes mères, mais aussi l'impression que leur corps les a trahies ou qu'elles ont abandonné leur bébé... Un suivi psychologique jusqu'à terme, voire parfois au-delà, doit absolument leur être proposé.

Parole de parent

Clara, maman de Lucas (3 ans et demi)

J'ai eu mal au ventre. Je suis allée aux toilettes, ça ne passait pas. J'ai réveillé mon copain. J'avais l'impression de mourir. Le médecin du Samu m'a demandé si j'étais enceinte. J'ai dit non car j'avais fait un test qui s'était révélé négatif. Il m'a auscultée longtemps sans trouver ce que j'avais. J'ai perdu les eaux quand les ambulanciers sont arrivés. Je n'ai pas compris ce que c'était sur le moment. Ils m'ont dit : « Vous êtes enceinte, vous allez accoucher. »

Et si je n'aime pas mon bébé au premier regard ?

Si vous ne ressentez pas un amour immédiat pour votre enfant, ne culpabilisez pas : parlez-en !

Parfois, la naissance est plus difficile que prévu et complique les premiers moments. Parfois, le coup de foudre annoncé n'a simplement pas lieu.
De plus, la société fait peser beaucoup d'injonctions sur les futures mamans et celles-ci peuvent vite se sentir désemparées et culpabiliser.

Empathie et amour

Il existe une capacité empathique chez les mères, qui fait qu'elles sont capables de percevoir ce dont l'enfant a besoin et d'y répondre immédiatement (nourriture, change, etc.). Ce n'est pas parce qu'on ne ressent pas d'amour à la naissance de son bébé qu'on ne prend pas soin de lui.

Se faire confiance

Aujourd'hui, on veut tout, tout de suite. La société impose des diktats et si on n'y correspond pas, on se sent anormale ou on a tendance à s'exclure. Or, les émotions sont du domaine de l'incontrôlable ! Certaines ont besoin de plus de temps que d'autres, et on a le droit de s'interroger sur son amour… Donnez-vous le temps pour créer du lien avec votre enfant, sans pression. Écoutez votre bébé, écoutez-vous et faites-vous confiance.

Attentes et projections

Pendant la grossesse, on a tendance à projeter des fantasmes sur le bébé, que ce soit sur des caractéristiques comportementales ou physiques – on le « formate » en quelque sorte. Le plus souvent, il ne correspond pas à ce que le(s) parent(s) avai(en)t projeté car le bébé est un être à part entière, bien différent de la maman.

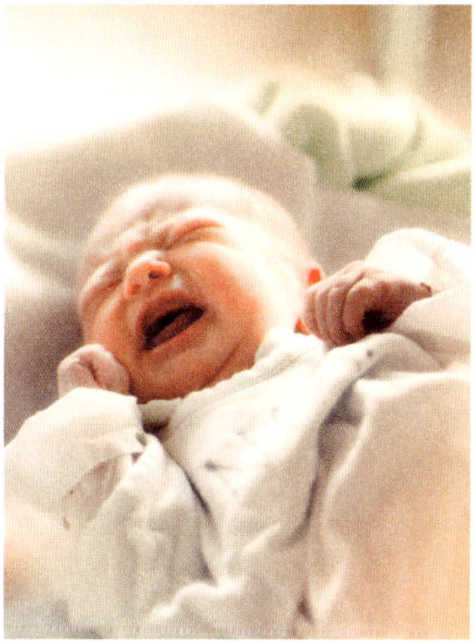

Ne pas intérioriser

Alors que bien des jeunes mamans dans ce cas ont tendance à garder pour elles ce qu'elles considèrent parfois comme un honteux secret, il faut au contraire libérer la parole. Échangez avec votre conjoint dans un climat de bienveillance mutuelle. Parlez-en à votre sage-femme et, si c'est particulièrement douloureux pour vous, n'hésitez pas à vous faire aider par un psychologue.

Parole d'expert

Sophie Marinopoulos, psychologue clinicienne et psychanalyste

La femme devenue maman est une autre personne par rapport à celle qu'elle était quand elle n'avait pas d'enfant. Le bébé est une part « étrange » en elle qui est sortie. Il a une capacité, maintenant qu'il est né, à être lui, un être à part entière. L'instinct « maternel » est en fait dual. Il se construit ensemble.

Agathe a dit

Je crois que parfois on « fantasme » tellement ce bébé pendant 9 mois qu'on est forcément un peu chamboulée quand on le voit en vrai et… qu'il ne ressemble pas du tout au bébé imaginé ! On doit aussi arrêter d'écouter les femmes qui parlent de « bouffée d'amour maternel au premier regard ». Parfois il est nécessaire d'apprendre à connaître ce petit être qu'on rencontre pour la première fois, comme on le ferait avec n'importe quel être humain !

À lire

Écoutez-moi grandir, Sophie Marinopoulos, Les liens qui libèrent, 2016.

Quand je fais tomber un truc par terre,
je le considère comme définitivement perdu.

Ah on en dit des conneries.

CHAPITRE 2

Naissance

On se prépare, on respire

Les exercices de respiration appris pendant la grossesse aident à garder le contrôle le jour J.

Quand la douleur surgit, on a tendance à respirer de plus en plus vite. Or, c'est contre-productif ! Le manque d'oxygène accroît la douleur musculaire en raison de l'augmentation d'acide lactique (l'utérus est un muscle !), il faut donc apprendre à respirer calmement et profondément. Psychologiquement, cela aide aussi à garder le contrôle et à ne pas se laisser terrasser par la douleur.
Voici quelques exercices à faire pendant la grossesse, de temps à autre, pour essayer de progresser petit à petit et ne plus avoir à y réfléchir le jour de l'accouchement.

Respirer avec le ventre

Assise en tailleur ou dans une position confortable mais dynamique avec le dos droit, une main sur le ventre, l'autre sur le thorax (qui ne doit pas bouger) : on inspire en gonflant le ventre et on expire en rentrant le ventre.
Une fois que le mouvement est bien compris, on allonge au maximum l'expiration pour chasser tout l'air des poumons.

Inspirer… expirer…

Comme précédemment, on gonfle le ventre à l'inspiration puis on continue l'inspiration en soulevant la poitrine ; on expire d'abord en abaissant la poitrine puis en rentrant le ventre au maximum. On combine ainsi les deux respirations pour une capacité respiratoire maximale !

Respirer « en carré »

Le principe est le suivant : on inspire sur 3 secondes, on bloque la respiration sur 3 secondes, puis on expire sur 3 secondes, et enfin on attend 3 secondes avant de réinspirer pour un nouveau cycle. Pour s'aider on peut imaginer un carré : plus on s'entraîne et plus on peut allonger les « côtés » du carré, en fait la durée de chaque étape (voir dessin ci-dessus).
On peut également varier la forme géométrique : un triangle (inspiration – expiration – pause), ou un rectangle (inspiration – pause courte – expiration – pause courte).

Parole d'expert

Anna Roy, sage-femme

Le jour de l'accouchement, être capable de maîtriser son souffle participe beaucoup à la gestion de la douleur et du stress.

Soulager les douleurs

Alors que la naissance approche, la douleur des contractions devient de plus en plus forte. Comment les soulager ?

Les douleurs des contractions vont concerner principalement le bas du ventre (comparables aux douleurs de règles, en plus fort) et le bas du dos. Entraînez-vous à ces pratiques avec votre partenaire ou la personne qui vous accompagnera le jour J, afin de vous les approprier au mieux. N'hésitez pas également à demander conseil à votre sage-femme lors des séances de préparation à la naissance. Les conseils suivants sont à adapter à votre situation, à condition que votre sage-femme ou votre médecin n'ait pas formulé de contre-indication spécifique.

La respiration

Tout au long de la grossesse, le travail sur le souffle vous aide à traverser les désagréments plus ou moins grands. Plus vous vous entraînerez (voir notamment p. 64), plus le recours à cette pratique pourra vous aider le jour de l'accouchement, pour faire face tant aux douleurs physiques qu'au stress.

Émettre des sons graves

Comme sur le principe de la respiration, prenez une grande inspiration par le nez ou la bouche, comme vous le sentez, puis émettez un *o* grave, qui dure tout au long de l'expiration (un peu comme en yoga, pour celles qui pratiquent). Non seulement cela permet d'être active et de se concentrer sur autre chose que la douleur de la contraction, mais de plus ce son ouvre le périnée, contrairement à un *a* aigu, comme un cri de douleur, qui a tendance à le fermer.

La chaleur

Pour atténuer les courbatures musculaires liées aux contractions, vous pouvez placer une bouillotte chaude sur le bas de votre dos ou même sur le bas de votre ventre (attention à ne pas vous brûler). Si vous emmenez la bouillotte à la maternité, prévoyez-en une qui se branche sur le secteur pour chauffer, car vous n'aurez peut-être pas accès à une bouilloire ! Le bain chaud est le meilleur allié mais, à défaut de baignoire chez soi ou dans sa maternité, une douche chaude aide réellement.

Les positions

Avec l'aide de votre accompagnant, certains mouvements peuvent vous apaiser pendant les contractions, que vous accouchiez sans péridurale ou jusqu'à la pose de celle-ci (voir p. 78), sauf en cas de péridurale ambulatoire. En voici quelques exemples.

En position semi-allongée, par exemple sur un lit avec des coussins dans le dos, votre partenaire appuie vos genoux dans la direction du fémur comme pour écraser (avec douceur) le bas du dos (voir dessin 1). Ce mouvement est à faire pendant la contraction. Relâchez lorsqu'elle est passée.

Si vous avez accès à un ballon, asseyez-vous dessus (voir dessin 2). Votre accompagnant se place devant vous, debout. Passez vos mains autour de ses épaules ou de son cou, pour qu'il serve de suspension naturelle. Étirez alors le bas de votre dos en poussant le plus possible sur le ballon. Dans la même position, vous pouvez aussi faire des petits mouvements de bassin, vers la gauche et la droite.

Si vous n'avez pas de ballon, vous pouvez vous accroupir pendant les contractions, en vous suspendant à votre accompagnant si vous préférez. Redressez-vous entre les contractions pour ne pas vous fatiguer au niveau du pli des genoux.

Les massages

Pour soulager le bas du dos, votre accompagnant fait des « 8 » horizontaux sur le sacrum avec la paume de la main – vous pouvez utiliser une huile de massage (voir dessin 3).

Autre technique : votre accompagnant pose ses poings de part et d'autre du sacrum et réalise un contre-appui au moment de la contraction (voir dessin 4).

Ces massages du dos peuvent être pratiqués si vous choisissez d'accoucher sans péridurale ou jusqu'à la pose de celle-ci.

De petits massages des mains, du front ou des cervicales peuvent être aussi profondément apaisants et relaxants.

QUATRE POSITIONS QUI SOULAGENT

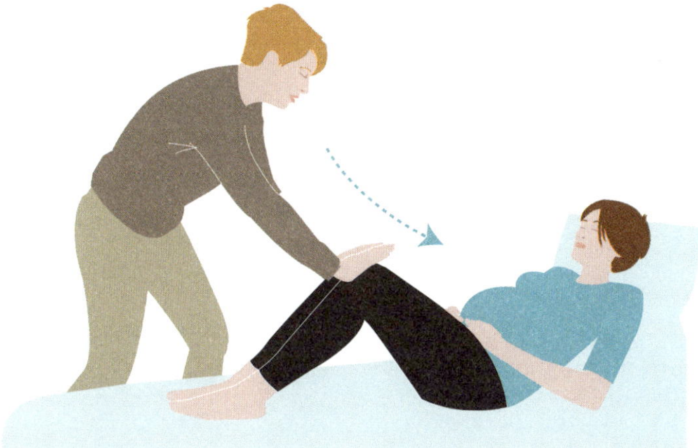

1. En position semi-allongée

2. Avec ballon

3. Massage du sacrum : les « 8 » horizontaux

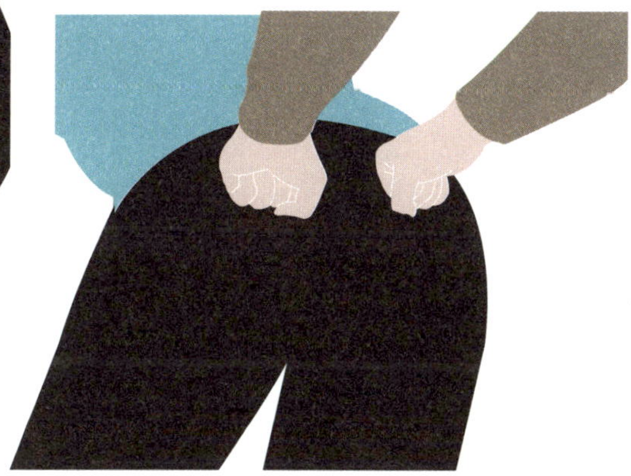

4. Massage du sacrum : le contre-appui

Le déroulé de la naissance

Combien de temps dure un accouchement ?
Quels en sont les grands moments ?

Qu'il s'agisse d'un travail spontané ou d'un déclenchement (voir p. 74), un accouchement par voie basse passe toujours par les mêmes étapes (l'accouchement par césarienne est évoqué p. 75).

Les étapes

Pendant le pré-travail, l'utérus commence à se contracter. Cette phase, qui n'est pas comptabilisée dans la durée de l'accouchement, peut être longue, de quelques heures à quelques jours. En effet, les contractions ont pour but de préparer le col de l'utérus à la descente du bébé. Lorsque les contractions deviennent régulières et douloureuses, toutes les 5 à 10 minutes pendant 2 heures pour un premier bébé, pendant 1 heure sinon, c'est l'heure de partir à la maternité (pour les motifs de consultation en urgence, voir p. 33).

L'accouchement à proprement parler débute donc quand les contractions sont douloureuses et qu'il y en a à peu près 3 par tranche de 10 minutes. Alors, le col se raccourcit, se ramollit et commence à s'ouvrir. On parle de phase de latence (jusqu'à 5 cm) puis de phase active (après 5 cm jusqu'à dilatation complète). À ce moment-là, le travail s'accélère généralement en gagnant 1 cm de dilatation par heure. Le bébé descend, puis arrive la phase d'expulsion, c'est-à-dire la naissance (dégagement de la tête, des épaules puis du reste du corps).

Enfin, il ne faut pas oublier l'étape de la délivrance, qui correspond au dégagement du placenta. La délivrance peut être naturelle, dirigée (une injection d'ocytocine au moment de la sortie des épaules du bébé permet de faciliter la délivrance et ainsi de réduire le risque d'hémorragie) ou artificielle (une manœuvre est alors nécessaire).

La durée

En moyenne, un premier accouchement dure un peu plus de 7 heures (hors pré-travail), et autour de 4 heures pour un deuxième bébé. En revanche, on parle bien ici de moyenne, et les cas peuvent être extrêmement différents d'une maman à l'autre ! De plus, un accouchement ne présume en rien du suivant : vous pouvez avoir eu un accouchement particulièrement long pour votre premier bébé, et votre deuxième sera peut-être très rapide ! Quant à la poussée en elle-même, pour un premier bébé, elle est d'une durée moyenne de 30 minutes, mais elle peut s'allonger jusqu'à 45 minutes ou 1 heure si le bébé et la maman vont bien. Si ce n'est pas le cas, ou au-delà de cette durée, l'équipe médicale peut décider de l'utilisation d'instruments (forceps, ventouse, spatules – voir p. 76), voire de procéder par césarienne.

Parole d'expert

Pr Jacky Nizard, gynécologue-obstétricien

Marcher peut contribuer à accélérer le travail car le mouvement aide en général bébé à trouver une bonne position pour mieux s'engager dans le bassin. C'est aussi un moyen de mieux tolérer la douleur. De même avec le bain, le ballon... Ces activités permettent de patienter et d'être plus confortable. L'idée est de ne pas faire rentrer les mamans trop tôt dans la salle de naissance si tout va bien, car dès cet instant, on médicalise beaucoup plus l'accouchement.

MANGER AVANT LA MATERNITÉ ?

Anna Roy, sage-femme, vous conseille de manger avant de partir pour la maternité (sauf cas particulier), car en termes de dépense calorique, l'accouchement équivaut à un marathon ! La consommation de pâtes, de fruits secs, de barres de céréales est donc recommandée. En général, dans les maternités françaises, vous ne pouvez plus manger une fois arrivée. De plus, en plein travail, les contractions sont tellement fortes qu'elles appuient sur l'estomac et peuvent provoquer nausées et vomissements.

Un accouchement physiologique

L'intérêt des futures mamans pour une naissance plus naturelle grandit.

Aujourd'hui, les femmes veulent se réapproprier leur corps et réinvestir le moment particulier de la naissance. Il y a ainsi une vraie demande pour un accouchement plus naturel, notamment chez les mamans qui ont été frustrées lors d'une première naissance avec péridurale, regrettant de n'avoir « rien senti » et d'avoir été dépossédées de leur accouchement.

Un projet à mûrir

Prenez le temps de réfléchir à votre projet afin de le préparer au mieux (même s'il faut garder à l'esprit qu'une urgence médicale ou une douleur trop intense peut chambouler vos plans). En premier lieu, informez-vous sur les maternités proches de chez vous : l'accouchement naturel peut faire partie de leurs pratiques voire même de l'identité de certaines maternités. Sachez qu'il existe, dans le cadre d'une expérimentation jusqu'en 2020, de très rares maisons de naissance (voir encadré p. 13), constituées uniquement de sages-femmes et où l'accouchement est abordé dans une démarche physiologique.

Le choix d'une préparation adaptée (par exemple yoga, Bonapace, hypnose, chant prénatal, sophrologie, etc.) est aussi déterminant. N'oubliez pas que votre projet de naissance (voir p. 49) est également un bon moyen de partager vos souhaits avec l'équipe médicale.

Gérer les douleurs

La préparation est la clé pour faire face à un accouchement sans péridurale, et le mieux est d'avoir pris le temps de vous approprier certaines techniques (voir p. 66), et d'impliquer votre compagnon (ou la personne qui vous accompagnera lors de la naissance). En effet, il pourra vous assister tout au long du travail (voir p. 84) par des massages, des positions, etc. Il existe d'ailleurs plusieurs positions pour accoucher (voir p. 72). Si les douleurs deviennent trop fortes mais que vous ne voulez pas ou ne pouvez pas recourir à la péridurale, on peut éventuellement vous proposer l'inhalation d'un gaz, le protoxyde d'azote. Toutefois, comme le rappelle Anne-Isabelle Boulogne-Munoz, sage-femme, il ne faut pas vivre comme un échec le fait de revoir son projet et d'accepter la péridurale : nous ne sommes pas toutes égales face à la douleur, le bébé peut être plus gros que prévu, l'accouchement présenter des difficultés, etc. En revanche, il est important d'en reparler en suites de couches.

LA SALLE NATURE

Certaines maternités sont équipées d'une salle nature ou espace physiologique, à mi-chemin entre une salle d'accouchement médicalisée et une naissance à domicile. Ces salles peuvent être équipées d'une baignoire, d'une liane... En cas d'urgence ou si vous décidez d'opter pour une péridurale, vous pouvez en général être conduite vers une salle de naissance classique dans le même lieu.

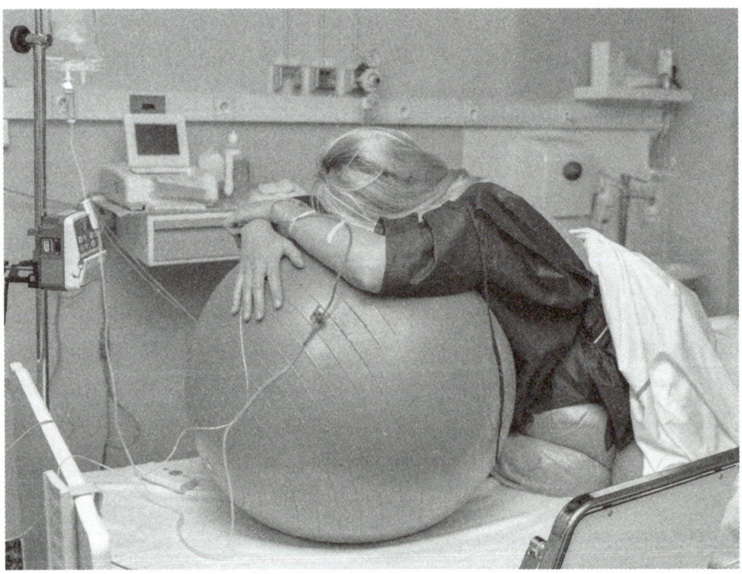

L'accouchement à domicile

Peu pratiqué en France, il est pourtant désiré par des femmes qui souhaitent un accouchement physiologique et intime.

L'accouchement à domicile, ou ADD, est particulièrement peu développé en France, contrairement à d'autres pays où il est considéré comme une pratique parmi d'autres et pris en compte dans le parcours de soins, par exemple en Belgique et aux Pays-Bas. Pour une future maman, la naissance chez soi est le choix personnel et engagé d'une naissance physiologique (voir ci-contre) dans un environnement intime et rassurant, encadrée par une seule sage-femme qui assurera le suivi tout au long de la grossesse et avec qui elle aura pu construire une relation de confiance.

Le cadre

L'accouchement à domicile n'est possible que dans le cas d'une grossesse sans pathologie maternelle ou fœtale. Ainsi, il n'est pas envisageable en cas de grossesse à risque (utérus cicatriciel, jumeaux, siège, pré-éclampsie, etc.). Il est encadré par une sage-femme. En pratique, l'accouchement se déroulera donc chez vous, où vous vous sentirez le mieux au moment de la naissance : sur votre lit, par terre selon la position choisie, dans l'eau (vous pouvez d'ailleurs louer une piscine d'accouchement si vous n'avez pas de baignoire chez vous), etc. Si jamais une complication se présente, pour vous ou le bébé, la sage-femme organisera le transfert vers la maternité la plus proche.

Plus naturel et intime

Les futures mamans qui se dirigent vers l'AAD sont en général en recherche d'un accouchement physiologique, loin de l'univers souvent surmédicalisé de l'hôpital, et désirent rester maîtresses de leur accouchement. C'est un accouchement sans péridurale. Les chiffres publiés (voir Ressource) indiquent un taux d'épisiotomies à 0,3 %, et 65 % des femmes accouchées à domicile ont un périnée intact à la naissance. Ces excellents chiffres peuvent certes s'expliquer par l'absence d'accouchements à risque, mais surtout par des pratiques visant à un accouchement le plus naturel possible.

Un sujet de société

Anna Roy déplore qu'en France, contrairement à d'autres pays, on évite de parler de cette pratique : il faut s'emparer de cette question car la demande est là, constate-t-elle. La sage-femme rappelle que la naissance est d'abord un événement privé, intime et familial avant d'être un événement médical. Elle compare d'ailleurs le souhait d'accoucher à domicile avec celui de mourir à domicile. Il faut donc s'intéresser de près à ce sujet. Le problème majeur actuellement est que pour pouvoir accompagner un AAD, en tant que sage-femme, il faut souscrire une assurance professionnelle. Or, en France, les prix sont tellement élevés qu'ils sont plus que dissuasifs, dénonce Anna Roy.

Parole de parent

Lila, maman de Louis (1 an)

L'ADD était un choix de ma part. J'avais besoin d'un suivi personnel pour pouvoir vivre pleinement cet accouchement dans l'intimité de notre maison, accompagnée de mon compagnon. Quand la sage-femme s'est assurée que bébé et moi allions bien, elle nous a vraiment laissé nos premiers instants de famille, à trois.

Ressource

apaad.fr

L'Association professionnelle de l'accouchement accompagné à domicile a publié en 2019 un état des lieux des pratiques des sages-femmes françaises accompagnant les naissances à domicile.

Dans quelle position accoucher ?

Allongée, assise, accroupie... Les possibilités sont multiples !

Allongée sur le dos, les pieds dans les étriers ; on connaît toutes la position dite gynécologique pour accoucher. Mais, longtemps, les femmes ont préféré adopter des positions plus physiologiques : sur le côté, accroupie, assise, à quatre pattes... Ces positions permettent en général une descente facilitée du bébé et sont notamment utilisées dans les accouchements naturels, sans péridurale. En général, elles protègent également mieux le périnée. Quels sont leurs avantages et leurs inconvénients ? Hafida Ansel, sage-femme, vous les présente.

La position gynécologique

Elle est la plus répandue : vous êtes allongée, les pieds dans les étriers ou les genoux dans les mains. Position la plus pratique pour l'accoucheur, elle lui permet de mettre en place une surveillance constante via le monitoring et d'intervenir rapidement si nécessaire. L'inconvénient de cette posture est que tout le poids de votre utérus repose sur les lombaires et le coccyx, ce qui entraîne souvent de fortes douleurs dans les reins. De même, les vaisseaux, et particulièrement la veine cave qui achemine le sang vers le cœur, ont tendance à être écrasés. Ainsi, vous pouvez parfois être mal oxygénée et ressentir une sensation de malaise. Enfin, le sacrum, l'os qui relie la colonne au bassin, manque de mobilité et peut donc gêner la progression de votre tout-petit.

Sur le côté

Vous pourrez replier la jambe supérieure vers votre poitrine et légèrement la surélever avec un petit coussin. Couchée sur la gauche, vous libérez la veine cave : vous et votre bébé récupérez une bonne oxygénation. Autre possibilité, vous optez pour le côté opposé à celui où est positionné le dos de votre bébé. Ainsi, la tête de votre tout-petit ne sera plus en appui sur votre coccyx et votre colonne ne sera plus secouée à chaque contraction, ce qui est intéressant pour celles qui accouchent sans péridurale. N'hésitez pas à tester cette position dès le début du travail et même à la conserver pendant l'expulsion. Elle ne perturbe pas le monitoring, n'empêche pas la pose d'une éventuelle perfusion (péridurale), ni votre moitié d'accomplir des petits massages des reins durant les contractions.

Accroupie

Si besoin, prenez appui sur le lit avec vos bras ou suspendez-vous aux épaules de votre accompagnant. Pensez à disposer un coussin sous vos fesses en cas de chute. Cette position cumule les avantages des stations debout et assise : verticalité et bénéfice de la pesanteur conjugués à l'ouverture du bassin grâce aux jambes bien écartées. Le problème de cette position est qu'elle sollicite énormément le périnée. Si le vôtre n'est pas très souple ou souffre d'œdèmes, mieux vaut renoncer : vous courez le risque d'un déchirement. Seules les plus sportives parviendront à tenir cette posture qui sollicite particulièrement les muscles des cuisses.

Debout

Grâce à la verticalité, vous profitez de la pesanteur : la poche des eaux appuie sur le col et favorise sa dilatation. Vous gagnez ainsi du temps. Cette position permet aussi de réduire les douleurs : marcher, bouger, se balancer, autant de mouvements qui décontractent et favorisent la production d'endorphines, des alliées contre la douleur. Si votre bébé va bien, voyez avec la sage-femme s'il est possible de vous poser le monitoring par intermittence, par exemple toutes les 45 minutes, et de vous laisser libre de vos mouvements entre-temps.

Une liberté de choix ?

Dans certains hôpitaux, vous ne pourrez pas choisir votre position d'accouchement, même si la pratique tend à se diffuser. Pensez à vous renseigner au plus tôt. Par ailleurs, Anna Roy, sage-femme, rappelle que la position gynécologique reste la plus pratique pour réaliser des manœuvres complexes. Ainsi, dans les cas d'accouchements qui s'annoncent plus difficiles (prématurité, bébés de faible ou de grand poids, malformations fœtales, gémellité...) et ce quelle que soit la structure, on vous proposera la position gynécologique. Par ailleurs, si vous avez trouvé une position que vous adorez mais que le bébé ne chemine pas suffisamment, votre sage-femme vous proposera peut-être de trouver une position dans laquelle votre bébé a plus de facilité à descendre.
Enfin, il faut préciser que certaines positions qui impliquent d'être mobiles ne sont pas compatibles avec une péridurale standard.

QUATRE POSITIONS POUR ACCOUCHER

Déclencher l'accouchement

Un accouchement sur quatre est déclenché artificiellement. Dans quels cas ? Quelles sont les méthodes et les différences avec un accouchement non provoqué ?

Pourquoi ?

Le déclenchement d'un accouchement est une décision médicale. Elle s'applique lorsque le bébé présente un retard de croissance intra-utérin, un manque de liquide amniotique, etc., ou lorsque la maman souffre de pré-éclampsie (voir p. 31), de diabète gestationnel hors de contrôle ou encore de cholestase gravidique (maladie hépatique). Dans ces cas, la grossesse est menée le plus loin possible jusqu'à ce que le déclenchement soit nécessaire. Une autre indication est le dépassement du terme de la grossesse (41 SA + quelques jours selon les maternités) ou encore une rupture de la poche des eaux à terme (sans signe de travail). Certaines maternités pratiquent parfois, dans des cas spécifiques, un déclenchement « de convenance ».

Comment le déclencher ?

Pour déclencher l'accouchement, les contractions doivent être provoquées. Plusieurs techniques existent et la décision est prise en fonction de l'examen du col de l'utérus (longueur, tonicité, position, ouverture, hauteur de la tête du bébé). Ainsi, si le col est déjà suffisamment ouvert, ramolli et raccourci et que la tête du bébé appuie bien, percer la poche des eaux et placer une perfusion d'ocytocine sera suffisant. Au contraire, si le col est encore long, tonique et fermé, on opte d'abord pour une maturation du col avec un gel ou un tampon imprégné de prostaglandines (hormones du travail) qui diffuse progressivement des hormones et donne des contractions. L'attente peut être de 24 à 48 heures pour obtenir une réponse efficace.

Un processus plus long

Le corps n'a pas le temps de s'adapter à la montée de l'intensité des contractions, d'où cette impression de douleur plus forte. L'équipe médicale propose ainsi fréquemment la pose d'une péridurale. L'accouchement semble aussi plus long, car toutes les étapes se font à l'hôpital, contrairement au travail spontané où vous restez chez vous jusqu'à ce que les contractions soient suffisamment régulières.

Risque de césarienne

Le Dr Morgane Valentin, gynécologue-obstétricienne, souligne que les césariennes ne sont pas nécessairement plus fréquentes avec un déclenchement. S'il est fait dans de bonnes conditions, le taux de césariennes est identique à une mise en travail spontanée. Par contre, quand on est passé par des stades de maturation du col avec plusieurs jours de préparation, que le col est plus fermé, on arrive à un risque de césarienne un peu plus élevé. En effet, la maman et le bébé sont plus fatigués, parfois le déclenchement stagne ou ne fonctionne pas, et si la poche des eaux est rompue, il y a plus de risques d'infection. Dans ces cas, il faut alors envisager une césarienne.

DÉPASSER LE TERME DE GROSSESSE

Selon l'établissement, certains vont déclencher avant 42 semaines d'aménorrhée (SA), d'autres un peu plus tard, mais les complications de la post-maturité justifient le déclenchement de l'accouchement quand le terme est dépassé. En effet, une grossesse n'est pas conçue pour aller au-delà du terme et les risques de souffrance fœtale augmentent : le placenta fonctionne de moins en moins bien, le risque d'hypoxie (manque d'oxygène) augmente, le fœtus peut émettre des selles et les inhaler (syndrome d'inhalation méconiale), le liquide amniotique peut être teinté, ce qui augmente les risques de pathologies, etc.

Parole d'expert

Anna Roy, sage-femme

Le jour J, pour soulager la douleur et éventuellement accélérer le processus du déclenchement (même s'il n'y a pas de certitude que cela fonctionne), vous pouvez prendre un bain chaud, vous faire masser, essayer différentes positions de travail, pratiquer des exercices de respiration, monter et descendre les escaliers, bouger... Il faut varier les occupations pour que le temps soit le plus doux possible.

La césarienne

Programmé ou décidé en urgence, cet acte chirurgical qui concerne environ une femme sur cinq vise d'abord à protéger la santé du bébé et de la maman lors de l'accouchement.

Comprendre pourquoi les médecins décident d'une césarienne et comment elle est pratiquée permet d'envisager plus sereinement la possibilité de cette intervention.

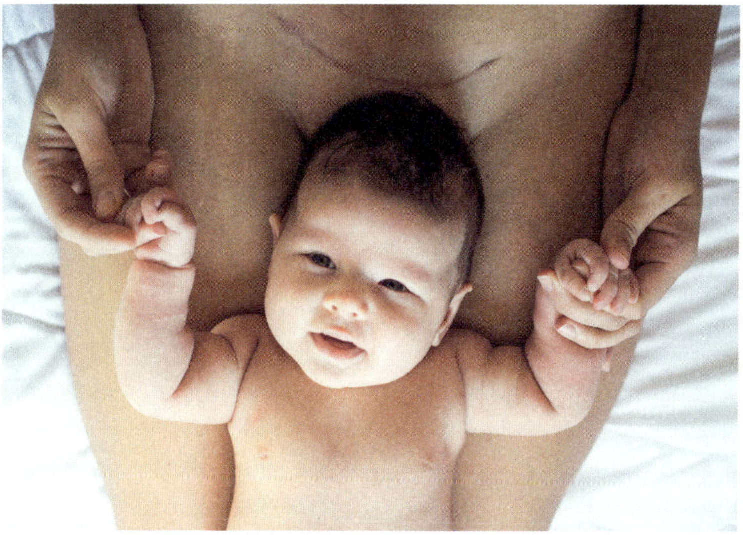

Indications principales

Le corps médical peut programmer une césarienne lorsqu'un accouchement par voie basse est impossible : le placenta est placé devant le col, le bébé est positionné en siège et les examens montrent que le bassin est trop petit (voir p. 77), le bébé est trop gros, etc. Parfois, la césarienne est décidée en urgence, en quelques minutes : lorsque le bébé présente des anomalies du rythme cardiaque en cours de travail, en raison d'une stagnation de la dilatation du col de l'utérus ou parce que le col est à dilatation complète mais que le bébé ne s'engage pas. Elle peut aussi être décidée quand la vie de la mère ou celle du bébé sont en danger : pré-éclampsie (voir p. 31), hématome du placenta, etc.

Quel déroulement ?

Selon les maternités et les circonstances, le papa ou l'accompagnant peut être, ou non, autorisé dans la salle d'opération : mieux vaut poser la question en amont. L'équipe est nombreuse lors d'une césarienne : obstétricien, aide opératoire, infirmier, anesthésiste voire infirmier anesthésiste, sage-femme (plusieurs en cas de grossesse multiple). La température est peu élevée (18 à 20 °C) dans le bloc opératoire. Pour que l'anesthésiste puisse avoir accès aux perfusions, la maman a les bras en croix. Souvent, ses jambes et ses bras sont attachés, au cas où elle bouge au mauvais moment. Des champs opératoires sont installés. L'intervention est assez courte : le bébé est sorti généralement en une dizaine de minutes, et l'opération dure en moyenne 30 à 45 minutes.

Et après ?

La tendance est à une prise en charge plus douce de la césarienne, en donnant à la maman un rôle plus actif dans l'accouchement, ou encore dans le suivi des suites de couches. Il vous faudra également prendre soin de votre cicatrice (voir p. 83).

Il est conseillé d'attendre 1 an avant d'envisager une nouvelle grossesse, pour limiter le risque de rupture utérine. Selon la raison de la césarienne et la manière dont elle a été faite, un accouchement par voie naturelle est souvent possible pour la grossesse suivante.

AVOIR UNE CÉSARIENNE, CE N'EST PAS PASSER À CÔTÉ DE SON ACCOUCHEMENT

Certaines mamans témoignent de leur sentiment de culpabilité ou d'avoir été dépossédées de leur accouchement. N'oubliez pas, un accouchement est imprévisible, et le plus important est de mettre au monde un bébé en bonne santé tout en assurant la vôtre ! Bien entendu, il est indispensable que vous compreniez les raisons de l'équipe médicale : n'hésitez pas à en discuter après coup avec le personnel présent lors de la césarienne, voire à consulter un psychologue périnataliste si vous en ressentez le besoin.

Forceps, spatules, ventouse

Ces instruments permettent de faciliter la naissance du bébé quand celle-ci se complique en fin de travail.

Environ 1 naissance sur 10 se passe à l'aide d'un instrument. Dans ce cas, un obstétricien interviendra nécessairement.

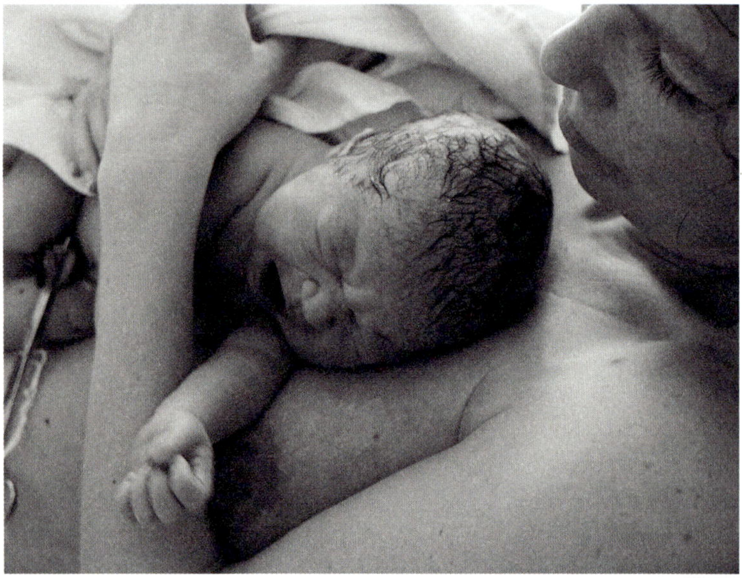

Quelles indications ?

Le recours aux instruments vise à accélérer la sortie du bébé à partir du moment où il est engagé dans le bassin, soit car le bébé présente des altérations du rythme cardiaque, soit car il ne parvient pas à sortir malgré vos efforts de poussée, comme s'il était bloqué. Le choix de l'instrument dépend de l'étude de chaque situation et des habitudes du praticien. Si toutefois le médecin n'arrive pas à sortir votre bébé facilement, une césarienne peut être envisagée en dernier recours.

Un accouchement actif

Les mamans témoignent parfois de la peur et de la culpabilité de ne pas être actrices de leur accouchement dans cette situation. Or, l'obstétricien a besoin de vous : vous prenez pleinement part à votre accouchement, car votre participation active est nécessaire pour que votre nourrisson naisse, par l'effort de poussée.

La ventouse

Instrument le plus utilisé, elle est souvent employée pour orienter la tête du bébé quand celle-ci n'est pas dans la bonne position : elle permet sa rotation et sa flexion. Par un mécanisme de création de vide, cette cupule placée sur le sommet de la tête du bébé permet de la sortir en tirant très légèrement, mouvement associé à votre effort de poussée. Le bébé aura probablement un petit hématome sans conséquence sur le sommet du crâne, qui disparaîtra quelque temps après la naissance.

Les spatules ou cuillères

Sortes de « chausse-pieds », ce sont des instruments d'orientation et de propulsion. Elles permettent d'écarter très légèrement les os du bassin pour libérer la tête du bébé. Elles sont considérées comme le prolongement des mains de l'obstétricien et sont souvent employées pour guider les petits bébés ou les prématurés. Si elles provoquent parfois des déchirements ou sont une indication d'épisiotomie, elles protègent le bébé car elles ne compressent pas sa tête.

Les forceps

Instruments de traction, ils sont souvent utilisés quand la maman est très fatiguée et qu'elle n'arrive plus à pousser. Le recours aux forceps implique en général une épisiotomie. En cas de troubles urinaires ou anaux quelque temps après l'accouchement, parlez-en à votre médecin.

Parole d'expert

Anna Roy, sage-femme

Pour ne pas vivre mal les événements le moment venu, rien n'est plus souhaitable que d'être informée et éventuellement, si cela vous angoisse, de pouvoir en parler avec un professionnel de la périnatalité en amont de l'accouchement.

Bébé est en siège

4 à 5 % des bébés se présentent les fesses vers le bas au moment de l'accouchement. Comment inciter le bébé à bouger ?

Au cours du 6e mois de grossesse, la plupart des bébés se positionnent tête en bas. Cependant, une petite minorité restent en position en siège. Plusieurs techniques existent pour inciter le bébé à basculer. Contrairement aux idées reçues, cette position n'implique pas systématiquement une césarienne. Un accouchement par voie basse est envisageable sous certaines conditions.

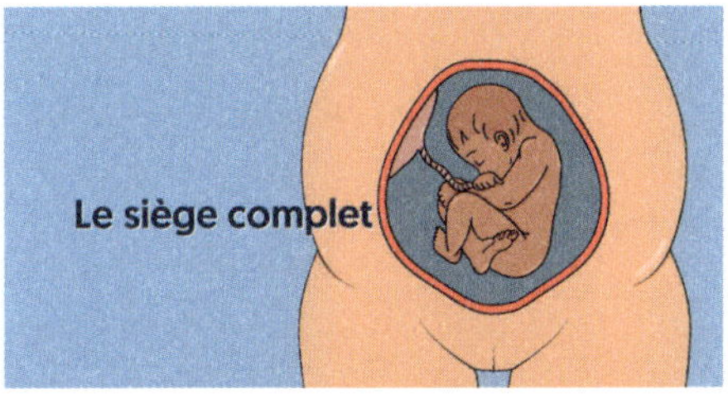

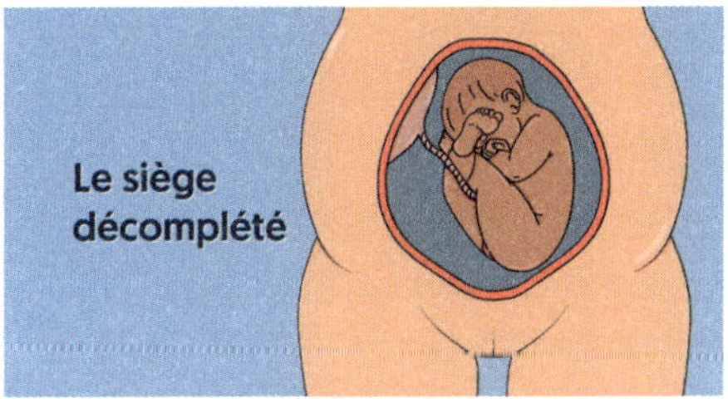

Les causes

En général, les bébés restent la tête en bas à partir de la troisième échographie : la tête étant la partie la plus lourde, au bout d'un certain temps, ils ne se retournent plus car ils n'ont plus la place. Or, dans certains cas, le bébé se retourne plusieurs fois dans le ventre de sa maman jusqu'au dernier moment. Cela peut s'expliquer par certaines malformations utérines, une anomalie du bassin, une implantation basse du placenta, un utérus plus souple suite à plusieurs grossesses ou encore un excès ou un manque de liquide amniotique.

Les positions principales

Dans la présentation en siège complet, le bébé est assis en lotus avec les jambes en tailleur. Lors de l'accouchement, ses pieds sortiront en premier. En siège décomplété, il a les jambes relevées contre lui, les fesses sortiront en premier. Plus rarement, dans la présentation en siège semi-complet, le bébé a un pied sous les fesses et un pied vers la tête.

Les méthodes

Sont en général proposées : l'acupuncture, l'ostéopathie, certaines postures (demandez conseil à votre sage-femme) ainsi que la VME (version par manœuvre externe) : cette manipulation effectuée par une sage-femme ou un médecin n'est pas pratiquée avant 36 semaines d'aménorrhée (SA). Aucune n'est efficace à 100 %.

L'accouchement

Pour s'assurer que le bébé passera sans souci dans le bassin maternel, une pelvimétrie (radio ou scanner du bassin) est prescrite, et la taille de la tête de l'enfant est mesurée. Le jour J, le bébé doit se présenter dans le bon axe. L'accouchement avec bébé en siège présente plus de risques de complications, notamment car les fesses ou les pieds appuient moins que la tête sur le col, qui a donc plus de mal à s'ouvrir. La péridurale est fortement recommandée, en cas de besoin d'intervention rapide. Parfois, des manœuvres sont nécessaires pour dégager le bébé.

Parole de parent

Audrey, maman de Joseph (2 ans et demi) et de Rosalie (20 mois)

On m'a prévenue que l'équipe ne pourrait pas intervenir pendant toute une partie du travail. J'ai abordé l'accouchement presque comme un challenge. Mon vrai défi, c'était de faire sortir ce bébé toute seule, du moins pour une grande partie du travail d'expulsion. Je suis passée d'une position plutôt passive à une position plus active. Je savais que s'il y avait le moindre problème, en 5 minutes je serais amenée au bloc pour une césarienne.

Accoucher sous péridurale

Cette anesthésie est choisie par plus de 80 % des futures mamans en France. Comment est-elle pratiquée ?

La grande majorité des femmes choisit cette méthode d'anesthésie qui permet de diminuer significativement les douleurs de l'enfantement. Il faut toutefois attendre que le col ait déjà commencé à se dilater.

L'anesthésiste

Quel que soit votre projet – et vous êtes libre de changer d'avis, même le jour J –, une consultation avec un anesthésiste est obligatoire entre 1 et 2 mois avant l'accouchement. En effet, le corps médical doit disposer d'informations en cas d'urgence. Il existe certaines contre-indications à la péridurale : des troubles de la coagulation sanguine, des antécédents de chirurgie au niveau du dos, de l'hémophilie, etc. En cas de tatouage sur le dos, la piqûre ne pourra se faire qu'à un endroit sans encre.

La pose de la péridurale

La péridurale est effectuée par un anesthésiste. Il commence par faire une anesthésie locale, pour que la patiente ne sente pas ensuite l'aiguille de la péridurale, qui peut paraître grosse. Celle-ci sert uniquement à introduire un cathéter, c'est-à-dire un tout petit tuyau, qui sera fixé par un pansement et relié à un appareil qui permettra de réinjecter du produit anesthésiant. En général, une fois la péridurale posée, vous ne pouvez plus descendre de votre lit. Elle permet de diminuer significativement les douleurs et d'éviter l'anesthésie générale en cas de complication.

Les types de péridurale

Selon les maternités et les pratiques, la péridurale peut être administrée de différentes manières et plus ou moins dosée. Ainsi, soit l'anesthésiste ou la sage-femme revient au bout de 1 h 30 ou 2 heures (la durée d'une dose) pour faire le point et réinjecter le produit, soit une seringue électrique, réglée par l'anesthésiste ou la sage-femme, injecte de manière régulière du produit pendant l'accouchement. Autre possibilité, la péridurale auto-dosée qui vous permet de vous adapter à vos sensations. Vous déclenchez des injections avec un petit ordinateur qui veille toutefois à ce qu'elles ne soient pas trop fréquentes. Enfin, certaines maternités proposent une péridurale ambulatoire (renseignez-vous), moins dosée et qui permet de continuer à marcher et d'être plus libre de ses mouvements pour faciliter le travail (ballon, etc.).

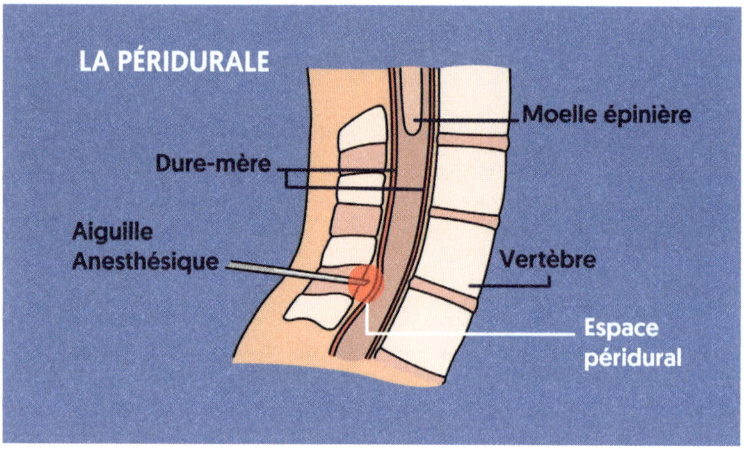

Quand la poser ?

Il n'y a pas de règle fixe, tout dépend de comment se passe le travail, comment la femme ressent les contractions et comment le bébé les supporte. Si la

LA RACHIANESTHÉSIE

Comme on l'a vu, la péridurale posée pour l'accouchement sert en cas de césarienne en urgence. En revanche, pour une césarienne programmée, l'anesthésiste pourra opter pour une rachianesthésie. L'aiguille est plus fine mais va plus loin et le produit est injecté dans le liquide céphalorachidien. Son efficacité est très rapide (1 minute) et elle est utilisée pour une durée limitée (pas de cathéter) ou en urgence (s'il n'y a pas eu de péridurale, hors contre-indications).

péridurale est un « confort » demandé en accompagnement de la douleur, on peut la poser quand la femme le souhaite, à condition que l'anesthésiste soit disponible. Toutefois, il faut anticiper le temps de pose de la péridurale puis le temps pour qu'elle fasse effet (20 minutes). Elle doit être posée entre les contractions. Si par contre le bébé supporte mal les contractions, c'est une décision médicale. Comme l'explique le Dr Solenne Le Strat, médecin anesthésiste, la péridurale permet d'orienter le travail, de rompre la membrane de façon artificielle, de mettre des médicaments qui intensifient un peu les contractions, tout cela sans douleurs plus importantes.

Les imprévus

L'objectif du corps médical est que la maman continue de sentir les contractions mais qu'elles ne soient pas douloureuses. Une association de plusieurs médicaments dans cette péridurale essaie de limiter au maximum le fait de ne pas maîtriser son corps : on sent, mais on n'a pas mal. Cependant – même si c'est rare –, la péridurale peut ne pas marcher comme prévu : soit parce que la maman a une sensibilité au produit supérieure à la moyenne, soit parce que la péridurale est trop dosée, elle ressent très peu de choses et a notamment du mal à percevoir les contractions et la descente du bébé ou à pousser au moment opportun. À l'inverse, la péridurale peut ne pas fonctionner (parfois la replacer permet de résoudre le problème) ou être trop latéralisée.

Les complications graves sont très rares. Comme la péridurale est placée en dessous de la moelle épinière, il n'y a pas de risque de la toucher. Même si les cas sont peu nombreux, l'un des risques est la brèche, c'est-à-dire faire un petit trou dans la dure-mère en allant trop loin avec l'aiguille. Cela provoque maux de tête pendant quelques jours, photophobie, acouphènes, nausées, vertiges.

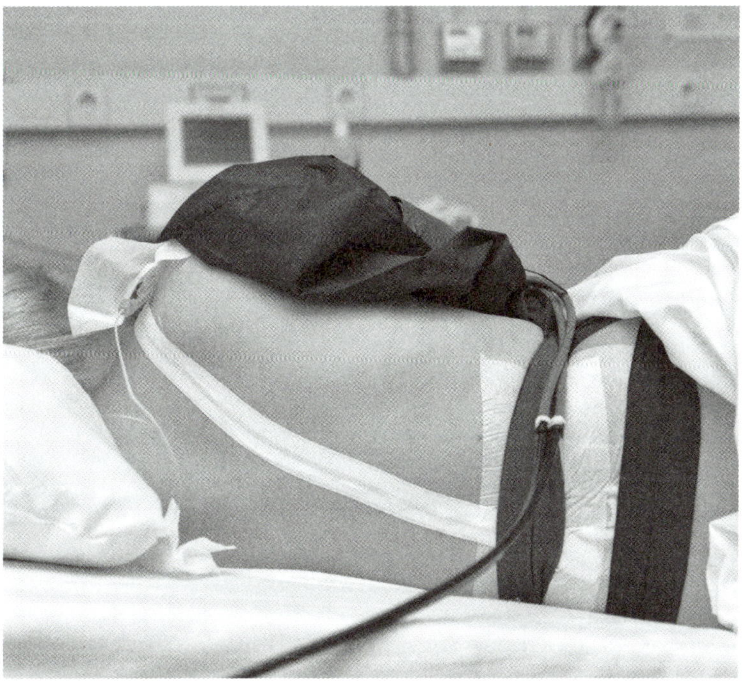

Parole de parent

Elise, maman de Lara (12 ans), d'Elyne (10 ans), de Nohé (7 ans) et d'Anaël (4 mois)

Pour mon premier accouchement, j'ai eu une péri qui m'a totalement endormi le bas du corps. Je dépendais totalement d'une machine, j'avais l'impression de ne pas être actrice de mon accouchement. Pour mon deuxième, j'ai demandé à discuter avec l'anesthésiste qui m'a dit qu'elle allait moins la doser. J'ai senti toutes les sensations, le bébé qui sort au moment de la délivrance, pour pousser c'était nettement plus facile.

L'épisiotomie

En France, un accouchement sur cinq donne encore lieu à ce fameux « coup de ciseaux »... À quoi sert-il ?

Qu'est-ce que c'est ?

Cette incision chirurgicale du muscle superficiel du périnée (entre le vagin et l'anus) permet d'agrandir l'orifice vulvaire et est pratiquée au tout dernier moment, lorsque la tête du bébé est visible et appuie contre le périnée. En France, l'épisiotomie est effectuée en latérale, à un angle de 45 degrés.

Dans quels cas ?

Elle est souvent décidée en urgence, lorsque l'accoucheur a la sensation qu'une déchirure totale du périnée est imminente. En cas d'utilisation des forceps (voir p. 76), un facteur de risque de déchirure, l'épisiotomie est pratiquée fréquemment, mais elle ne l'est plus de manière systématique. Enfin, on peut y avoir recours en cas de souffrance fœtale ou lorsque la maman fatigue et ne peut plus pousser correctement. Cette pratique concerne majoritairement les premiers accouchements, le risque diminuant à moins de 10 % pour les suivants.

Est-ce douloureux ?

En principe non, grâce à l'anesthésie péridurale. Sans péridurale, l'épisiotomie est plus rare. De plus, le muscle considérablement étiré, associé à la pression de la tête du bébé qui comprime les vaisseaux sanguins, produit une anesthésie physiologique. Une anesthésie locale qui a un effet immédiat est pratiquée avant de recoudre l'incision. Ensuite, il vous faudra prendre bien soin de votre cicatrice (voir p. 83).

Déchirure ou épisiotomie

Les déchirures peuvent être très différentes : celles du premier degré concernent la peau et la muqueuse vaginale, sans atteinte musculaire, alors que celles du deuxième et du troisième degré sont plus profondes. Selon le Dr Marie Bornes, gynécologue-obstétricienne, mieux vaut une déchirure du premier degré qu'une épisiotomie. En revanche, pour les déchirures des deuxième et troisième degrés, mieux vaut une épisiotomie, car une déchirure de la région anale peut laisser des traces sur plusieurs années.

Faire autrement ?

Pour un accouchement classique, quand le bébé va bien, le passage doit se faire tout doucement pour éviter les déchirures et laisser au muscle la possibilité de se détendre progressivement. Anna Roy, sage-femme, souligne que certaines positions sont meilleures que d'autres pour la maman et le bébé (voir p. 72). L'utilisation de compresses d'eau chaude ou glacée peut diminuer les œdèmes et donc le risque de déchirure. Certaines sages-femmes pratiquent aussi le massage aux huiles en sortant la tête du bébé. L'important est de retenir et contrôler sa tête pour qu'elle avance millimètre par millimètre. Vous devez écouter attentivement les conseils de la sage-femme, notamment lorsqu'elle demande d'arrêter de pousser.

De nouvelles recommandations

En 2019, le Collège national des gynécologues et obstétriciens français a formulé de nouvelles recommandations. L'un des objectifs est de diminuer mais aussi d'homogénéiser le nombre d'épisiotomies au niveau national, car les disparités sont très marquées d'une maternité à l'autre. Les études montrent aujourd'hui que le recours fréquent à l'épisiotomie n'a pas l'intérêt qu'on lui prêtait, bien qu'elle reste utile de manière exceptionnelle. Elle n'est pas recommandée en cas d'accouchement normal, sauf cas particuliers – utilisation de forceps par exemple, mais le recours à l'épisiotomie ne doit pas être systématique, même dans cette situation. Malgré tout, les taux demeurent élevés dans certaines maternités. En effet, il est parfois difficile de changer de pratique après avoir considéré pendant des années que l'épisiotomie était « la » solution face aux risques de déchirures, les habitudes étant bien ancrées.

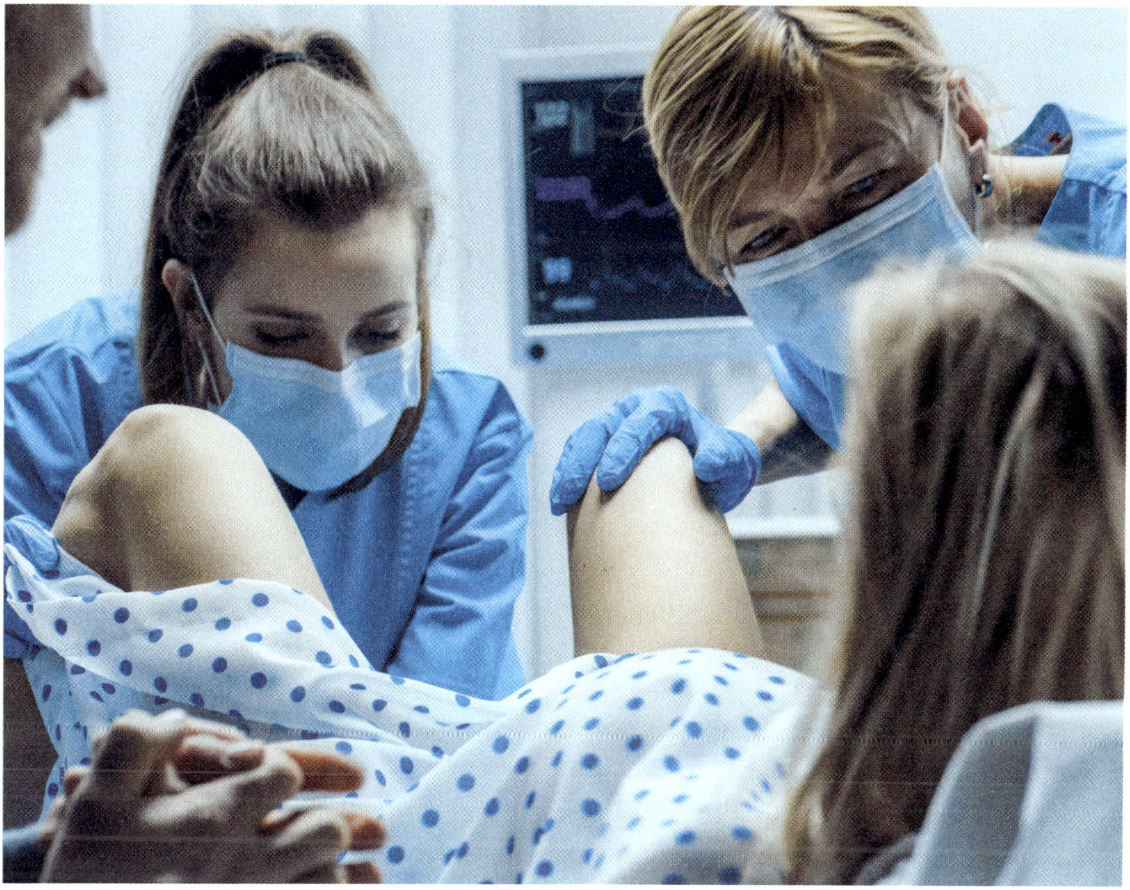

Information et consentement

Le Dr Philippe Deruelle, gynécologue, le souligne, il faut informer la patiente : aujourd'hui, le corps médical ne peut pas pratiquer ce geste invasif sans obtenir son consentement. Toutefois, l'épisiotomie se pratique souvent dans une situation d'urgence ; il n'est alors pas possible d'évoquer cette question. D'où l'importance d'informer les patientes et d'échanger lors de la préparation à la naissance et des consultations en maternité : savoir dans quelles conditions et pour quelles raisons une épisiotomie peut être pratiquée vous aidera à mieux vous préparer à ce risque.

Vous pouvez également vous renseigner pour connaître le taux d'épisiotomies de votre maternité. Un projet de naissance (voir p. 49) peut aussi servir de base de discussion avec votre sage-femme ou votre obstétricien. Enfin, n'hésitez pas à demander des explications après l'accouchement.

UNE MATERNITÉ AU TAUX D'ÉPISIOTOMIES EXCEPTIONNELLEMENT BAS

La maternité du CHU de Besançon a décidé de réduire le recours à l'épisiotomie : il était de 0,67 % en 2017. Cette décision a été prise devant la conviction que, dans la plupart des cas, cette pratique n'est pas justifiée, comme le montrent les études récentes. Si le zéro épisiotomie n'est pas possible, elle peut devenir un acte au cas par cas. Le taux national pourrait ainsi être beaucoup plus bas.

Le peau à peau

Voilà une des manières les plus douces d'accueillir votre nouveau-né. Quels sont ses bénéfices ? Quelles règles doit-on respecter ?

La naissance est un grand chamboulement pour votre bébé et il faut qu'il soit accueilli en douceur. Vous pouvez d'ailleurs inscrire le souhait de peau à peau sur votre projet de naissance (voir p. 49). De plus en plus de maternités le proposent dans les 2 heures qui suivent la naissance : votre nourrisson est posé sur le buste nu de sa maman ou du conjoint quand celle-ci n'est pas en mesure de le faire (césarienne, etc.), à la condition bien sûr que le bébé aille bien.

Les bénéfices

Cette pratique est bénéfique pour le bébé : elle aide à la stabilisation de la température corporelle, de la fréquence respiratoire et du rythme cardiaque. Le risque que le bébé développe des hypoglycémies dans les premiers temps après la naissance est aussi moins grand. Si vous choisissez l'allaitement, cela aide à sa mise en place. Et bien sûr, le contact avec la peau du parent offre au bébé une sensation de bien-être. Pour le parent, le peau à peau favorise l'attachement et réduit le stress. D'ailleurs, il est pratiqué de manière encadrée en néonatalogie et dans les services de réanimation néonatale pour les bébés hospitalisés.

Les règles à respecter

Il faut toutefois s'assurer que les conditions de sécurité sont bien réunies : le parent n'est pas allongé à plat, il est assis ou redressé, par exemple au milieu du lit. Le bébé est à plat ventre contre le parent, la tête tournée sur le côté, son visage est bien visible avec le nez et la bouche dégagés et non couverts. Son cou n'est pas fléchi. Le bébé est recouvert d'une couverture. Vous devez surveiller attentivement la couleur et le comportement du bébé. Enfin, attention à ne pas le pratiquer si vous êtes dans une situation de grande fatigue. En respectant ces règles, vous pouvez poursuivre le peau à peau pendant le séjour à la maternité puis continuer dans les premiers mois de bébé !

DU PEAU À PEAU CHEZ LES PRÉMAS

Le Groupe de réflexion et d'évaluation de l'environnement des nouveau-nés (GREEN), conformément aux recommandations internationales, préconise que le bébé prématuré soit placé en peau à peau avec sa maman ou son papa avant de le placer en couveuse. Les bénéfices pour le développement des bébés sont attestés et prouvés par de nombreuses études. Comme le souligne le Dr Catherine Zaoui-Grattepanche, pédiatre, le peau à peau est la première place du bébé. Quand ce n'est pas possible, on trouve des substituts, mais cela reste des alternatives au peau à peau. Aujourd'hui, il faut encourager les équipes à développer cette pratique.

Prendre soin de sa cicatrice

Épisiotomie, déchirures ou césarienne, l'accouchement laisse parfois des séquelles dont il faut s'occuper. Quels rituels de soins adopter pour cicatriser au plus vite ?

Une cicatrice impose des soins particuliers. Voici les conseils d'Anna Roy, sage-femme, pour s'assurer d'une bonne cicatrisation.

Nettoyer sa cicatrice

L'hygiène est fondamentale pour éviter une infection. Lavez-vous les mains avant de vous en occuper. Ce n'est pas évident, mais il faut oser toucher votre cicatrice. Nettoyez-la à l'eau claire et au savon au moins une fois par jour, en effectuant des petits mouvements circulaires – pour une cicatrice sur le périnée, nettoyez-la aussi après être allée à la selle afin de ne pas laisser les bactéries se développer. Ensuite, essuyez-la en tapotant doucement avec du papier absorbant ou une serviette réservée à cet usage. Il est fortement déconseillé de prendre des bains pendant 3 semaines.

Bien se reposer

Pendant les premiers jours, la plaie est encore fragile. Restez au maximum allongée ou au repos dans la position dans laquelle vous êtes le plus confortable. Limitez les déplacements et autres mouvements brusques ou d'abaissement/relèvement qui tirent sur votre cicatrice. Ne portez que des charges de poids inférieur ou égal à celui de votre bébé. Dès que vous avez mal, arrêtez-vous.

Laisser respirer

Essayez au maximum de mettre la cicatrice à l'air libre dans le cas d'une césarienne, mais pensez à protéger la plaie des frottements, des chocs et des contaminations bactériennes.
Concernant une cicatrice d'épisiotomie ou de déchirure, changez régulièrement votre protection hygiénique pour limiter la macération. Choisissez les protections les plus simples possible : les produits les rendant ultra-absorbantes retardent la cicatrisation.
Portez des sous-vêtements en coton (les tissus synthétiques sont plus étouffants pour la peau). Dans le cas d'une césarienne, choisissez-les à taille très haute ou très basse afin que l'élastique ne se place pas sur la cicatrice.

Masser la zone

Une fois la cicatrisation terminée et les points de suture partis, vous pouvez effectuer quotidiennement des massages avec des huiles, comme de l'huile d'amande douce par exemple, afin d'assouplir un maximum votre cicatrice. N'hésitez pas à appuyer assez fort.

Rester vigilante

Si votre cicatrice gonfle, suinte, s'infecte, ou encore met trop de temps à cicatriser, consultez sans tarder votre médecin ou votre sage-femme.

Parole d'expert

Anna Roy, sage-femme

N'hésitez pas à vous faire surveiller par une sage-femme à domicile – vous avez le droit à 5 visites remboursées par la Sécurité sociale. Ne laissez pas la douleur s'installer, elle ne doit pas dépasser 7 à 10 jours.

LES SUITES DE COUCHES À DOMICILE

Au retour de la maternité, la sage-femme peut vous rendre visite à votre domicile. Elle vérifie que tout va bien pour le bébé, mais aussi pour la maman. Si vous avez des doutes sur votre cicatrice, c'est le moment de la lui montrer, elle pourra vous accompagner et vous conseiller.

Marie a dit

Pour aider les cicatrices de césarienne à se résorber, on trouve désormais sur le marché des culottes hautes légèrement gainantes avec un empiècement en silicone de qualité médicale. Même si cet achat vous semble peut-être inutile, sachez que cette culotte qui maintient légèrement votre ventre vous apportera un véritable mieux-être dès votre cicatrice refermée et pendant quelques mois après l'arrivée de bébé. N'hésitez pas à vous la faire offrir (ça change des doudous pour le bébé, non ?).

Devenir papa

Il n'est pas toujours évident pour un papa d'assister à l'accouchement. Voilà quelques conseils pour soutenir et accompagner au mieux la jeune maman.

Si vous, futur papa, craignez d'être inutile le jour J, rassurez-vous, ce ne sera pas le cas ! Vous avez un rôle majeur à jouer : soutenir et rassurer la future maman et l'aider à traverser les contractions, vous faire son porte-parole, couper le cordon (si vous en avez envie) et accueillir le bébé, particulièrement dans le cas d'une césarienne où c'est le papa qui fait le premier peau à peau (voir p. 82).

Pour vous sentir à l'aise, la meilleure solution est de participer à la préparation à la naissance, soit à la maternité si elle accueille les papas, soit avec une sage-femme libérale. La préparation en couple vous permet déjà de trouver votre place (sur les différentes formes de préparation, voir p. 42).

Venir préparé

La préparation vous donnera des informations objectives : comment se déroule physiquement un accouchement, quelles sont les éventuelles complications (quand fait-on une césarienne en urgence, pourquoi doit-on parfois utiliser les instruments, etc.). Mieux vaut savoir à l'avance ce qui peut se passer, plutôt que d'être confronté à la réalité le jour J, encore plus s'il y a des complications, ce qui peut être un choc.

Savoir quoi faire

L'objectif est d'apprendre comment accompagner votre compagne lors des contractions. D'ailleurs, il est important de vous entraîner aux exercices que l'on vous proposera (positions, massages, exercices de respiration ou de visualisation, etc.) pour que vous puissiez les utiliser en confiance le jour J. Il existe plusieurs méthodes, mais quelques conseils reviennent : l'aider à ralentir et placer sa respiration, la masser (épaules pour libérer les tensions, dos au niveau des reins), l'accompagner dans des positions de travail (avec un ballon par exemple ou en lui permettant de s'appuyer sur vous), lui tenir la main, lui parler, mais aussi faire le relais avec l'équipe médicale. Personne ne connaît mieux votre compagne que vous, et avec la douleur et la fatigue, que vous fassiez le trait d'union avec le corps médical la soulagera. Ainsi, il est important de réfléchir en couple à ce que vous souhaitez et attendez, et d'en parler avec la sage-femme, puis avec l'équipe qui vous accueillera (voir aussi le projet de naissance, p. 49). Vous pouvez expliquer que vous avez fait la préparation à deux et qu'il est important que vous soyez présent et impliqué.

Un parcours à deux…

Certains papas hésitent à être présents par peur du sang, peur de voir leur compagne souffrir, peur de ne pas être prêts… Ce sont des inquiétudes naturelles. Toutefois, tentez de ne pas laisser la peur diriger vos actions et vous priver de ce moment unique. Dans la majorité des cas, la grossesse est un projet construit à deux : l'accouchement est l'une des expériences les plus intenses de la vie de famille. N'hésitez pas à parler de vos craintes avec la sage-femme ou en participant à un groupe de parole de futurs papas, comme il en existe parfois au sein des maternités.

… sans se forcer

Décider d'être là le jour de l'accouchement ne veut pas dire que vous êtes prêt à tout voir et à être présent en permanence ! Il est important de vous écouter et de respecter aussi vos limites et vos envies. Vous pouvez accompagner votre compagne tout au long du travail, mais sentez-vous libre de sortir de la salle de naissance au moment de l'expulsion du bébé. Ou de rester, mais de vous placer sur le côté en vous concentrant sur votre compagne. Inversement, si une césarienne (programmée ou en urgence) ou l'utilisation d'instruments se profilent et que vous désirez être présent, expliquez-le à la sage-femme.

Paroles de parents

Guy et Mathilde, parents de Léa (2 ans et demi) et d'Enzo (2 mois)

Guy – La première fois, sans préparation, j'étais dépourvu. Quand ma fille est née, j'ai pensé : « Je suis papa. » La deuxième fois, mieux préparé, j'ai suivi l'accouchement avec intensité et jusqu'à la fin, je me suis dit : « J'ai vécu un accouchement ! J'ai servi à quelque chose ! »
Mathilde – On a dansé dans la salle d'accouchement, marché, il m'a massée, m'a aidée à me positionner... Pour le premier accouchement, il m'a soutenue. Mais le deuxième, on l'a fait à deux ! Le lien entre lui et notre fils s'est fait beaucoup plus vite qu'avec notre aînée.

À lire

Le Cahier jeune papa, Benjamin Muller, First, coll. « Ma p'tite famille », 2018.
In utero, Julien Blanc-Gras, Au Diable Vauvert, 2015 : un témoignage sur la grossesse et l'accouchement du point de vue du papa, comme un récit de voyage.

Les prématurés

En France, chaque année, 60 000 enfants naissent prématurés, ce qui représente 8 % des grossesses.

Certains ont 1, 2 voire 3 mois d'avance. Pour la plupart, leur vie commence à l'hôpital, où ils vont apprendre à se nourrir et à respirer, avec l'aide des équipes médicales et de machines. Ils vont aussi – et surtout – s'éveiller à la vie, grâce à la présence indispensable de leurs parents. Comment créer le lien dans l'univers ultra-médicalisé des services de néonatologie ?

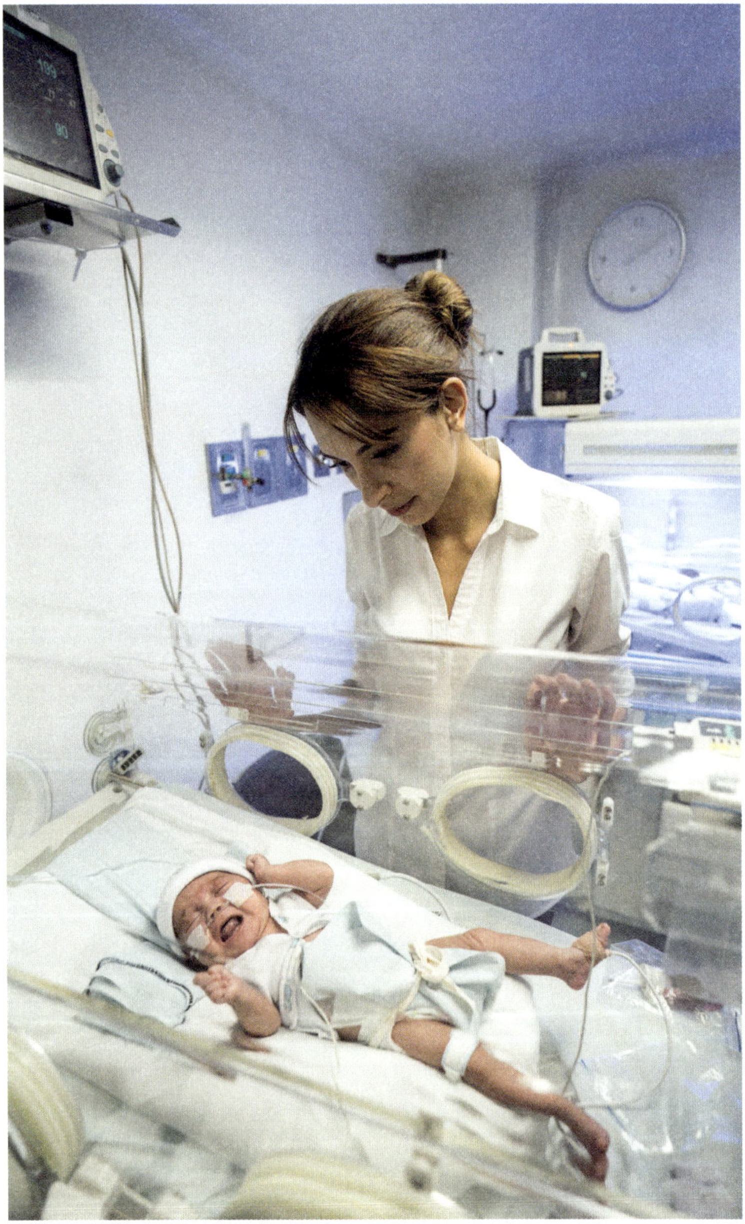

Qui sont-ils ?

Un bébé est dit prématuré s'il naît avant 37 semaines d'aménorrhée (SA), soit 8 mois de grossesse. 85 % des prématurés naissent entre 7 et 8 mois ; 10 % sont des « grands prémas », nés entre 6 et 7 mois. Ils sont pris en charge en néonatalogie à partir de 22-23 SA et 500 g, selon les critères de l'OMS (Organisation mondiale de la santé).

Les problèmes de santé

Quand les grandes fonctions ne sont pas matures (poumons, système cardiaque, cerveau, tube digestif), le bébé prématuré peut être placé sous assistance respiratoire et sous perfusion ou sonde. Il manque aussi de défenses contre les infections. Les bébés prématurés sont placés en couveuse car ils perdent plus facilement leur chaleur corporelle.

L'attachement bébé-parent

Lors d'un accouchement à terme, la mère et l'enfant qui entrent en contact sécrètent de l'ocytocine, l'hormone de l'attachement. Des études ont montré que lorsque la maman accouche d'un enfant prématuré et qu'en plus l'enfant lui est enlevé très vite, la sécrétion d'ocytocine est altérée. Or, un faible attachement augmente la vulnérabilité du cerveau du bébé. Il est donc très important de tout faire pour favoriser cet attachement au plus vite entre l'enfant et ses parents, sa famille. Pour cela, la pratique du peau à peau (voir p. 82) est bénéfique. Si l'état de santé du nourrisson ne le permet pas, simplement toucher le doigt, le pied, la tête de son bébé, lui parler, chanter pour lui, c'est déjà beaucoup. Car pendant la période anténatale, l'enfant est baigné par les vibrations sonores, et ces sons lui sont familiers. L'odeur de la maman peut être apportée via un doudou qu'elle mettra dans la couveuse. Par ailleurs, le lait de la mère est très important pour la santé du prématuré (pour les plus jeunes qui ne prennent pas le sein, il est ainsi possible d'utiliser un tire-lait).

Les critères de sortie

L'autonomie est la clé. Le bébé doit être capable de s'alimenter et de maintenir sa température de façon autonome. Les fonctions cardiaques et respiratoires doivent aussi être stables. Si la sortie est autorisée, c'est que le personnel médical sent que les parents et le bébé sont prêts.

Le retour à la maison

Ce qui se joue lors du retour à la maison est de ne plus être soignant, mais avant tout parent. Soyez à l'écoute de votre enfant et surtout ayez confiance en votre bon sens. Poursuivez les moments de peau à peau le plus possible. Il est aussi conseillé de placer le lit de l'enfant dans la chambre parentale jusqu'à ses 6 mois (en revanche, évitez de le faire dormir dans votre lit, voir p. 120). N'hésitez pas à prendre contact avec une infirmière-puéricultrice de la PMI (Protection maternelle et infantile, voir p. 114) qui pourra vous accompagner. Par ailleurs, dans certains cas, les bébés rentrent à la maison dans le cadre d'une hospitalisation à domicile. Un professionnel passe alors leur administrer des soins.

En grandissant

La plupart des prématurés auront besoin d'un suivi médical spécifique, réalisé soit par un médecin membre d'un réseau périnatalité, soit par un médecin d'un CAMSP (Centre d'action médico-sociale précoce). Ces enfants sont suivis en général jusqu'à leurs 6 ans, à tous les niveaux (ORL, ophtalmologie, etc.), notamment, en fonction de leurs antécédents, sur les plans cardiaque et gastrique.
Pour les étapes du développement, on calcule en âge corrigé jusqu'aux 3 ans. Concrètement, pour un enfant né avec 2 mois d'avance, on ajoutera ces 2 mois à l'âge supposé de l'apprentissage attendu (par exemple, à 14 mois au lieu de 12 mois).

Se faire aider

Devenir parent face à une hospitalisation parfois longue est difficile. Le parcours est semé d'angoisses, de doutes. Il est tout à fait légitime de demander de l'aide, par exemple un suivi psychologique auprès de la PMI.

CONGÉS MATERNITÉ ET PATERNITÉ

Depuis 2006, si vous accouchez avant le début de votre congé maternité, celui-ci est allongé du nombre de jours courant entre votre accouchement et le début initialement prévu du congé (voir le site de l'assurance maladie). Désormais, lorsqu'un nouveau-né est hospitalisé immédiatement après l'accouchement, le congé de paternité est allongé (au maximum de 30 jours consécutifs en plus du congé paternité existant).

Ressources

sosprema.com
L'association SOS Préma peut vous conseiller et vous soutenir.
Vous pouvez aussi faire appel au centre de PMI (Protection maternelle et infantile) le plus proche de votre domicile ou au CAMSP (Centre d'action médico-sociale précoce).

À lire

Mes enfants, votre bataille, Marie Agouzoul, éd. Mareuil, 2016 : le journal d'une maman de jumeaux grands prématurés.
À nous regarder ils s'habitueront, Elsa Flageul, Julliard, 2019 : un roman sur un couple confronté à la prématurité de leur fils.

Les examens du nouveau-né

À la maternité, en plus de la surveillance régulière du bébé et de sa maman, plusieurs tests et examens sont effectués.

On a l'habitude que bébé soit pesé et mesuré à la naissance. Mais quels sont les tests effectués à la maternité ? Ils permettent tout d'abord de vérifier que bébé va bien, puis ils cherchent à déceler d'éventuelles malformations ou pathologies chez le nouveau-né. Aujourd'hui, les examens à la naissance sont de moins en moins invasifs, et le bain n'est plus systématiquement donné dans les heures qui suivent celle-ci.

Le score d'Apgar

Ce score sur 10 permet d'évaluer la vitalité du bébé : on observe sa fréquence cardiaque, sa fréquence respiratoire, sa couleur, son tonus et sa réactivité. Il se cote à 1 minute, 5 minutes et 10 minutes de vie, donc bien avant le premier examen.

Le premier examen

Il est pratiqué dans la salle d'accouchement, dans les 2 heures qui suivent la naissance. Si bébé va bien, 1 heure de peau à peau est préconisée immédiatement après la naissance (notamment pour la constitution de la flore microbienne sur sa peau qui va le protéger des microbes). L'examen est réalisé par la sage-femme (dans le public) ou le pédiatre (dans le privé), soit sur une table de réanimation à côté de la maman, soit dans la salle de soins des nouveau-nés en présence du papa. L'objectif est de vérifier que les fonctions vitales du bébé sont en place.

Le test de Guthrie

Ce test sanguin, effectué entre le 2e et le 3e jour, vise à dépister des maladies rares ; les prendre en charge tôt permettra une meilleure espérance de vie et une bonne santé de l'enfant : mucoviscidose (une enzyme qui manque au niveau du mucus des poumons), hypothyroïdie congénitale, phénylcétonurie (une enzyme qui manque pour la digestion), hyperplasie des glandes surrénales (hormones qui manquent, en particulier pour la croissance), drépanocytose (anomalie de l'hémoglobine dans le sang, surtout en Afrique noire et aux Antilles). Les résultats sont traditionnellement envoyés par courrier dans un délai de 1 mois, uniquement en cas de diagnostic positif (si tout va bien, vous ne recevrez pas de lettre). Sachez également qu'on vous demandera votre autorisation avant de pratiquer ce test.

Les autres tests

D'autres tests sont effectués à la maternité, notamment de l'audition. En effet, la découverte précoce d'une surdité permet une meilleure prise en charge des troubles du langage. C'est un test rapide et indolore.
Le pédiatre surveille également la vision, les réflexes, les hanches, vérifie qu'il n'y a pas de souffle cardiaque, de jaunisse, d'éruption, etc.

Les formalités administratives

Voici un tour d'horizon des démarches à effectuer au moment de la naissance pour ne rien oublier !

Vous avez déjà commencé les formalités administratives pendant votre grossesse (voir Préparer son congé, p. 34). Voici celles qui concernent la naissance.

Déclaration de naissance

Elle est obligatoire pour tous les enfants nés en France et permet d'obtenir l'acte de naissance. Elle est le plus souvent effectuée par le père, mais peut être faite par toute personne présente au moment de la naissance (accompagnant, sage-femme ou médecin...). Attention à ne pas dépasser le délai des 5 jours suivant la naissance (en cas d'oubli, la procédure judiciaire est longue et coûteuse). Dans certaines maternités publiques, un officier d'état civil assure une permanence pour enregistrer les déclarations de naissance. Sinon, il faudra vous rendre dans la mairie du lieu de naissance.

Voici la liste des pièces à fournir :

- le certificat d'accouchement établi par le médecin ou la sage-femme ;
- la déclaration du choix de nom si les parents souhaitent utiliser cette faculté ;
- l'acte de reconnaissance anticipée si celui-ci a été fait au cours de la grossesse (voir encadré) ;
- le livret de famille si les parents en possèdent un ;
- la carte d'identité des parents.

Les organismes à prévenir

L'assurance maladie : enregistrez votre bébé via leur site internet ou par courrier au plus tôt pour bénéficier du remboursement de ses consultations et médicaments. Inscrivez-le sur les deux cartes vitales (père et mère), pour éviter de courir sans cesse après l'une des deux cartes.

La mutuelle : à faire dans la foulée de l'assurance maladie afin de bénéficier rapidement d'un remboursement optimal. Certaines mutuelles prévoient une prime de naissance qui doit être parfois demandée dans le 1er mois.

La Caisse d'allocations familiales (CAF) : déclarez la naissance en ligne ou par courrier. Joignez un acte de naissance.

La crèche ou la halte-garderie : prévenez-les rapidement, surtout si la date de la commission d'attribution est proche.

L'employeur : vous n'avez aucune obligation légale, mais si les relations professionnelles se passent bien, n'hésitez pas ! De plus, certains comités d'entreprise prévoient parfois des primes ou des cadeaux.

Le centre des finances publiques : la déclaration de naissance se fera au moment de la prochaine déclaration de revenus.

LA RECONNAISSANCE ANTICIPÉE

Pour les couples non mariés : pour établir sa paternité, le père doit reconnaître l'enfant à naître. La reconnaissance anticipée est recommandée (en cas de décès du père, l'enfant aura été reconnu), mais elle peut se faire aussi au moment de la déclaration de naissance. La démarche s'effectue en mairie avec un justificatif d'identité et un justificatif de domicile de moins de 3 mois. Si vous la faites avant l'accouchement, il n'est pas fait mention du nom ou du prénom de l'enfant à naître.

La toilette de bébé

Des soins du cordon à la toilette du visage en passant par le bain, Laurence Rameau, puéricultrice, vous explique les bons gestes.

Avant de vous lancer, placez à portée de main tout le matériel dont vous allez avoir besoin (compresses, coton, couche, etc.). Une fois que vous aurez commencé, vous ne pourrez plus quitter votre bébé. Si vous utilisez une table à langer par exemple, ne le laissez jamais seul dessus, même un très court instant. Ensuite, la première étape sera toujours de vous laver les mains.

Les soins du cordon

Vous aurez besoin : de compresses stériles et d'un antiseptique prescrit à la maternité. Parfois, celle-ci recommande aussi de l'éosine pour assécher (respectez bien l'ordonnance et les conseils de la maternité).

Comment procéder ? Imbibez une compresse d'antiseptique. Nettoyez le contour du cordon en tendant un peu la peau du bébé. Continuez tant que la compresse est sale en changeant de compresse à chaque fois. Utilisez une compresse sèche en dernier passage. Nettoyez aussi le cordon avec en allant de l'intérieur vers l'extérieur. Si de l'éosine a été prescrite, mettez-la directement sur la base du cordon. Veillez à laisser le cordon à l'air libre en repliant la couche vers l'extérieur pour qu'elle ne passe pas dessus. Faites cela deux fois par jour, plus chaque fois que le cordon est mouillé par de l'urine. Une fois le cordon tombé, poursuivez le nettoyage jusqu'à la cicatrisation complète. Si l'ombilic suinte, sent mauvais ou présente une rougeur, consultez le médecin.

La toilette du visage

Voilà un soin quotidien pour l'hygiène et le confort du bébé. Il doit s'y habituer dès le début.

Vous aurez besoin : de carrés de coton (visage, nez, oreilles), de compresses stériles (yeux), de sérum physiologique en dosettes (yeux, nez), d'eau tiède du robinet (oreilles), d'une brosse douce pour les cheveux.

Pour le visage : mouillez un coton d'eau et nettoyez le front, les joues, le menton, la bouche, l'extérieur du nez, ainsi que le cou, surtout si le bébé régurgite – les plis peuvent retenir les saletés. Pas besoin de sécher.

Pour les yeux : ils sont fragiles, évitez donc de les nettoyer s'ils ne sont pas collés, ne présentent pas de sécrétions ou d'écoulement. Si nécessaire, mettez du sérum physiologique sur une compresse stérile, puis passez-la de l'intérieur de l'œil vers l'extérieur pour ne pas ramener d'éventuelles saletés. Changez de compresse à chaque passage et à chaque œil.

Pour le nez : si le nez n'est pas bouché et qu'il n'y a pas de sécrétions, alors il n'est pas nécessaire de l'embêter ! Faites une petite mèche avec un morceau de coton, imbibez-la de sérum physiologique. Introduisez-la dans la narine en tournant : cela peut le faire éternuer. Changez de mèche à chaque nouvelle introduction et à chaque narine.

Pour les oreilles : faites également une petite mèche de coton (évitez les Cotons-Tiges, même spécial bébé). Mouillez-la d'eau tiède. Nettoyez la partie visible de l'intérieur de l'oreille et l'ourlet interne (n'allez pas plus loin vers l'intérieur). Pensez à nettoyer derrière les oreilles.

Vous pouvez terminer cette toilette du visage par le passage d'une brosse douce sur le cuir chevelu du bébé et par un gros câlin.

LE BAIN DE SONIA

Peut-être connaissez-vous cette vidéo d'une infinie douceur, extraite de La Maison des Maternelles et ayant fait le tour des réseaux sociaux. On y voit Sonia Krief, auxiliaire de puériculture depuis 40 ans, donner le bain à un nouveau-né en présence de ses parents. Tout au long, elle parle avec le tout-petit, lui expliquant chaque étape, le rassurant, l'accompagnant, lui chuchotant des mots d'encouragement et de félicitations et le manipulant avec beaucoup de précaution et de bienveillance. La sérénité qui se lit sur le visage du nouveau-né est extraordinaire. Quel est le secret de Sonia ? Son bain-soin repose sur beaucoup d'écoute, de patience, d'observation et de communication avec le bébé. Un moment de confiance et de lâcher-prise plein d'émotions.

Le bain

Le bain est certes nécessaire à l'hygiène du bébé, mais c'est aussi un moment relationnel et sensoriel privilégié entre le bébé et son parent.

Vous aurez besoin : de bien chauffer la pièce, d'une baignoire de taille adaptée préalablement nettoyée (vous pouvez utiliser le lavabo quand bébé est tout petit à la condition que le robinet puisse être repoussé sur le côté ou être muni d'une protection), d'un thermomètre de bain (visez 37 °C, mais vérifiez toujours avec la main avant de mettre bébé dedans et terminez le remplissage par un peu d'eau froide pour ne pas brûler bébé si une goutte tombe sur lui), 2 serviettes propres, du savon liquide sans produit chimique (ou prescrit par le pédiatre), une couche et les vêtements ou le pyjama à portée de main. Si besoin, les produits pour les soins du visage et du cordon. Pour les jeux, attendez que bébé puisse se tenir assis.

Comment procéder ? Enlevez sa couche et lavez-lui les fesses s'il y a des selles. Ensuite, déshabillez-le. Plongez le bébé dans le bain en le maintenant avec une main passée sous son cou et son bras opposé. Caressez-le doucement pour le savonner. Mouillez un peu son cuir chevelu puis savonnez-le et rincez. Attention de ne pas mettre d'eau sur son visage. Sortez le bébé avant de faire s'écouler l'eau et enveloppez-le dans la serviette. Tamponnez-le délicatement pour le sécher, puis installez-le sur l'autre serviette bien sèche. Essuyez bien tous ses petits plis avant de lui mettre sa couche et de l'habiller.

Parole d'expert

Laurence Rameau, puéricultrice

La peau du bébé est fragile et fine, elle absorbe les produits rapidement. Évitez l'usage de tout produit cosmétique, même ceux qui sont spécifiques aux bébés, car ils peuvent contenir des substances chimiques. La toilette se fait à l'eau, voire à l'eau peu minéralisée si la vôtre est trop calcaire.

Sein ou biberon : à vous de choisir !

Le choix s'impose comme une évidence pour certaines mamans, mais parfois l'hésitation est là.

La France est l'un des pays d'Europe où l'on allaite le moins et le moins longtemps. Les mamans restent partagées. De son côté, l'OMS recommande l'allaitement exclusif jusqu'à 6 mois. La décision vous revient ! Voici quelques pistes pour vous aider à y voir plus clair.

Le lait maternel

Chez les mammifères, le lait de chaque espèce est différent et s'adapte aux besoins du petit et à son âge. Pendant les 2 ou 3 premiers jours, il s'agit du colostrum. Ensuite, le lait à proprement parler est produit. Un bébé grossit très vite au départ puis sa croissance ralentit, donc le taux de protéines contenu dans le lait diminue. Il est aussi différent selon les heures de la journée ou de la nuit, la fréquence des tétées, etc. Des informations passent par la salive du bébé pour adapter le lait. Celui-ci s'ajuste alors aux bactéries présentes et transmet des anticorps à l'enfant.

Quelle durée ?

Il n'y a pas de durée minimum. À partir du moment où un bébé reçoit du lait maternel, c'est toujours bon pour lui, même si la maman propose juste la première tétée, car cela permet aux bonnes bactéries de coloniser son système digestif. Allaiter pendant 1 mois est par exemple suffisant pour améliorer sa vue. Plus on allaite longtemps, plus l'effet est important. On peut aussi tirer son lait et le donner au biberon.

Le lait artificiel

Le lait infantile est aujourd'hui très bien adapté aux besoins des bébés, et les préparations pour nourrissons sont améliorées en permanence par le travail de recherche des laboratoires. Il est en général plus difficile à digérer, mais attention, ce n'est pas parce qu'un bébé est allaité qu'il n'a aucun problème de digestion. Il peut avoir du reflux ou des coliques et mal au ventre car il avale de l'air ou ne tète pas bien... Et à l'inverse, ce n'est pas parce qu'un bébé est nourri au biberon qu'il aura mal au ventre !

L'allaitement, côté maman

Quand une maman allaite avec un bébé qui dort à côté d'elle (dans la même pièce, pas dans le même lit – voir p. 120), elle synchronise ses cycles de sommeil avec ceux de son bébé, donc il ne la réveille pas pendant un sommeil profond. D'ailleurs, les hormones secrétées quand une maman donne le sein lui permettent de se rendormir quasi instantanément. L'allaitement a d'autres bienfaits : la protection contre certains cancers, l'utérus qui reprend sa place et sa taille plus vite, les risques de diabète et d'accidents cardiovasculaires diminués, l'action de l'ocytocine et de la prolactine qui rendent patient et vont aider à s'occuper du bébé...

La place du conjoint

Si vous hésitez entre sein et biberon et que vous craignez qu'en allaitant, votre conjoint soit mis de côté, Anna Roy, sage-femme, vous rassure. Pour elle, imaginer que nourrir le bébé est le plus important pour communiquer avec lui est réducteur. Il y a en effet tant de choses à faire avec un nouveau-né : du peau à peau, lui donner le bain, etc., même simplement le regarder. En effet, observer les visages fait partie des activités favorites des bébés, qui captent tout.

Parole d'expert

Véronique Darmangeat, conseillère en lactation

La première question à vous poser est : « De quoi ai-je envie ? » On s'occupe d'un enfant et on l'éduque en fonction de ce que l'on ressent. Certaines n'allaitent pas pour des raisons personnelles et parfois douloureuses, certaines font le choix le meilleur pour elles mais à contrecœur, certaines donnent le biberon car cela leur convient, quand pour d'autres, c'est parce que c'est vraiment impossible d'allaiter... À vous de sentir ce qui est le plus important pour vous et votre famille, il n'y a pas de bonne solution unique.

PRÉVOIR UN BIBERON, MÊME SI VOUS ALLAITEZ

Anna Roy, sage-femme, vous recommande d'avoir un biberon. Ça ne veut pas dire l'utiliser, mais en cas de besoin, une visite imprévue aux urgences la nuit ou le week-end par exemple (cela arrive !), vous aurez le nécessaire pour nourrir votre nouveau-né.

L'accouchement prématuré

La constitution du microbiote étant plus compliquée chez les prématurés, a fortiori s'ils sont nés par césarienne, Anna Roy vous recommande vivement de tirer votre lait, afin de proposer du lait maternel.

Pour des jumeaux

Véronique Darmangeat, conseillère en lactation, souligne qu'un allaitement exclusif est possible, contrairement à ce que l'on entend souvent. Vous pouvez aussi mettre en place un allaitement mixte (sein et biberon), mais prévoyez autant de tétées que si vous aviez un seul bébé, c'est-à-dire pas plus de la moitié de la ration pour chaque bébé au biberon pour continuer à bien stimuler la lactation.

Votre choix

Comme le souligne Anna Roy, le choix est influencé par de nombreux paramètres : l'envie de la maman, ce qu'elle en sait niveau santé, sa culture, si elle-même a été allaitée ou pas, le déroulement de l'accouchement, la position du conjoint... Parfois, les mamans décident après l'accouchement, parfois, elles changent d'avis... Même si c'est confortable de se projeter, on ne peut pas savoir comment cela va se passer. Si le choix est particulièrement difficile, vous pouvez en parler à votre sage-femme ou à une consultante en lactation.

Ressource

www.consultants-lactation.org
Si vous avez des interrogations sur l'allaitement ou sa mise en place, vous pouvez faire appel à une consultante en lactation.

Les laits infantiles

Le lait en poudre est utilisé par de nombreux parents. Qu'y a-t-il dans un lait en poudre ? Comment le choisir ?

On peut opter dès la naissance pour un lait infantile en poudre, en exclusif ou en complément de l'allaitement, mais aussi plus tard, après une période d'allaitement maternel.

Qu'est-ce que c'est ?

Le lait en poudre est confectionné à partir de lait frais de vache. La production est régie par de multiples réglementations et des normes d'hygiène très strictes. La fabrication nécessite plusieurs transformations, par exemple le lait est écrémé, car le gras qu'il contient ne convient pas totalement aux besoins nutritionnels du bébé, puis il est pasteurisé, ce qui le stabilise. Le gras est remplacé par un mélange d'huiles végétales qui permet un profil d'acides gras au plus près de la composition du lait maternel. On ajoute généralement aussi du lactose (qui favorise le bon fonctionnement digestif), du fer (pour renforcer le système immunitaire) et de nombreuses vitamines. Le lait est déshydraté, réduit en poudre puis les boîtes sont fermées hermétiquement. Attention, jusqu'à l'âge de 1 an, le lait infantile en poudre ne peut pas être remplacé par du lait en brique standard, sinon le bébé est exposé à des carences nutritionnelles en fer, vitamines et acides gras essentiels.

Le Dr Julie Lemale, gastro-pédiatre, vous explique comment vous y retrouver parmi les multiples références et vous conseille.

Les laits par âge

Le lait 1er âge, ou préparation pour nourrisson : de la naissance, si on n'allaite pas, jusqu'à 4-6 mois. Il couvre la totalité des besoins nutritionnels du bébé (en dehors de la vitamine D, généralement prescrite par le pédiatre).
Le lait 2e âge, ou lait de suite : dès que l'enfant a un repas diversifié, vers 5-6 mois jusqu'à 12 mois. Les variations de composition sont toutefois minimes entre un lait 1er âge et un lait 2e âge.
Le lait de croissance : à partir de 1 an et jusqu'aux 3 ans de l'enfant. Il est enrichi en vitamines, en fer et en acides gras essentiels qui visent à limiter les carences. Il favorise un développement neurologique satisfaisant. Le lait de croissance n'est pas considéré comme un lait infantile mais comme une denrée alimentaire normale, il ne répond donc pas aux mêmes obligations de réglementation. Mieux vaut demander conseil à son pédiatre.

Les laits spécifiques

Il y a trois cas pour lesquels le choix de lait est clairement établi.
En cas de reflux, choisissez un lait pré-épaissi. Si c'est un petit reflux, préférez un lait dont l'épaississant est à base d'amidon (pomme de terre, tapioca, riz). En cas de reflux important ou de fausses routes, optez plutôt pour un lait AR (anti-reflux) épaissi à la caroube.
En cas de diarrhées aiguës de gastro-entérite, mieux vaut un lait pauvre en lactose. Une fois l'enfant rétabli, reprenez le lait antérieur.
En cas de terrain allergique dans la famille ou dans la fratrie, un lait HA, hypoallergénique, est conseillé. Ce lait infantile subit des modifications thermiques et enzymatiques. Pour schématiser, les protéines sont coupées pour être plus facilement tolérées. On ne donne pas ce lait en cas d'allergie, mais en prévention ; il permet de limiter l'apparition de l'eczéma et des allergies.

Des boissons végétales

Attention, les boissons végétales du rayon bio du supermarché (amande, soja, etc.) ne conviennent pas aux nourrissons car elles peuvent entraîner dénutrition, carence, voire même décès dans les cas les plus graves. En revanche, des préparations végétales infantiles existent et peuvent être prescrites selon les besoins particuliers :

– Une boisson à partir d'hydrolysat de protéines de riz, donnée comme alternative aux laits infantiles standard pour les nourrissons allergiques aux protéines de lait de vache. Ces préparations sont prescrites par un médecin.

– Une préparation à base de soja qui peut être prescrite après 6 mois. Elle pourra être conseillée à des familles vegan qui ne veulent pas donner de lait de vache.

Déchiffrer l'étiquette

Les parents s'interrogent parfois sur certains produits ajoutés dans le lait. Voici un tour des questions les plus fréquentes :

– Le DHA est un acide gras semi-essentiel indispensable à la maturation cérébrale et visuelles du nouveau-né, présent dans le lait maternel.

– L'huile de palme est souvent diabolisée, or le lait maternel contient de l'acide palmitique et les laboratoires essaient de se rapprocher du lait maternel dans la composition du lait infantile.

– La taurine est un constituant du lait maternel, utile pour le fonctionnement de l'organisme. Son taux est réglementé dans les laits infantiles et n'a rien à voir avec les taux présents dans les boissons énergisantes.

Pour un allaitement serein

Comment prévenir et surmonter les difficultés à l'allaitement ?

En France, 70 % des femmes donnent le sein à leur bébé à la maternité, mais 3 mois plus tard, elles ne sont plus que 25 %... Fatigue, douleurs, manque de soutien, découragement : tels sont les principaux obstacles à la mise en place de l'allaitement. Comment le lancer ? Véronique Darmangeat, conseillère en lactation, et Anna Roy, sage-femme, vous donnent les clés d'un allaitement serein.

Se renseigner

En théorie, les futures mamans n'ont rien à faire avant la naissance, les seins sont naturellement prêts pour l'allaitement. Or, en France, les femmes connaissent généralement peu de choses sur le sujet, il peut donc être intéressant de vous renseigner (livre, cours...). Si vous rencontrez des difficultés lors de la mise en place, demandez de l'aide ou des conseils à votre sage-femme ou à une consultante en lactation.

Bébé mange-t-il bien ?

C'est l'une des inquiétudes des mamans. Certaines observations permettent de vous rassurer. Lorsqu'il tète, regardez si bébé déglutit régulièrement : vous devez voir le double menton qui se gonfle, comme un pélican qui mangerait du poisson. Vous vérifiez ainsi qu'il ne « tétouille » pas sans rien avaler. En général, la tétée lui apporte de l'apaisement. Les couches donnent aussi une indication. À partir du 5e jour, un bébé doit mouiller 5 à 6 couches d'urine bien lourdes et il doit y avoir au moins 3 paumes de main de selles par 24 heures. Vous pouvez peser votre bébé au centre de PMI (Protection maternelle et infantile, voir p. 114) le plus proche de votre domicile, par exemple une fois par semaine les premiers temps, pour vérifier sa prise de poids.

Les premiers jours

En théorie, l'allaitement se fait à la demande. Or, à la naissance, certains nouveau-nés ont tendance à plonger dans un sommeil très profond. Si votre bébé ne réclame pas pendant les premières 24 heures, réveillez-le et proposez-lui le sein toutes les 3 heures (s'il demande plus souvent, allaitez-le). Cela permettra de bien lancer la lactation et d'éviter un engorgement. Soyez donc attentive les premiers jours. La priorité est qu'il mange régulièrement, sinon il perd de l'énergie et n'arrive plus à téter correctement.

Soulager les douleurs

La mise en place de l'allaitement peut se faire naturellement, mais parfois les douleurs sont vives, accompagnées d'une sensation de brûlure à cause de l'irritation. Elles peuvent s'expliquer par des crevasses ou des gerçures. La première solution est que le bébé prenne correctement le sein (voir p. 98 pour les recommandations sur la position), sinon le soulagement ne sera que temporaire. Pour cicatriser la plaie, vous pouvez mettre de la lanoline (crème) ou placer une compresse imbibée de lait maternel sur lequel vous posez un carré de film alimentaire. Les bouts de sein en silicone ne sont pas recommandés en solution durable, car les bébés ont plus de mal à prendre correctement le sein. Toutefois, ils peuvent être un moyen temporaire de faire face à la douleur pour éviter d'arrêter l'allaitement.

Les ampoules

Elles se créent lorsque bébé ne place pas bien le mamelon dans sa bouche : il le frotte sur son palais, ce qui entraîne la formation d'une ampoule. Mieux vaut éviter de la percer avec une aiguille, cela augmente le risque d'infection : préférez un pansement au lait maternel pour ramollir l'ampoule, le bébé la percera en tétant.

UN REMÈDE DE GRAND-MÈRE

Les feuilles de chou crues sont une bonne façon de réduire un engorgement. En effet, le chou a des propriétés anti-inflammatoires. Avant de les appliquer sur les seins, il faut écraser un peu les feuilles, par exemple avec un rouleau à pâtisserie : la substance anti-inflammatoire est contenue dans les nervures.

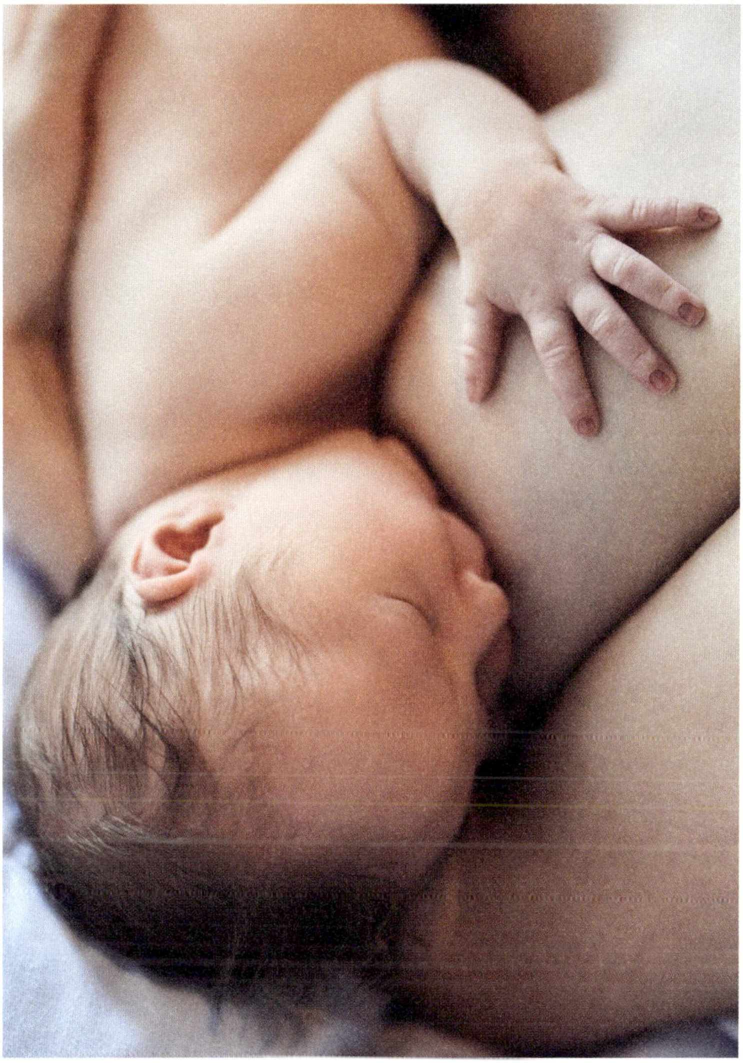

Parole de parent

Sandrine, maman de Mélyne (6 ans et demi) et de Lyvia (4 mois)

Pour Lyvia, j'ai vite ressenti des espèces de brûlures, j'avais l'impression que ma fille avait des lames de rasoir à la place de la bouche. Je cherchais de l'aide et je voulais qu'on me rassure. Au final, on m'a diagnostiqué une candidose. On nous a traitées, ma fille et moi, et enfin, la délivrance ! J'ai pu commencer un allaitement sans douleur, qui continue aujourd'hui d'ailleurs...

Ressource

lllfrance.org
Pour plus d'informations et de conseils, vous pouvez consulter le site de la Leche League, association pour le soutien à l'allaitement maternel.

L'engorgement

Cela arrive quand bébé saute une tétée, le sein devient alors très dur. C'est un mélange d'œdème et de lait. Dans ce cas, allaitez bébé. S'il ne veut pas téter, drainez le sein avec un tire-lait (voir p. 100) ou pratiquez l'expression manuelle. Pour cela, mettez deux doigts de part et d'autre de l'aréole, loin du mamelon, exercez une légère pression vers le torse, puis appuyez – attention, ça ne doit pas être douloureux. Vous pouvez aussi mettre du froid sur les seins entre les tétées (un paquet de petits pois surgelés par exemple) et du chaud, sans vous brûler, juste avant les tétées ou les tirages. Pour que bébé puisse prendre le sein, si celui-ci est trop tendu, il faut faire reculer l'œdème plus loin vers l'arrière du sein et ramollir téton et aréole en effectuant un « assouplissement par contre-pression » : mettez un doigt de chaque côté du mamelon (les doigts sont parallèles) et exercez une pression douce pendant 3 à 4 minutes ; ensuite, mettez-les dans l'autre sens (comme pour dessiner un carré). Évitez surtout de vous faire mal.

Les positions d'allaitement

Trouver la position adéquate pour allaiter n'est parfois pas aisé. Pourtant, cela peut tout changer pour bébé et vous !

Certaines mamans trouvent instinctivement la position idéale pour donner le sein. Mais pour les autres, être mal installée peut vite devenir pénible. Anna Roy, sage-femme, vous aide.

La position

Elle est essentielle pour votre confort. Les premières semaines, vous allez allaiter entre 6 et 12 fois par 24 heures, il faut donc trouver une ou des positions confortables. De plus, une mauvaise position peut entraîner des crevasses (petites plaies sur le mamelon qui peuvent être très douloureuses). Enfin, un bébé qui prend mal le sein, notamment au tout début, risque de le stimuler insuffisamment, ce qui peut réduire la production de lait.

Les règles d'or

Prenez le temps de vous asseoir ou de vous allonger correctement. Le bébé doit être collé contre vous, ventre contre ventre. La tête du bébé doit être légèrement défléchie, c'est-à-dire très légèrement penchée vers l'arrière, sinon il aura du mal à avaler (avez-vous essayé de boire un verre d'eau en rentrant le menton ?). Le bébé doit être à hauteur du sein pour ne pas avoir à tirer sur le mamelon pour téter. Les lèvres du bébé doivent être bien retroussées et ne surtout pas pincer. D'ailleurs, il doit prendre une grande partie de l'aréole (partie foncée autour du mamelon) dans la bouche, en plus du mamelon.

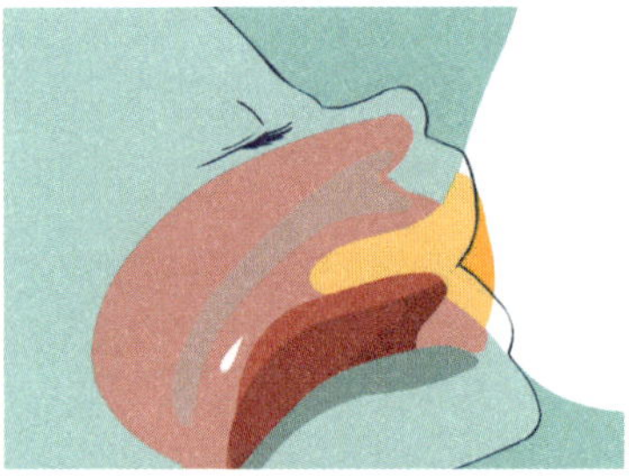

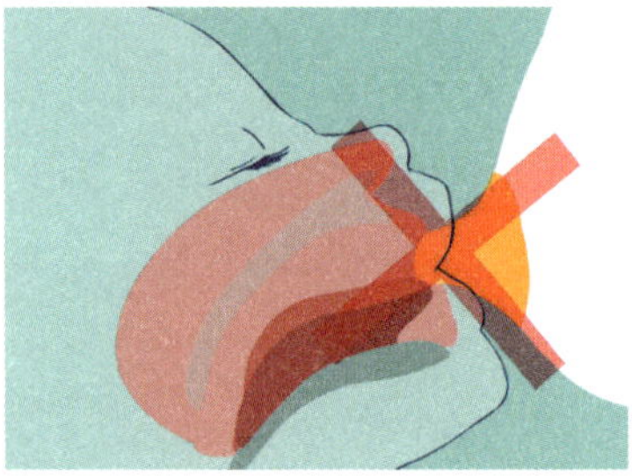

Touver la bonne position

Les positions ne conviennent pas forcément à toutes les mamans et à tous les bébés. À vous de tester celle qui vous va le mieux. N'hésitez pas à demander conseil à votre sage-femme ou à faire appel à une conseillère en lactation.

Pour Véronique Darmangeat, conseillère en lactation, certaines positions sont plus naturelles et spontanées que d'autres. Ainsi, notamment pour les toutes premières tétées, si la mère, alors allongée, s'incline vers l'arrière et pose son bébé sur elle, ils savent tous deux instinctivement comment faire : le bébé est sur le ventre, il prend appui sur ses quatre membres et s'équilibre seul pour prendre le sein, il lève la tête et ouvre grand la bouche. La gravité lui permet une prise du sein profonde en bouche. Si jamais ce n'est pas confortable pour la mère, elle ajuste la position jusqu'à trouver celle qui lui semble la plus agréable.

Les positions classiques :

- La madone inversée : c'est la position de choix des premiers jours, on tient son sein et on accompagne le bébé dans l'approche du sein.
- La madone : la position la plus connue, elle ressemble à la précédente, mais vous ne tenez plus votre sein.
- Le ballon de rugby, qui porte ce nom car on tient le bébé comme ce ballon, sous le bras.
- La position allongée, tournée sur le côté vers votre bébé, en vous calant sur l'oreiller. C'est une position très pratique pour la nuit. Ne vous inquiétez pas si vous ne réussissez pas cette position immédiatement, parfois il faut attendre 2 ou 3 semaines que l'allaitement soit bien en place pour vous sentir à l'aise.
- La louve : vous êtes à quatre pattes.
- Dans une écharpe de portage : vous lui proposez simplement le sein (tout en vérifiant bien sûr qu'il peut respirer sans souci). Vous pouvez mettre bébé comme un ballon de rugby, en face ou même sur le côté. (Pour plus de détails sur le portage, voir p. 106.)

À lire

Ma bible de l'allaitement, Véronique Darmangeat, Leduc.s, 2018.

SIX POSITIONS CLASSIQUES D'ALLAITEMENT

La madone inversée

La madone

Le ballon de rugby

La position allongée

La louve

Dans une écharpe de portage

Tout savoir sur le tire-lait

Pour les mamans qui allaitent, cet appareil peut être bien pratique !

Lorsqu'il est mentionné pendant la préparation à la naissance, il suscite plutôt une réaction de rejet, voire de dégoût (« On n'est pas des vaches ! »). Mais bien des mamans changent d'avis après la naissance, car, comme le dit Anna Roy, c'est un instrument qui peut parfois se révéler indispensable et qui est aussi pratique et libérateur. La sage-femme vous explique son rôle et son utilisation.

Les différents usages

Médical : vous pouvez allaiter un enfant prématuré ou de très faible poids, relancer une baisse de la lactation ou encore entretenir celle-ci si jamais vous vous faites opérer ou devez prendre un traitement temporaire incompatible avec l'allaitement.

Professionnel : grâce au tire-lait, vous pouvez poursuivre l'allaitement à la reprise du travail. Sachez qu'en France, la loi vous permet d'allaiter 1 heure par jour.

Plaisir : il peut vous offrir la possibilité d'une nuit complète, d'une sortie en amoureux, d'un verre d'alcool, etc. ! Attention, ne commencez cela que 3 semaines après le début de l'allaitement, une fois que la lactation est bien lancée.

Choix personnel : certaines femmes choisissent le « tirallaitement », c'est-à-dire un allaitement maternel exclusif mais sans jamais mettre le bébé au sein.

Les types de tire-lait

Le tire-lait manuel : uni-pompage (un sein à la fois), petit, facilement transportable et discret. Il suffit alors de pomper le lait à la main. Il coûte environ une cinquantaine d'euros, selon les modèles.

Le tire-lait électrique : il existe en uni- et en double pompage (soit un ou deux seins à la fois). Il est souvent plus encombrant, bien qu'il existe des modèles de plus en plus petits, mais aussi plus efficace et plus rapide. Très cher à l'achat, on le loue généralement sur l'ordonnance d'une sage-femme ou d'un médecin, à la pharmacie ou chez un loueur de matériel médical (vous les trouverez facilement sur internet). Dans le cadre d'une prescription, il est pris en charge par la Sécurité sociale et par votre mutuelle. Prenez le temps de comparer les prix et faites attention aux dépassements d'honoraires. Si vous devez tirer votre lait très fréquemment, sachez qu'il existe des brassières qui permettent de maintenir le tire-lait en position tout en vaquant à ses occupations.

LA CONSERVATION DU LAIT MATERNEL

- 4 heures à température ambiante (sauf en cas de grosses chaleurs)
- 2 jours au réfrigérateur
- 4 mois au congélateur

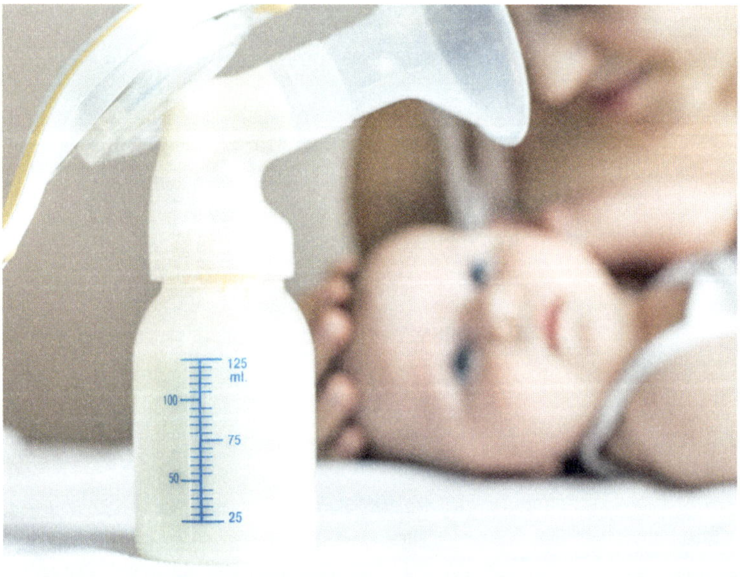

Faire durer l'allaitement

Plus un bébé est allaité longtemps, plus il profite des bienfaits du lait maternel.

Si vous en avez envie, vous pouvez poursuivre l'allaitement aussi longtemps que bébé prend le sein. Véronique Darmangeat, consultante en lactation, vous guide.

Jusqu'à quel âge ?

L'allaitement est toujours bon pour l'enfant. Le lait évolue en fonction de son âge et de ses besoins. Le lait maternel reste donc un aliment complet et idéal tant qu'un enfant le demande. Un enfant peut se sevrer tout seul entre 2 et 5 ans.

Reprendre le travail

Vous pouvez garder uniquement la tétée du matin et du soir, ou tirer votre lait au travail et le conserver au frigo (voir p. 100). Si vous n'avez pas votre propre bureau, votre employeur doit vous indiquer un endroit où vous pourrez vous isoler. Par ailleurs, vous n'avez pas à demander son autorisation. En effet, la loi française prévoit l'allaitement au travail : chaque salariée allaitant son enfant dispose de 1 heure par jour sur son temps de travail jusqu'au 1 an du bébé. Renseignez-vous sur les conventions collectives car cette heure n'est pas rémunérée, sauf si la convention le spécifie.

Le co-allaitement

Quand on allaite deux enfants, le lait est adapté aux besoins du plus jeune, mais cela ne signifie pas qu'il n'est pas bon pour le grand. Le corps produit la quantité nécessaire pour deux enfants. De plus, l'aîné stimule bien la lactation : il est plus efficace qu'un nouveau-né. Par contre, s'il tète encore beaucoup, il faudra veiller à ce que le petit prenne le sein en premier. On peut aussi les faire téter ensemble, cela crée une belle complicité entre les enfants.

Allaiter enceinte

Cela ne pose aucun problème vis-à-vis du bébé à venir et ce n'est pas plus fatigant : la plupart des mamans sont même contentes de pouvoir se reposer tout en allaitant tranquillement leur aîné. Sachez toutefois qu'à un moment donné, la lactation va s'arrêter pour repartir en colostrum (voir p. 92). Il n'y a pas de date précise, c'est différent selon chaque grossesse. Si la production met du temps à redémarrer, l'enfant peut être contrarié de n'avoir rien à téter. Certains se sèvrent ainsi naturellement car le colostrum a un goût salé qui leur déplaît, et d'autres vont continuer de téter comme si de rien n'était.

ET LES DENTS ?

Téter ne nécessite pas l'usage des dents. La langue doit passer par-dessus les dents du bas, et les dents du haut sont juste posées : le bébé tète avec l'arrière de la bouche. Il n'y a donc pas de raison d'avoir peur d'être mordue. On parle d'ailleurs de dents de lait, ce qui veut bien dire que c'est compatible avec l'allaitement. Si toutefois petite morsure il y a, la maman peut faire comprendre en douceur à son enfant qu'elle n'est pas un anneau de dentition !

Parole de parent

Célia, maman de Loann (3 ans et demi) et de Kelvin (17 mois)

Qu'il soit fatigant de continuer l'allaitement tout en assumant sa vie professionnelle est une idée reçue. Le lait, c'est comme le sang, on en produit tout le temps mais on ne le sent pas. Je ne suis pas plus fatiguée que n'importe quelle maman avec deux enfants en bas âge. J'ai même plutôt le sentiment qu'allaiter me simplifie la vie et me fait gagner du temps.

À lire

Allaiter et reprendre le travail, Véronique Darmangeat, Chronique sociale, 2018.

Sevrer votre bébé

Comment passer ce cap en douceur, pour votre enfant comme pour vous.

Parce que c'est bientôt la fin de votre congé de maternité ou pour toute autre raison personnelle, vous avez décidé de sevrer votre bébé. Quelles sont les étapes à respecter ? Que faire s'il refuse catégoriquement le biberon ? Oriane Emmanuel-Émile, diététicienne et consultante en lactation, vous conseille.

La durée à prévoir

Si la lactation de la maman est parfaitement adaptée aux besoins de son enfant, 15 jours suffisent pour un sevrage total. En cas d'hyperlactation avec engorgements fréquents, mieux vaut compter 1 mois pour que les seins puissent s'habituer à la diminution des tétées.

La méthode

Commencez par introduire un biberon par jour, l'enfant calibrera ses besoins sur la journée, donc il diminuera naturellement les tétées. Supprimez d'abord la tétée la moins importante ; n'enlevez pas tout de suite la première tétée du matin pour éviter de rester trop longtemps sans vider le sein. Avant d'aller plus loin, prenez le temps d'observer la réaction de l'enfant (notamment au niveau digestif) et la capacité des seins à s'adapter pour ne pas avoir de soucis d'engorgement (voir p. 97). Si tout se passe bien, introduisez alors un deuxième biberon, et ainsi de suite, progressivement, jusqu'à l'arrêt total du sein.

Le choix de la tétine

Chaque bébé aura sa préférence en termes de taille/texture/forme, voire de débit (il est arrivé qu'un débit inférieur débloque une situation), n'hésitez donc pas à tester plusieurs tétines s'il commence par la refuser. Mieux vaut une tétine à col long et à base étroite. Certains bébés préfèrent le caoutchouc, plus souple, doux, et moins froid que le silicone.

Quelques astuces

Si votre bébé accepte des biberons de lait maternel que vous avez tiré mais qu'il refuse le lait infantile, mélangez-les dans le biberon en diminuant progressivement votre lait : par exemple, commencez par un quart-trois quarts, attendez 2-3 jours pour voir s'il est bien accepté, puis passez à moitié-moitié, etc. (adaptez les proportions et faites plus de paliers si nécessaire).
Si bébé refuse le biberon, proposez-lui en marchant, ou demandez à votre conjoint de lui donner. Essayez aussi de laisser un biberon à l'enfant pour qu'il se l'approprie comme un objet de jeu, soit vide, soit avec un peu de lait au fond.
Parfois, le passage au biberon crée un manque par rapport à l'allaitement, où bébé était dans vos bras. Dans ce cas, n'hésitez pas à renforcer tous les moments de proximité (portage, peau à peau, etc.). De plus, il ne faut pas hésiter à expliquer la situation à votre bébé ! On dit souvent qu'il est trop petit, mais verbaliser permet de mettre des mots sur les changements dont il se rend bien compte et de le rassurer (voir p. 163).

La rééducation du périnée

Passage quasi obligé après une grossesse,
elle peut être faite auprès d'une sage-femme ou d'un kinésithérapeute.

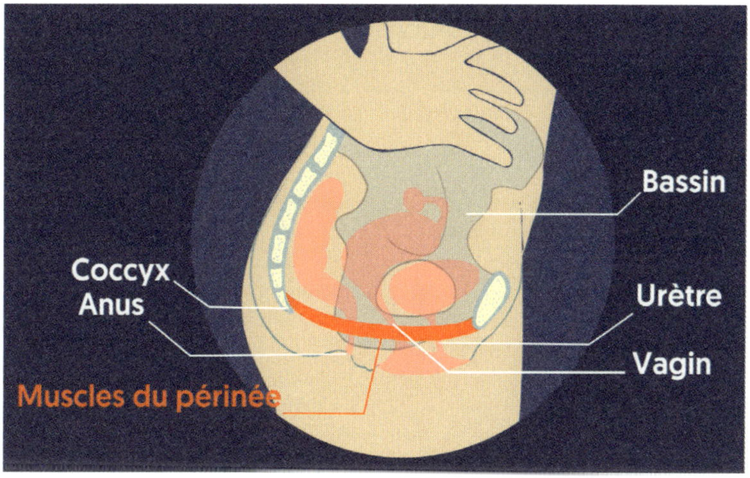

On nous parle souvent du périnée et de son importance, mais il est rare qu'on le connaisse bien. À quoi ressemble-t-il ? Et comment le protéger au mieux ?

À quoi sert-il ?

Le périnée est un ensemble de structures tissulaires bien plus étendu que ce qu'on imagine. Sorte de hamac musculaire, il maintient les organes à l'intérieur du ventre. Il est donc nécessaire à la survie ! Il a aussi des fonctions sexuelles, reproductives, de continence (urine, selles, gaz…).

Préserver son périnée

Au quotidien, évitez de porter des charges trop lourdes, mieux vaut vous faire aider. Quand vous vous baissez et que vous vous relevez, contractez le périnée, pliez les genoux, maintenez votre dos bien droit. Il faut dépister toutes les mauvaises habitudes : par exemple, évitez de pousser en allant aux toilettes, mettez plutôt un petit tabouret sous vos pieds pour monter les genoux au-dessus des hanches, ce qui permet une position plus physiologique.

Faire la rééducation

Vous pouvez la commencer 6 à 8 semaines après l'accouchement, ce qui permet à votre corps de faire un premier travail de récupération naturelle. En revanche, mieux vaut vous renseigner rapidement après la naissance car il est parfois difficile d'obtenir des rendez-vous. Si vous avez eu une césarienne, cela ne vous dispense pas de rééducation, car le bébé a appuyé sur le périnée pendant toute la grossesse. De même, le fait d'être sportive, même à un haut niveau, ne protège pas particulièrement votre périnée : suivez les conseils de votre sage-femme. Et si jamais vous n'avez pas pris le temps de vous en occuper, sachez qu'il n'est jamais trop tard !

Avec qui ?

La rééducation se fait avec une sage-femme ou un kinésithérapeute. Si possible, choisissez quelqu'un qui s'est intéressé au sujet et qui a l'habitude de faire de la rééducation. Les deux méthodes classiques sont la manuelle (toucher avec le doigt) et le biofeedback (avec une sonde). Discutez-en avec votre sage-femme ou kinésithérapeute qui vous expliquera l'intérêt de chaque technique.

Parole d'expert

Dr Bernadette de Gasquet, médecin et professeur de yoga

C'est vrai qu'on parle plus du périnée au moment de la grossesse, car cette partie du corps peut soutenir un bébé de plus de trois kilos : c'est une épreuve ! Pourtant, comme tous les muscles du corps, on devrait s'en préoccuper tout au long de sa vie (il subit une grosse pression du fait de la gravité). Maîtriser les fonctions de retenues et d'expulsion, savoir respirer et se positionner correctement pour ne pas fragiliser cet ensemble musculaire est essentiel.

À lire

On en parle de mon périnée ?, Anna Roy, Leduc.s, 2018.
Périnée arrêtons le massacre !, Dr Bernadette de Gasquet, Marabout, 2011.

Les suites de couches

Les jours et les semaines qui suivent l'accouchement, notre corps continue d'en voir de toutes les couleurs !

Douleurs et picotements, saignements, crises de larmes et montée de lait... Quels sont tous ces désagréments qui arrivent après la naissance du bébé ?

Le séjour à la maternité

Plusieurs paramètres sont contrôlés : tension artérielle, température, lochies (saignements) et tonicité de l'utérus qui doit se rétracter après l'accouchement. Si les saignements sont trop abondants, mieux vaut vérifier si l'utérus a été bien vidé : il reste peut-être un morceau de placenta ou des débris de membranes. On contrôle aussi vos jambes, l'état veineux, et bien sûr le moral, la fatigue... Ensuite, de retour chez vous, votre sage-femme pourra vous suivre à domicile durant les quelques jours après la naissance. N'hésitez pas à demander si quelque chose ne vous semble pas normal ou si vous avez des douleurs.

Les tranchées

L'utérus doit se contracter après la naissance pour fermer les vaisseaux qui irriguaient le placenta. Les tranchées correspondent à ces contractions assez fortes et parfois très douloureuses. Elles sont en général plus marquées pour un deuxième ou un troisième bébé car l'utérus, plus distendu et un peu moins tonique, est obligé de se contracter plus fort. Ne restez pas seule face à votre douleur. Une prescription de médicaments est possible (même si vous allaitez) et vous pouvez aussi essayer des exercices de respiration, le chaud, la relaxation, etc.

Les saignements

Après l'accouchement, ils sont abondants pendant 24 à 48 heures. Ensuite, ils diminuent rapidement et sont alors comparables à des règles normales, moins rouges, plus rosés. Si vous devez changer de serviette toutes les 2 heures, parlez-en. Les saignements peuvent durer 10 à 15 jours, exceptionnellement plus, mais leur intensité baisse nettement.

Fuites et constipation

Physiologiquement, l'émission des selles n'a pas lieu tout de suite après un accouchement. Pour limiter la constipation, soyez attentive à votre alimentation (buvez beaucoup d'eau, mangez des légumes, des fruits et des céréales complètes). On en parle peu, pourtant la position est importante : les genoux doivent être au-dessus du bassin, prévoyez un marche-pied. Par ailleurs, le périnée ayant été soumis à rude épreuve, certaines mamans souffrent de fuites urinaires. La rééducation pourra vous aider (voir p. 103).

Les cicatrices

En cas de douleurs, par exemple sur une cicatrice d'épisiotomie, le froid peut soulager, mais aussi des médicaments pour résorber l'hématome et diminuer l'inconfort Il faudra aussi bien la nettoyer (voir p. 83).

Le retour de couches

C'est le retour des règles, lorsque le cycle et l'ovulation se remettent en place. Il a lieu généralement de 1 mois et demi à 2 mois après l'accouchement, voire plus. Il arrive qu'il soit plus précoce : pensez à demander à votre sage-femme ou à votre médecin une méthode de contraception (par exemple, une micropilule peut être prescrite aux femmes qui allaitent).

Le baby blues

Entre 7 et 8 femmes sur 10 traversent une phase de tristesse, de doute, d'hyper-émotivité et d'anxiété après l'accouchement : c'est le baby blues. Il se produit dans les 2 à 3 jours après l'accouchement et correspond à la chute brutale du taux d'hormones (progestérone) et à la montée de lait. Le baby blues ne dure habituellement que quelques jours, mais ce bouleversement physique et psychique peut se prolonger jusqu'à 2 semaines. L'enfant rêvé par la mère durant la grossesse devient enfant réel. Un accouchement douloureux ou mouvementé peut aussi être véritablement traumatisant. L'important est de ne pas s'isoler et de parler avec des proches et/ou un professionnel.

La dépression du post-partum

Si le baby blues ne passe pas, on parle alors de dépression du post-partum, dont la différence est la durée et l'intensité des symptômes (fatigue, tristesse, irritabilité, ralentissement moteur, perte d'appétit, perte de plaisir, culpabilité). Elle concerne 15 à 20 % des jeunes mères. Elle reste un sujet tabou, or la prise en charge permet de rassurer, de libérer la parole et de rapidement soulager les symptômes.

Parole d'expert

Sarah Benjilany, sage-femme

Les jeunes mamans ne doivent pas s'oublier au profit de leur bébé. Elles doivent penser à elles, pour elles et pour le bébé. Il faut oser parler de tous ces petits maux aux professionnels de santé qui vous entourent ! Ils et elles en ont vu et entendu d'autres et sont là pour vous venir en aide.

Comment porter son bébé ?

Du porte-bébé classique à l'écharpe, il existe plusieurs méthodes qui s'adaptent au quotidien et aux besoins des parents et du bébé. Tour d'horizon des avantages du portage et des règles à suivre !

Le portage consiste à porter l'enfant contre soi à l'aide d'un tissu plutôt que d'utiliser une poussette. Il permet de favoriser le développement du bébé.

Avantages pour le bébé

Le portage facilite la formation du lien d'attachement. Le bébé se sent enveloppé. La proximité du corps du parent le rassure et vous permet de réagir rapidement à ses besoins. Accompagné de gestes et de regards affectueux, le portage stimule chez votre bébé la production de l'ocytocine, l'hormone de l'attachement.

Il est aussi avantageux côté digestion. La position verticale évite les reflux, favorise les rots et diminue les coliques.

Il est bénéfique pour le sommeil. La proximité avec la maman ou le papa fait barrage contre les bruits : le bébé se sent en sécurité.

Le portage favorise aussi le développement cognitif de bébé en stimulant son attention. Comme il est en hauteur, il peut suivre tout ce qui se passe autour de lui.

Quand le portage est bien fait, il aide au développement des articulations et des muscles, notamment sur le bon positionnement des hanches, le développement des muscles du cou…

Enfin, il permet au bébé de passer moins de temps dans un siège ou couché sur le dos et diminue le risque qu'il développe une tête plate (voir p. 121).

JUSQU'À QUEL ÂGE ?

Le portage évolue avec l'âge et les variétés sont nombreuses : taille, matière, positions (hanches, dos). On peut ainsi trouver des écharpes et des porte-bébés pour des enfants jusqu'à 3-5 ans (*toddler*).

Et pour les parents ?

Une fois qu'on a saisi la technique de portage – avec l'expérience, cela devient de plus en plus naturel ! –, il est très agréable de pouvoir porter ainsi son bébé contre soi. Il offre une liberté de mouvements bienvenue, que ce soit à l'extérieur (une poussette peut devenir encombrante, surtout en ville ou si on a d'autres enfants), ou à l'intérieur (pour apaiser son bébé tout en vaquant à ses occupations).

Pour la maman qui a choisi d'allaiter, l'utilisation du portage durant le 1er mois de l'enfant favoriserait la lactation.

Quel porte-bébé choisir ?

L'écharpe. Inspiré des techniques de portage des civilisations africaines ou asiatiques, son principe est assez simple : on dispose une bande de tissu autour de soi afin d'y loger le bébé. Plusieurs types de positions sont possibles : semi-allongée, le regard vers le monde, ou vers son parent.

Le sling. Ce sont des écharpes de portage plus courtes, munies d'anneaux, pour porter bébé en asymétrie.

Le porte-bébé classique. On règle la ceinture ventrale et les bretelles de soutien en fonction de sa morphologie. Une têtière est intégrée au porte-bébé, pour soutenir la tête du bébé durant les premiers mois. Il existe aussi des porte-bébés dits « physiologiques ».

Le mei-tei. Plus physiologique, il est aussi appelé « porte-bébé chinois ». C'est un compromis entre l'écharpe et le porte-bébé. Il se compose d'un morceau de tissu carré muni de deux courroies qui forment une ceinture à la taille et de deux longues bretelles pour attacher aux épaules.

Les règles de sécurité

– Vérifiez que les voies aériennes du bébé (nez/bouche) sont bien dégagées lors de l'installation, puis tout au long de la période de portage.

– Prenez le bébé en position fœtale durant toute la mise en place : genoux fléchis au niveau du nombril, bassin basculé, dos arrondi. Assurez-vous de bien le maintenir tout au long de la mise en place. S'il s'agite ou pleure, vous pouvez le bercer pour l'apaiser pendant que vous l'installez.

– Pensez à bien vérifier les nouages ou attaches.

– Assurez-vous qu'il puisse porter ses mains à sa bouche : ce geste le rassure.

– Ne couvrez pas autant votre bébé que s'il était dans une poussette : collé contre vous, il va bénéficier de votre chaleur et de celle du porte-bébé.

– Attention à ne pas faire de mouvements brusques : pas de running (qui secouerait le bébé), pas d'escalade, ni d'autres activités à risque.

Marie a dit

Le portage est recommandé dès la naissance et peut même vous sauver la vie (ou tout du moins votre santé mentale) certains soirs de pleurs inconsolables. Si vous avez peur de vous lancer, n'hésitez pas à faire intervenir une monitrice de portage à votre domicile : elle viendra avec différents types de porte-bébés et d'écharpes, vous donnera les premiers conseils et vous permettra de vous sentir à l'aise. Côté matériel, vous pouvez également opter pour la location afin de tester si le moyen de portage choisi vous convient !

NOUER UNE ÉCHARPE POUR UN BÉBÉ DE MOINS DE 3 MOIS AVEC LE NŒUD DE BASE

Le tuto

Cette technique permet de nouer l'écharpe au début de la journée, puis de sortir et rentrer bébé sans avoir à tout défaire à chaque fois !

Étape 1

Placez un pan sur votre épaule, puis passez par-derrière pour mettre l'autre pan sur l'autre épaule (l'écharpe passe donc sur le ventre, avant d'être croisée dans le dos).

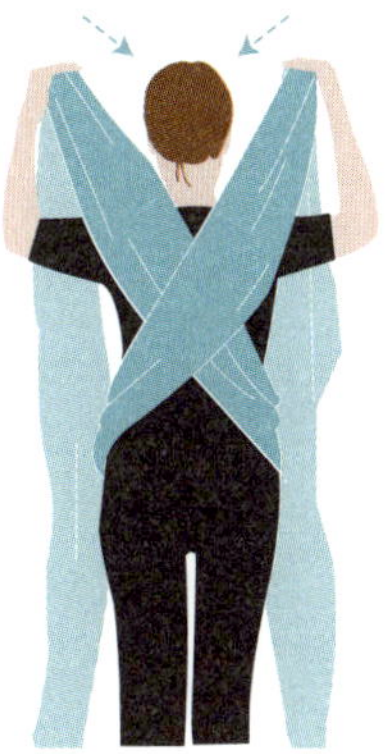

Étape 2

Passez le second pan sous la partie placée au niveau du ventre. Croisez les pans de devant puis passez-les dans le dos, et continuez le mouvement pour les ramener à nouveau devant.

Étape 3

Enfin, nouez les deux bouts avec un double nœud.

Depuis que j'ai un bébé, j'appelle ma mère tous les jours.

Je ne sais toujours pas à qui il ressemble.

CHAPITRE 3

Bébé de 0 à 2 ans

Les visites chez le pédiatre

Entre la naissance et 3 ans, on compte 12 rendez-vous obligatoires. Comment se déroulent ces visites et à quoi servent-elles ?

De 0 à 6 mois

Au cours de cette période, les visites ont lieu chaque mois, et ce dès la maternité : la visite de sortie est en effet considérée comme la première d'entre elles. C'est à ce moment-là qu'est établi le premier certificat de santé, envoyé au médecin responsable de la PMI (Protection maternelle et infantile). Il permet aux autorités sanitaires de s'assurer que chaque parent bénéficie de l'aide dont il a besoin. En cas de difficulté, la visite d'une puéricultrice et différents soutiens peuvent aussi être proposés. Enfin, ce document sert à établir des statistiques.

Le premier rendez-vous médical en ville, qui a lieu vers l'âge de 1 mois, constitue la première rencontre du pédiatre avec l'enfant. Il s'agit plus d'une prise de contact : le médecin évalue le comportement du bébé mais aussi le vôtre (être-vous stressée, avez-vous des interrogations particulières, etc.). Il prend également les mesures (tour de tête, taille et poids), qu'il reporte sur les courbes de croissance du carnet de santé. Ces mesures seront retranscrites à chaque rendez-vous. Lors de cette première visite, bébé reçoit aussi son premier vaccin, le BCG.

Jusqu'aux 6 mois de l'enfant, les visites ont lieu chaque mois, selon le même rituel. Le pédiatre procède aux mesures et administre les vaccins obligatoires selon ce calendrier :
- à 2 mois : diphtérie/tétanos/poliomyélite (DTP), coqueluche, méningites à *Haemophilus influenzae* de type b, hépatite B et méningites, pneumonies et septicémies à pneumocoque ;
- à 4 mois : les rappels de ces 5 vaccins ;
- à 5 mois : méningites et septicémies à méningocoques.

Lors de **l'examen du 4e mois**, le pédiatre fait le point sur l'alimentation (voir la diversification p. 148) et sur le développement neuromoteur de l'enfant (ce sont, par exemple, les débuts de la motricité fine). Au niveau sensoriel, il vérifie la vision du bébé.

De 6 à 12 mois

Il y a trois visites obligatoires, à 6, 9 et 12 mois.
Là encore, des vaccins seront injectés :
- à 11 mois : rappel des vaccins du 2e mois ;
- à 12 mois : rappel méningocoque et première injection du ROR (rougeole, oreillons, rubéole).

L'examen des 6 mois est important. Il s'agit en effet d'une période de transition : le pédiatre va s'assurer que la diversification alimentaire se passe bien, il va s'intéresser au transit de l'enfant, à son sommeil, etc. Il observera également son tonus et sa façon de se mouvoir (rampe-t-il ?).
En plus des mesures habituelles, le médecin vérifie les réflexes, examine les organes génitaux (coalescence des petites lèvres, testicules descendus ou pas), les gencives et les oreilles. Il contrôle aussi les hanches.

Au cours de **la visite du 9e mois**, le pédiatre évalue la mobilité de bébé et la façon dont il suit des yeux. Il se renseigne aussi sur ses pleurs car cet âge marque l'entrée dans la période d'angoisse de la séparation (voir p. 124). Cette visite est importante : elle permet de vérifier les vaccins et d'établir le second certificat de santé. Le médecin teste l'audition et évalue le développement neuro- et psychomoteur de l'enfant (s'il s'assoit, la façon dont il saisit les objets...).

De 13 à 24 mois

Là encore votre enfant se rend à trois visites obligatoires à 16, 20 et 24 mois avec une deuxième injection de ROR à 16 mois ou, en tous les cas, avant la fin de la deuxième année.

Au cours de **l'examen des 24 mois**, le pédiatre remplit le troisième certificat de santé. La motricité de l'enfant est déjà développée : il marche, court, tape dans un ballon. Le médecin vérifie donc son développement neuromoteur, sa préhension des objets et sa façon de communiquer avec son entourage. Le langage est un autre point important. Cet âge marque aussi, peut-être, le début de la propreté. Le pédiatre vérifie enfin l'audition et effectue les mesures habituelles.

Le rôle des PMI

Les centres de la Protection maternelle et infantile sont des services de santé publique, répartis dans toute la France.

Gérés par les départements, ils sont chargés, selon le ministère des Solidarités et de la Santé, « d'assurer la protection sanitaire de la mère et de l'enfant ». Ils proposent un accès aux soins pour les femmes enceintes, les enfants jusqu'à 6 ans ainsi qu'un accompagnement pour les parents. Ils sont accessibles à tous.

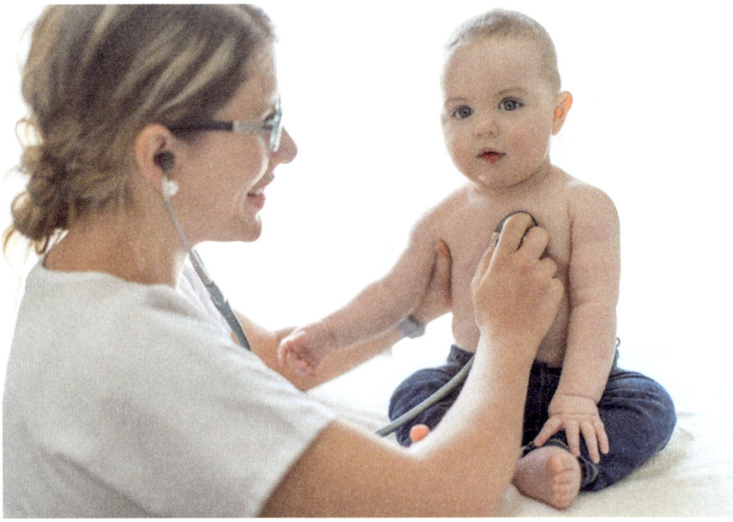

L'organisation

Chaque centre est géré par un médecin, et les services disponibles d'un centre à l'autre diffèrent : certains proposent des consultations avec une sage-femme, un gynécologue, un pédiatre, ou bien encore des puéricultrices, des psychologues ou des psychomotriciens. Par ailleurs, la PMI joue un rôle essentiel en matière d'accueil des jeunes enfants : instruction des demandes d'agrément des assistantes maternelles, réalisation d'actions de formation, surveillance et contrôle des assistantes maternelles ou des crèches.

Planification familiale

La PMI peut assurer un rôle dans les actions de planification familiale et de prévention médico-sociale, comme l'accès à la contraception ou des informations sur l'interruption volontaire de grossesse. Elle propose des conseils quant au choix de votre contraceptif et fournit gratuitement des moyens contraceptifs aux mineurs et aux adultes sans couverture sociale (sur prescription médicale).

Votre suivi

Si vous êtes enceinte, vous pouvez décider de vous faire suivre par votre PMI de secteur et, selon le personnel en place, le centre peut vous proposer de réaliser les examens prénataux, des séances de préparation à l'accouchement ou encore des consultations postnatales. Vous pouvez également vous informer sur vos droits sociaux pendant votre grossesse et obtenir de l'aide sur les démarches à suivre.

Et pour votre enfant ?

Votre enfant, dès sa naissance et jusqu'à ses 6 ans, peut bénéficier d'un suivi médical gratuit à la PMI. Vaccins, dépistage des handicaps, suivi de la croissance et du développement psychomoteur... La PMI offre également des conseils sur les besoins de votre bébé concernant le sommeil, l'alimentation ou encore les modes de garde. Certains centres vont encore plus loin en proposant des ateliers de massage pour bébé, des activités collectives d'éveil et des jeux pour les enfants.

Ressource

allopmi.fr
Pour connaître le centre le plus proche de chez vous.

UN BUS PMI CONTRE LE DÉSERT MÉDICAL

Dans les Yvelines (78), un camping-car a été aménagé en PMI et sillonne la région. Il permet ainsi de faire face au désert médical et d'aller dans des zones où il n'y a pas suffisamment de bébés ou d'habitants pour qu'un centre de PMI fixe y fonctionne en permanence. Un pédiatre et une puéricultrice y assurent les consultations.

Les vaccins obligatoires

Depuis le 1er janvier 2018, il existe 11 vaccins obligatoires pour les tout-petits. Il s'agit de ceux qui l'étaient déjà et de ceux qui étaient anciennement recommandés.

Selon l'Organisation mondiale de la santé (OMS), il faut que 95 % des enfants soient vaccinés dans une population pour éviter les épidémies et protéger ceux qui ne peuvent pas l'être. Ce constat a poussé le gouvernement et le ministère de la Santé français à élargir le nombre de vaccins obligatoires. En effet, lorsque les vaccins sont obligatoires, 98 % des enfants sont vaccinés, alors que lorsque les vaccins sont « seulement » recommandés, ce pourcentage concerne 70 % à 80 % d'enfants vaccinés uniquement...

Pourquoi vacciner ?

Lorsque bébé naît, il bénéficie des anticorps que lui a transmis sa mère pendant la grossesse via le placenta, mais son système immunitaire n'en est pas pour autant mature. La vaccination sert à stimuler et à « éduquer » ce système. Elle va lui permettre de se défendre contre la maladie lorsqu'elle survient. 700 000 enfants sont ainsi vaccinés en France chaque année.

Les peurs

De nombreux parents s'inquiètent des effets indésirables des vaccins (qui restent assez rares si on les compare aux bénéfices). Ils soulèvent aussi la question du sel d'aluminium, utilisé comme adjuvant (sauf dans le ROR) depuis les années 1990. De nombreuses fausses informations circulent régulièrement sur un potentiel danger des vaccins. Mais il est important de souligner qu'à ce jour, aucune alerte sanitaire au niveau mondial n'a été lancée sur la toxicité du sel d'aluminium.

Avant de faire vacciner votre enfant, il est bien entendu important de discuter avec votre pédiatre d'éventuelles contre-indications (allergie, déficit immunitaire...) car chaque cas est particulier.

LE CALENDRIER VACCINAL

VACCINATIONS OBLIGATOIRES pour les nourrissons nés à partir du 1er janvier 2018 (colonnes 1 mois à 16-18 mois ; lignes BCG à Rougeole - Oreillons - Rubéole)

ÂGE APPROPRIÉ	1 mois	2 mois	4 mois	5 mois	11 mois	12 mois	16-18 mois	6 ans	11-13 ans	14 ans	25 ans	45 ans	65 ans et +
BCG	■												
Diphtérie - Tétanos - Poliomyélite		■	■		■			■	■	■	■		■
Coqueluche		■	■		■			■	■	■			
Haemophilus influenzae de type b (HIB)		■	■		■			■	■				
Hépatite B		■	■		■								
Pneumocoque		■	■		■								
Méningocoque C				■		■							
Rougeole - Oreillons - Rubéole						■	■						
Papillomavirus humain (HPV)									■	■			
Grippe													■
Zona													■

Coucher bébé en sécurité

Quelles sont les recommandations officielles et comment les appliquer au quotidien ?

Les conseils de couchage évoluent. Le Dr Arnault Pfersdorff, pédiatre, vous explique comment mettre bébé au lit en toute sérénité. La plupart de ces consignes de sécurité visent à réduire les risques d'enfouissement et d'étouffement, et à faire en sorte que bébé respire le plus librement possible.

Sur le dos

Oubliez le ventre et le côté : bébé doit être installé sur le dos pour dormir, que ce soit pour une sieste ou pour la nuit. En effet, les études ont démontré que cette position permet de diminuer de moitié les cas de mort subite du nourrisson (voir encadré ci-contre).

Un lit et c'est tout !

Prévoyez un lit de bébé avec un matelas ferme : ainsi, le crâne du bébé ne s'enfonce pas, ce qui permet d'éviter la plagiocéphalie ou syndrome de la tête plate (voir p. 121).

Le matelas doit être adapté à la taille du lit. Vérifiez qu'il n'y a pas de creux entre le matelas et la limite du lit, pour que le bébé ne puisse pas glisser entre les deux ou y enfouir sa tête (risque d'étouffement). Pour cette même raison, ne mettez rien dans le lit : pas de tour de lit, pas d'oreiller, pas de cale-bébé, pas de couette ni de couverture (prévoyez une turbulette s'il fait froid), pas de peluche.

Évitez les positions qui empêchent le bébé de tourner sa tête ; il vaut mieux ne pas le laisser dormir dans un cosy quand c'est possible.

Si vous avez installé un mobile, enlevez la partie détachable pour éviter qu'elle tombe sur l'enfant pendant la nuit ou la sieste, ou qu'elle le surstimule. Mettez-le un peu plus loin dans le lit (milieu ou pied) pour que votre enfant n'ait pas à relever la tête en arrière pour le regarder.

Pour le confort de bébé, essayez de placer le lit de telle sorte qu'il vous voie arriver dans sa chambre (et que vous puissiez le regarder lorsque vous êtes à la porte).

L'environnement

L'idéal est une température à 18-20 °C et une hygrométrie (humidité) de la pièce autour de 50-55 % (des petits appareils permettent de la contrôler). D'ailleurs, évitez d'installer bébé près d'un radiateur ou sous la fenêtre dans un courant d'air. N'oubliez pas d'aérer régulièrement (en l'absence de bébé). Si possible, évitez la moquette et, si vous avez un animal à la maison, faites en sorte qu'il n'aille pas dans la chambre de bébé, au moins les premiers mois.

LA MORT SUBITE DU NOURRISSON

Ce syndrome aux causes encore inexpliquées est responsable d'environ 200 à 250 décès par an en France. Il est à différencier de la mort inattendue du nourrisson qui concerne 400 à 500 décès par an et qui se traduit par le décès brutal d'un nourrisson. Un bilan complet est réalisé et si aucune cause n'est trouvée, on parle de mort subite du nourrisson.

Les facteurs augmentant le risque de mort subite du nourrisson sont connus : prématurité du bébé, techniques de couchage inappropriées, tabagisme passif... La prévention est fondamentale.

Le syndrome du bébé secoué

Secouer un bébé pour le faire taire, parce qu'on n'en peut plus de l'entendre pleurer, même une seule fois, peut avoir des conséquences irréversibles.

Chaque année en France, le syndrome du bébé secoué fait plusieurs centaines de victimes.
Dans 10 à 20 % des cas, les bébés ne survivent pas à cette maltraitance, et nombre d'entre eux en gardent des séquelles à vie, parfois avec un handicap très lourd. La prévention est donc fondamentale.

Qu'est-ce que c'est ?

Secouer un bébé est un geste de maltraitance grave, violent et inadapté, qui constitue sur le plan juridique une infraction pénale. Le secouement n'a rien à voir avec le jeu : quand l'enfant est lancé en l'air, les bras de l'adulte l'accompagnent à la montée et à la descente, donc la tête de l'enfant ne bouge quasiment pas, les jambes et les bras non plus. Or, quand il est secoué, la tête de l'enfant bute en arrière et en avant, et les bras de l'adulte vont à l'encontre du mouvement. Contrairement à une chute, l'effet correspond au coup du lapin, de manière répétée.

L'âge

Ce syndrome concerne surtout les bébés de moins de 8 mois car à cet âge-là, la tête est lourde, avec très peu de tonus. Le cerveau peut bouger dans la boîte crânienne, ce qui, sous l'effet du secouement, va provoquer des lésions cérébrales, des hémorragies. Les nourrissons sont très vulnérables, mais cela peut aussi arriver à des plus grands de 3 ou 4 ans.

Les conséquences

Les symptômes vont du malaise grave à des signes plus chroniques : troubles de la vigilance (allant jusqu'au coma), troubles respiratoires (allant jusqu'à l'arrêt cardio-respiratoire), hypotonie (l'enfant tout mou, « poupée de chiffon »), révulsion oculaire, grande pâleur, vomissements, parfois convulsions ou même fractures... Les séquelles peuvent être quasi inexistantes ou causer un handicap majeur. On retrouve souvent des troubles des acquisitions, du langage, du comportement, de la concentration, et cela peut aller jusqu'à un handicap moteur, une paralysie. Une atteinte visuelle, due à une hémorragie rétinienne, est assez fréquente.

La prévention

Il faut savoir prendre conscience de son énervement face aux pleurs et s'en extraire. On peut coucher bébé sur le dos dans son lit et changer de pièce ou couvrir les pleurs par un autre bruit, l'aspirateur par exemple. Mieux vaut laisser pleurer un bébé que de le secouer. Osez demander de l'aide. Dans le cas du bébé secoué, il suffit d'une fois et les séquelles peuvent être à vie.

À lire

Une vie secouée, Fleur Duvareille, éd. Sydney Laurent, 2019 : le témoignage d'une maman dont le fils a été secoué par son assistante maternelle.

Ressources

syndromedubebesecoue.com
Pour en savoir plus sur la prévention.
tatiana-syndromedubebesecoue.com
Une association qui accompagne et soutient les familles.

Quand va-t-il faire ses nuits ?

Si certains petits dorment « comme des bébés », selon l'expression consacrée, pour le plus grand bonheur de leurs parents, pour d'autres, pleurs, cris et cauchemars quotidiens rendent cette période de repos compliquée.

Près de 80 % des bébés « font » leurs nuits entre 0 et 6 mois, mais c'est souvent après 6 mois que les choses se compliquent. À quelles difficultés les jeunes parents peuvent-ils s'attendre ? Que peuvent-ils faire ?

Les cycles du sommeil

Il est tout à fait normal qu'un nouveau-né ne fasse pas ses nuits, rassure le Dr Laure Geisler, médecin de PMI. Ainsi, le sommeil du tout-petit se décompose entre phases de sommeil agité et phases de sommeil calme (voir dessin page suivante), avec des périodicités de 3 à 4 heures. Concrètement, « agité » signifie que votre bébé peut présenter des mimiques, des expressions de colère ou de tristesse, parfois même il ouvre les yeux, sa respiration peut changer... Pas de panique ! Il ne faut pas reprendre votre bébé dans les bras à ce moment-là, au risque de le réveiller, car il dort !

Puis, à partir de 2 mois environ, le sommeil évolue pour se rapprocher des cycles de l'adulte, avec l'apparition du sommeil paradoxal (le temps des rêves), qui remplace le sommeil agité. C'est la période où les parents doivent faire comprendre au bébé le rythme jour/nuit. Pour cela, le Dr Geisler vous conseille de mettre en place une régularité dans l'organisation quotidienne (repas, etc.) et surtout de respecter la luminosité de la journée : au moment de la sieste, vous pouvez assombrir la pièce, mais ne la plongez pas dans le noir complet, tandis que la nuit doit être synonyme d'obscurité (vous pouvez laisser la porte entrouverte ou installer une petite veilleuse si vous le souhaitez).

Les troubles du sommeil

Ils existent sous plusieurs formes, d'autant que les éléments pouvant influencer le sommeil sont nombreux, notamment l'état de santé (reflux, asthme, hypothyroïdie, bronchite passagère, etc.).

Les troubles de l'endormissement : lorsque, de manière récurrente, l'enfant met plus de 20 minutes à s'endormir. Parfois, porter plus attention aux signes de fatigue peut résoudre la situation, car le parent essaie peut-être de coucher son bébé un peu trop tôt (et 30 minutes plus tard, ça peut mieux se passer). Ils peuvent aussi s'expliquer par l'apparition de l'angoisse de la séparation.

Les réveils multiples : quand il y a plusieurs réveils dans la nuit, accompagnés ou non de pleurs. De 9 mois à 4 ans, c'est un trouble très courant. Attention d'ailleurs à ne pas réveiller l'enfant, car souvent il se rendort tout seul.

Les cauchemars surgissent entre 2 et 4-5 ans, la période œdipienne, lorsque l'enfant est envahi par l'agressivité envers un parent ou qu'il est jaloux du couple. Le noir, le loup ou le monstre, c'est la projection de son conflit intérieur. L'enfant est conscient, il se réveille et peut raconter ce qu'il a vu (voir encadré).

Les terreurs nocturnes arrivent avant l'acquisition de la parole. L'enfant est un peu comme « possédé » ; ses yeux sont ouverts mais il est dans son monde, on peut rapprocher cet état du somnambulisme. Il est inconscient et ne s'en souviendra pas au petit matin. Elles concernent souvent des enfants qui ne dorment pas suffisamment dans la journée ou qui n'arrivent pas à exprimer leurs émotions.

FAIRE FACE AU CAUCHEMAR ET AFFRONTER SES PEURS

Florence de Wailly, psychologue et psychanalyste, explique : avec nos angoisses, nos peurs, nos ressentis de culpabilité, notre inconscient produit des histoires dont les supports de représentation peuvent être le loup, le serpent, etc. Ne dites pas à l'enfant : « Ce n'est pas grave, tu as rêvé, ce n'est pas réel. » Prenez en compte le cauchemar, parlez-en avec lui, ce qui lui permet de se dire : « Ce n'est pas si horrible si je peux en parler avec mes parents, ils ne sont pas angoissés par mes cauchemars. » Faites-lui raconter, s'il en est capable, ou dessiner. Ensuite faites-lui faire une boule avec le dessin, qu'il peut jeter à la poubelle par exemple. Ainsi, l'enfant peut affronter sa peur, la surmonter et être ainsi plus actif.

Ressources

reseau-morphee.fr
Un réseau consacré à la prise en charge des troubles chroniques du sommeil.

mpedia.fr
Un site où les parents peuvent poser toutes leurs questions.

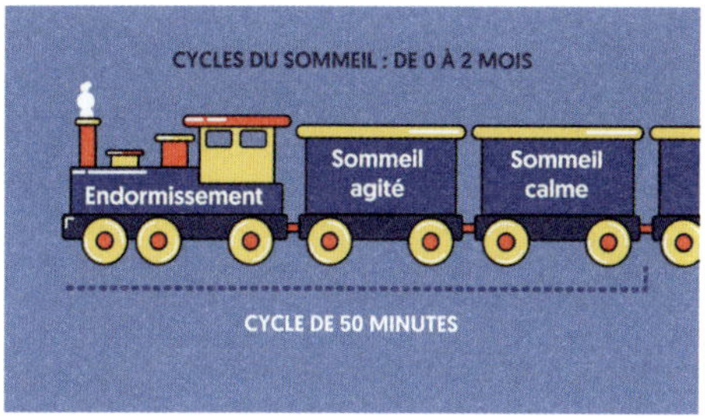

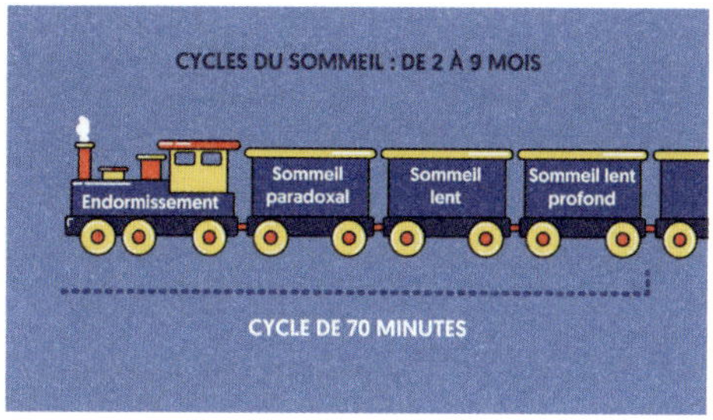

L'insomnie joyeuse : lorsque l'enfant se réveille dans la nuit, tout excité, en ayant l'impression que la nuit est finie. Même s'il peut y avoir de multiples explications, ce trouble se retrouve chez les enfants en carence affective.

Les hypersomnies : s'il y a des gros dormeurs (c'est physiologique), il existe aussi des pathologies comme le syndrome d'apnée du sommeil (l'enfant ne respire pas bien, ce qui entraîne de nombreux micro-réveils et empêche un sommeil récupérateur, il va ensuite somnoler toute la journée…).

Un besoin de sécurité

Prendre conscience de l'origine d'un sommeil difficile peut aider à trouver la clé pour rassurer l'enfant et apaiser ses nuits. Même si toutes les histoires sont uniques, on peut distinguer des lignes générales :

- en cas d'accouchement traumatique, il est parfois inconsciemment difficile d'établir une relation apaisée avec son enfant, ce qui peut déclencher des troubles ;
- des changements et ruptures dans un temps court : des modifications parfois multiples du mode de garde, la naissance d'une petite sœur ou d'un petit frère, un déménagement, un deuil, etc. ;
- pour s'endormir, il faut être totalement détendu et donc se sentir en sécurité. Pour être autonome, l'enfant doit intégrer une sécurité interne qui vient du fait qu'on s'occupe de lui, il a ainsi besoin de passer du temps de qualité avec ses parents ;
- le rapport des parents au sommeil et leur histoire personnelle jouent un rôle.

Les conseils

Il n'y a jamais de solution toute faite, c'est du cas par cas, mais voici les points auxquels Florence de Wailly et le Dr Geisler vous recommandent de faire attention.

- Préparez un environnement propice à l'endormissement : bannissez les écrans le soir, faites des activités tranquilles, respectez un rythme jour/nuit avec des horaires réguliers de lever et de coucher, même le week-end. La chambre sera au calme et ne sera pas encombrée de jouets, les lumières doivent être douces. Même si l'enfant partage la pièce, il faut qu'il ait son propre espace de nuit. Le lit est mieux contre un mur, afin que l'enfant se sente contenu. Voir la porte est aussi plus rassurant.
- Observez et sachez reconnaître les signes de fatigue (il se touche les oreilles, il bâille, il se tortille, il s'énerve) : à ce moment-là, ne retardez pas le coucher.
- Conservez la sieste, ou un temps calme dans la chambre, jusqu'à au moins 3 ans, pendant 2 heures maximum.
- Instaurez un petit rituel du coucher, qui aménage le passage entre l'excitation et le sommeil où l'enfant se retrouve seul. Ce rituel individualisé doit être adapté à l'âge, avec un début et une fin. Par exemple : on se lave les dents, on fait pipi, on lit une histoire ou deux (en prenant soin de dire avant à l'enfant combien on va en lire) ou on fait un câlin dans le silence et après on arrête.
- Si vous repérez un trouble, sans vous précipiter au premier sommeil difficile, n'attendez pas trop longtemps avant de consulter, afin qu'il ne s'installe pas profondément.

Parole d'expert

Florence de Wailly, psychologue et psychanalyste

Quels que soient les troubles chez les petits, ils représentent des signaux d'alarme, de mal-être. Il faut vraiment essayer de comprendre pourquoi l'enfant a peur, stresse, est angoissé par la séparation… Plus on rassure un enfant, moins il a besoin de l'être : si un enfant a besoin de sa maman à côté de lui pour s'endormir pendant 10 minutes, on le fait quelques mois ! Si vraiment les petites choses comme ça ne suffisent pas, vous pouvez consulter quelqu'un d'extérieur à la situation qui pourra vous aider.

À lire

Le marchand de sable va passer, Valérie Roumanoff, First, 2016.
Quand va-t-il (enfin) faire ses nuits ?, Sarah Bursaux, Leduc.s, 2016.
Petites histoires hypnotiques du soir, Sabrina Féret-Hubert, éd. Dangles, 2017.

Le cododo

Pratique polémique selon le sens qu'on lui donne et la manière dont on la met en place, le cododo peut être bénéfique ou considéré comme dangereux.

Le mot cododo (ou *cosleeping*, ou encore cosommeil) regroupe des pratiques très diverses qui ont en commun le même principe : bébé dort près de ses parents.

Partager la chambre…

L'OMS (Organisation mondiale de la santé) recommande que le bébé dorme avec ses parents jusqu'à 6 mois, ce qui signifie en pratique que le tout-petit dort dans la même chambre que ses parents. La proximité du bébé rassure ce dernier et permet aux parents de l'entendre et de réagir immédiatement. Se sentir en sécurité près de ses parents aide à la prise de confiance de l'enfant dans le sommeil. De plus, pour les mamans qui ont choisi l'allaitement, la proximité permet une meilleure tétée de nuit avec une meilleure montée hormonale.

… mais pas le lit

En revanche, il est déconseillé de partager le même lit. Comme le souligne le Dr Arnault Pfersdorff, pédiatre, les praticiens sont d'autant plus prudents qu'ils ont dû faire face à des expériences malheureuses. De plus, cette pratique ne fait pas partie de nos habitudes culturelles, contrairement à d'autres pays. Afin de limiter la mort subite du nourrisson, il est nécessaire de respecter certaines consignes : matelas ferme, pas de drap/couverture/oreiller, température contrôlée, etc. (voir p. 116). Or, le couchage des parents n'est pas compatible : le risque d'hyperthermie est réel car la température ambiante est toujours accrue pour bébé par la chaleur corporelle des parents, sans compter le risque d'étouffement.

Les précautions à prendre

Il est déconseillé de faire du cododo dans un canapé, sur un matelas mou, collé au mur, au milieu des parents (plutôt sur le côté libre du lit, en faisant attention à prévenir le risque de chute et d'enfouissement). Il ne faut pas d'oreiller ou de couette. Évitez aussi cette pratique en cas de tabagisme parental, d'obésité d'un parent, de prise de drogue ou de somnifère, ou encore si l'un des parents est malade ou en proie à une fatigue intense. La pratique est également à proscrire si plusieurs enfants dorment dans le même lit.

L'idéal est de placer un lit de bébé à côté des parents ou d'en utiliser un spécifiquement prévu pour le cododo. Dans ce cas, respectez bien les consignes de montage pour qu'il soit bien fixé au lit parental pour limiter le risque de chute. Attention à ce que la couette ou l'oreiller des parents ne puisse pas glisser sur le bébé.

MON BÉBÉ RISQUE-T-IL DE DEVENIR CAPRICIEUX ?

L'entourage remarque parfois que le bébé ne voudra jamais dormir seul. Pour le Dr Alain Benoit, pédiatre, le caprice n'existe pas chez les petits : ils n'ont pas la capacité d'anticipation nécessaire ! Il s'agit de créer un lien de qualité, qui n'est pas fondé sur la peur ou l'insécurité. En effet, un bébé qui se sent en sécurité, notamment au niveau affectif, sera d'autant plus capable de prendre son autonomie en grandissant.

Le syndrome de la tête plate

Aussi appelé « plagiocéphalie », ce syndrome touche de nombreux enfants. Si vous remarquez que votre enfant a la tête plate, pas de panique ! Il existe des astuces pour l'éviter ou l'atténuer.

Ce syndrome est repéré par le corps médical ou par les parents. Comme la tête des nouveau-nés est très malléable, elle se déforme facilement, sur l'arrière ou même sur le côté.

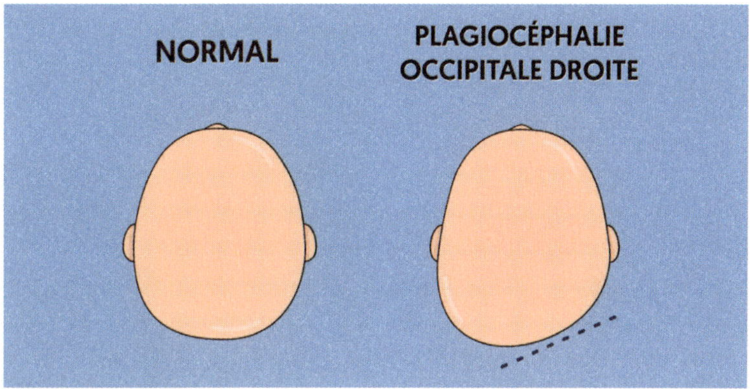

D'où ça vient ?

Certaines plagiocéphalies existent dès la naissance (des jumeaux comprimés l'un contre l'autre, un manque de liquide amniotique...), d'autres apparaissent au moment de l'accouchement (forceps, ventouse, ou si le bébé a le cordon autour du cou, ce qui peut provoquer un torticolis...). Le plus souvent, ce syndrome de la tête plate se met en place quand le bébé s'installe constamment dans la même position, que ce soit dû à un torticolis ou à un côté préférentiel adopté in utero et conservé ensuite.

Quelles conséquences ?

Selon Olivier Darmont, ostéopathe spécialisé en périnatalité, la plagiocéphalie peut entraîner des difficultés ORL (otites à répétition par exemple), un strabisme, ou encore un reflux, donc un sommeil compliqué. Quant à l'aspect esthétique, s'il est sans gravité car le cerveau n'est pas atteint, il faut cependant le prendre en compte. De plus, une boîte crânienne déformée peut engendrer des compensations psycho-corporelles, notamment une scoliose.

Comment l'éviter ?

La plagiocéphalie vient souvent d'une position sur le dos prolongée. Il convient bien sûr de respecter les consignes de couchage sur le dos, mais lorsque le bébé est éveillé, mieux vaut éviter de le laisser dans cette position. La meilleure des solutions est le portage, par exemple en écharpe (voir p. 106), que vous pouvez pratiquer chez vous. Oubliez les maxi-cosys, les transats et les arches d'éveil qui laissent l'enfant sur le dos. Au contraire, utilisez un tapis d'éveil avec des éléments bas, pour que l'enfant tourne la tête. Pour renforcer le cou du nourrisson, placez-le régulièrement sur le ventre, soit porté sur votre bras, soit posé (sous surveillance constante, sur des temps courts). Lorsque vous jouez avec lui, essayez de le solliciter d'un côté puis de l'autre, de même au moment du change.

Lorsque vous le couchez, essayez de varier la place dans le lit – une fois la tête au nord, une fois au sud – afin qu'il ne prenne pas l'habitude de regarder toujours du même côté. Surtout, ne lui bloquez pas la tête avec un oreiller ou un coussin spécial anti-tête plate : il doit être libre de ses mouvements.

Quel traitement ?

Quand un suivi médical est nécessaire, l'ostéopathie, qui consiste en des manipulations douces, peut être une solution, ou encore des séances de kiné. Dans les cas les plus sévères, le port d'un casque spécifique est recommandé.

Agathe a dit

Mon fils Gaspard est né avec un torticolis sévère que l'on n'avait pas tout de suite remarqué... Un jour j'ai senti une petite boule dans son cou (j'ai cru que j'allais défaillir). Le pédiatre m'a tout de suite rassurée en me disant que c'était une conséquence classique du torticolis. J'ai commencé les séances d'ostéopathie et de kiné quand Gaspard avait 15 jours... Rassurez-vous si votre bébé a la même chose, aujourd'hui le crâne de Gaspard est le mieux dessiné d'Europe de l'Ouest ! Il faut juste ne pas traîner, et surtout, on ne le dira jamais assez : portez vos bébés, oubliez les transats !

Pourquoi mon bébé pleure-t-il ?

Premier mode de communication des tout-petits, les pleurs sont parfois difficiles à comprendre. Comment décoder s'il s'agit de pleurs de faim, d'inquiétude ou d'inconfort ?

Un bébé qui pleure, cela peut vite devenir angoissant, stressant, crispant pour les parents. Or, un nourrisson pleure beaucoup : en moyenne 2 heures par jour au cours des 2 premières semaines ! Comment comprendre ces pleurs et comment y répondre ?

Un langage bien à lui

Le premier pleur est le cri libératoire. Il permet aux poumons de se déplier, de se remplir d'air et au bébé de respirer pour la première fois. Les pleurs sont donc naturels et commencent au moment de la naissance ; ensuite, et ce jusqu'à l'acquisition des premiers mots, ils restent le seul moyen de communication du bébé. L'être humain est d'ailleurs le seul animal à avoir la capacité de pleurer.

Pourquoi pleure-t-il ?

Les causes peuvent être innombrables. Avant tout, il faut s'assurer que le bébé a assez mangé, qu'il n'a pas trop chaud, qu'il est bien installé... On peut dire ensuite qu'environ 60 % des pleurs sont dus à un problème d'ordre digestif : des gaz, un côlon irritable, des coliques, un reflux (voir p. 126), un lait qui n'est pas toléré, une mauvaise position lors de la tétée avec un lait qui ne va pas assez vite ou trop vite... Mais ils peuvent aussi être déclenchés par de la fièvre ou une douleur : les poussées dentaires, une clavicule cassée à la naissance qu'on n'aurait pas décelée, une pathologie, un problème chirurgical...

Les pleurs libèrent

Outre les pleurs réflexes de douleur, il y a les pleurs de décharge du soir qui aident l'enfant à évacuer l'énergie de la journée, à déstresser. Ils ont un effet libérateur, car on garde toujours le souvenir primaire du premier pleur, ce premier cri, synonyme de la mise en route de la vie.

> “Les pleurs sont un symptôme qui peut cacher une forêt.”

Dr Arnault Pfersdorff, pédiatre

Reconnaître les pleurs

Pour vérifier si le bébé a faim, on utilise le réflexe des points cardinaux, réflexe archaïque normalement présent chez les nouveau-nés en bonne santé, qu'ils aient faim ou non, et qui disparaît avec la maturation neurologique entre 2 et 4 mois : si on le caresse à côté de la bouche, il tourne la tête pour tenter d'attraper le téton ou la tétine. Pour ce qui est du sommeil, un bébé s'endort toujours s'il en a envie, à la condition de se trouver dans un environnement calme. Dans un environnement non familier – la salle d'attente du médecin par exemple –, il peut se mettre à pleurer. Ces pleurs de peur et d'anxiété sont faciles à identifier : le bébé n'arrive pas à s'apaiser, il fronce les sourcils, il transpire...

Comment le calmer ?

Dans un premier temps, quand un bébé pleure, on peut lui faire un câlin ! Si le problème n'est ni la faim ni un inconfort dû à la chaleur ou au froid, il est bon de prendre son bébé dans ses bras, de le bercer, lui parler, chanter, le changer de position, lui mettre un gant de toilette frais sur le front, être avec lui. S'il est dans son lit et qu'il pleure, on peut lui toucher le pied, lui caresser la joue, le front, lui masser le ventre, lui montrer qu'on est là. Une autre astuce qui marche très bien : se promener avec lui en marchant sur les talons. Cela transmet les mouvements, ce qui va le bercer, tout comme faire un tour en voiture. L'écharpe de portage est aussi très efficace. Et si on est à bout, il ne faut pas hésiter à le confier à un proche...

Parole d'expert

Dr Arnault Pfersdorff, pédiatre

Le bébé est un buvard. Si son parent est anxieux, ça favorise l'angoisse et le stress chez lui, et donc ses pleurs. Une fois qu'on est rassuré sur l'état de santé de son enfant, c'est important de lui parler, de lui dire « Calme-toi, je suis avec toi... », en étant soi-même détendu.

Il ne faut pas laisser un bébé pleurer, car les pleurs ne sont pas les signes d'un caprice, ni d'une manipulation, et un enfant ne risque pas de s'habituer aux bras. Par ailleurs, laisser un bébé pleurer a des répercussions. Cela le stresse, bloque son fonctionnement cognitif et peut aboutir plus tard à un manque de confiance en soi.

Agathe a dit

Je pense qu'il faut se répéter comme un mantra qu'un bébé n'a pas d'autre possibilité que les pleurs pour exprimer un besoin. Un bébé, ça pleure tout le temps ! Généralement les bébés ont des pleurs de stress en fin de journée, c'est comme s'ils faisaient leur petit jogging pour se détendre, il ne faut pas se mettre « la rate au court-bouillon », comme dirait feue ma grand-mère. Portez votre bébé, câlinez-le, et répétez-vous en boucle qu'il ne souffre pas. Vous pouvez aussi essayer de faire des séries de squats, autrement dit des flexions sur les jambes, avec votre bébé dans les bras, votre bébé s'arrêtera de pleurer dans la seconde, c'est magique ! (Et puis il recommencera à pleurer immédiatement bien sûr.)

Dormir seul

À l'heure de la sieste ou à la nuit tombée, l'instant du coucher peut devenir une épreuve. Comment aider votre enfant à se libérer du stress de la séparation ?

Pourquoi cette séparation est-elle si difficile pour votre petit ? Quelles astuces mettre en place pour aider enfants et parents à lâcher prise ?

L'angoisse de séparation

Il peut y avoir plusieurs raisons :

– **des raisons physiques** : torticolis de naissance, reflux, coliques... ;

– **des raisons émotionnelles** : inconsciemment, pour le bébé, c'est l'angoisse de la séparation : vers 8-9 mois, il prend conscience du fait qu'il est une personne distincte de ses parents et a peur d'être abandonné (le parent « disparaît » quand il n'est plus dans son champ de vision). Le sommeil se passe mieux quand le coucher se fait sans manifester d'émotion excessive ;

– **des raisons comportementales** : le parent s'identifie à son enfant. Dès que l'enfant pleure ou est seul, cela le renvoie à sa propre enfance et il culpabilise. Laisser l'enfant seul lui fait peur.

Comment l'aider ?

En moyenne, c'est entre 0 et 9 mois que les bébés vont trouver leur rythme de sommeil.

S'ils ont du mal à s'endormir, il faut les accompagner : ils ont du mal à lâcher prise. Ils vont beaucoup pleurer. Pour les aider à se défaire de leur stress, on tamise la lumière, on ne met pas forcément de musique et on ne les berce pas trop. On peut néanmoins prendre l'enfant dans les bras, le contenir avec une couverture pour le faire très légèrement transpirer, ce qui va l'apaiser.

Le moment du coucher doit être un moment de calme. Pour cela, la respiration synchronisée est une bonne solution : placez le bébé sur votre ventre et calez votre respiration sur la sienne. Quand l'enfant est plus grand, mettez votre main sur son ventre et suivez les mouvements de sa respiration.

Autour des 18-24 mois de l'enfant, on peut faire le « je viens/je pars » : par exemple, le laisser 2 minutes se brosser les dents seul, puis revenir. On peut faire cela 2 ou 3 fois dans la soirée. Il apprivoise alors la séparation en conscience.

Parole d'expert

Florence Millot, psychologue

Si le bébé s'endort dans les bras et qu'on lui dit, une fois qu'il est assoupi : « Je te pose, tu sais où est ta chambre, tu sais où je suis et ça ira quand tu te réveilleras », cela fonctionne !

Parole de parent

Justine, maman de Louis (13 mois)

Louis pleure quand je quitte la pièce. Si je reste avec lui, il ne pleure pas. Il s'endort au bout d'une vingtaine de minutes et je finis par sortir sans faire de bruit. Il y a aussi les réveils nocturnes pour aller remettre la tétine, le consoler... Il y a forcément au moins un réveil par nuit et cela peut monter jusqu'à 5 réveils.

Marie a dit

Avant 4 mois, il est rare qu'un enfant parvienne à s'endormir seul, et il faudra veiller à le déposer dans son lit lorsqu'il semble tout à fait de bonne humeur et qu'il est resté éveillé environ 2 heures : coucher un bébé épuisé n'est jamais une bonne idée, il va hurler sans réussir à se calmer. Pour les plus grands qui rechignent à se coucher, essayez déjà de les rassurer en journée. Instaurez un rituel du coucher apaisé et n'oubliez pas : on ne résout jamais un problème de coucher en soirée : tout le monde est énervé, les solutions ne sont jamais les bonnes et ça se termine souvent en crise de larmes collective.

Le reflux gastro-œsophagien

Si votre bébé pleure et se tortille en même temps, peut-être souffre-t-il d'un RGO. Comment le reconnaître et le soulager ?

Quels symptômes doivent alerter les parents ? Comment différencier de simples régurgitations d'un RGO pathologique ? Et quelles sont les solutions pour soulager votre bébé ?

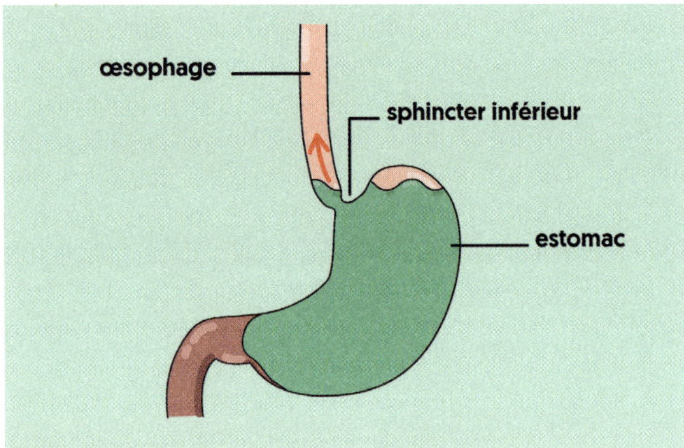

Qu'est-ce que le RGO ?

C'est la remontée passive du contenu gastrique de l'estomac vers l'œsophage, donc du bas vers le haut. C'est un phénomène normal et physiologique très fréquent chez le nourrisson. On doit distinguer RGO physiologique et RGO pathologique : la remontée existe chez tous les nourrissons, mais dans certains cas – minoritaires –, les conséquences de ce reflux font qu'on va le considérer comme pathologique.

Le RGO chez le nourrisson est souvent dû à une immaturité du contrôle du sphincter inférieur : il s'ouvre de façon inadaptée et laisse passer le contenu gastrique. Cela est parfois aggravé par le fait que l'estomac reste plein assez longtemps : jusqu'à 1 an, le bébé vidange moins bien et moins vite son estomac. De plus, le nourrisson est souvent en position allongée, donc le sphincter s'ouvre de façon intempestive. L'allergie aux protéines de lait de vache est également une cause fréquente de reflux.

Doit-on s'inquiéter ?

Vous devez vous inquiéter si votre enfant ne se nourrit pas suffisamment. Les complications peuvent aussi être de type ORL : des otites à répétition, des laryngites, de l'asthme… Attention : il est possible que ces symptômes soient causés par un reflux, mais ce n'est pas toujours le cas. Quand un nourrisson régurgite, qu'il a un reflux extériorisé et pleure, cela n'est pas systématiquement lié au RGO.

Que faire ?

Quelques gestes simples peuvent parfois suffire : espacer un peu les biberons ou les tétées, ne pas les donner en position trop allongée, éviter de coucher bébé tout de suite après le repas, et éventuellement utiliser un pansement gastrique, comme le Gaviscon. Dans les cas pathologiques (complications ORL, douleurs, suspicion d'inconfort lié au reflux…), les IPP (inhibiteurs de la pompe à protons ou antiacides) sont le traitement de référence. Les laits épaissis font aussi partie des recommandations, l'intérêt principal de l'épaississant étant de faire en sorte que les régurgitations restent internes, mais cela ne guérit pas le reflux pathologique.

Marie a dit

Le RGO peut rendre fou le parent : quasiment aucune sieste, un bébé qui semble inconfortable en permanence, des pleurs incessants et des nuits hachées menu.

Pour tenir bon pendant ces mois où rien ne semble améliorer la situation, optez au maximum pour le portage : la position verticale va soulager votre tout-petit et lui permettre de récupérer. Faites-vous aider si vous le pouvez, une amie qui sort votre bébé en poussette 1 heure, ça peut être salvateur.

N'hésitez pas à rejoindre des forums ou groupes de discussion en ligne ; savoir que d'autres vivent la même situation, cela peut aider. Et surtout tenez bon, tout cela finira par passer, c'est promis.

Le transit de bébé

Des selles un peu molles, ou encore rien pendant quelques jours... on peut vite s'inquiéter. Comment repérer diarrhée et constipation ?

Chez les bébés, le transit ne fonctionne pas aussi régulièrement que chez l'adulte. Après les premières selles (méconium) et des selles parfois fréquentes et liquides, le bébé peut ne plus en avoir pendant plusieurs jours d'affilée, parfois 3 ou 4, sans que cela soit de la constipation. Lorsque vous avez un doute, vous pouvez appeler ou consulter votre pédiatre.

La couleur

Elle peut être très variable car elle dépend de l'alimentation. Deux cas doivent alerter cependant : une couleur mastic blanc (sachez toutefois que certains laits peuvent donner une teinte grise) et la présence de sang.

Des selles molles

Attention, les selles d'un bébé ne sont pas comparables à celles d'un adulte. Ainsi, le lait maternel et certains laits artificiels peuvent donner une consistance molle sans qu'il s'agisse de diarrhée. Surveillez qu'il n'y ait pas d'autres symptômes (fièvre ou vomissements par exemple) et que la croissance et la prise de poids sont normales. Si diarrhée il y a, en fonction de l'âge, vérifiez que vous ne donnez pas trop de légumes ou de céréales complètes. Vous pouvez aussi tester les probiotiques (faites le point avec votre médecin).

La constipation

On parle de constipation si les selles sont rares, dures et sèches (billes) et que l'enfant a du mal à les émettre ou a mal au ventre. Elles peuvent aussi être décolorées. Lors d'un premier épisode, consultez votre pédiatre afin qu'il élimine toute pathologie digestive. En revanche, il est difficile de donner un nombre de jours pour déterminer la constipation, car les cas peuvent être très différents. Au moment de l'apprentissage de la propreté, les petits peuvent aussi connaître des épisodes de constipation d'ordre psychologique, où ils contrôlent leurs sphincters par peur d'aller aux toilettes.

Quelques astuces

Voici quelques conseils de Laurence Rameau, puéricultrice, en cas de constipation. Pour les bébés allaités au biberon, vous pouvez utiliser une eau riche en magnésium et donner un peu d'eau en dehors des biberons (les bébés n'ont pas besoin d'eau en plus, mais cela permet d'hydrater les selles et favorise leur évacuation). Vérifiez bien le dosage de reconstitution du lait en poudre. Lorsque la période de diversification commence, vous pouvez introduire un peu de jus de fruits ou même une petite cuillère de légumes mixés dans le biberon.

Soulager les coliques du nourrisson

Les premières semaines de vie, les coliques sont très fréquentes. Comment y faire face ?

Ces petits maux surgissent généralement autour de 2 semaines de vie et s'apaisent à partir de 3 mois, voire de 4 ou 5 mois. Laurence Rameau, puéricultrice, vous donne quelques astuces pour soulager bébé que vous pouvez facilement mettre en place à la maison.

Les repérer

Si le bébé fait des grimaces, a les poings serrés, se tend, se met en extension, se tortille comme s'il tentait d'évacuer des gaz et pleure sans qu'on arrive à le calmer, il est fort probable qu'il souffre de coliques. Avant tout, consultez votre pédiatre pour confirmer le diagnostic et vérifier que le bébé va bien. En effet, les douleurs peuvent être d'un autre ordre qu'il faut pouvoir identifier pour le traiter spécifiquement (reflux, dysbiose, c'est-à-dire altération de l'équilibre bactérien du microbiote, gastro-entérite, intolérance au lait de vache...). Vérifiez également que ses vêtements ne sont pas trop serrés au niveau de la taille.

Le portage

La première chose à faire face à un bébé qui pleure et qui souffre est de le prendre dans ses bras, de le câliner. Pour soulager les coliques, vous pouvez recroqueviller ses jambes sur son ventre (voir dessin 1) : c'est une position de sécurité qui soulage la douleur. Une autre position de portage consiste à poser le bébé sur l'avant-bras, le mettant ainsi sur le ventre (voir dessin 2). En plaçant votre main sous son ventre, vous pouvez le masser légèrement en même temps.

Le massage de ventre

Allongez bébé sur le dos ; vous pouvez pratiquer un massage directement sur les vêtements ou sur la peau, en utilisant alors de l'huile végétale. Avec la main, vous massez en tournant de la gauche vers la droite, dans le sens des aiguilles d'une montre qui est le sens de la digestion (voir dessin 3). Commencez par une caresse puis appuyez progressivement pour permettre aux gaz de s'évacuer. Avec le même mouvement circulaire, vous pouvez effectuer du bout des doigts des petites pressions qui aident à détendre. Enfin, vous pouvez remonter les jambes sur l'abdomen – c'est la position Bouddha (voir dessin 4) –, tout en faisant un petit mouvement circulaire de massage avec les jambes.

Au niveau de l'alimentation

Parfois, pour les bébés nourris au biberon, vous pouvez discuter avec le pédiatre la possibilité de changer de lait. D'autres boivent leur biberon très vite, avalant ainsi de l'air : il existe des biberons anti-coliques avec des valves plus fermées.

L'OSTÉOPATHIE POUR LES TOUT-PETITS

Certains ostéopathes sont spécialisés dans les nourrissons et peuvent soulager les douleurs des bébés, notamment les problèmes de colique, par des manœuvres en douceur.

ASTUCES POUR SOULAGER LES COLIQUES

1. Le portage : recroquevillé

2. Le portage : ventral

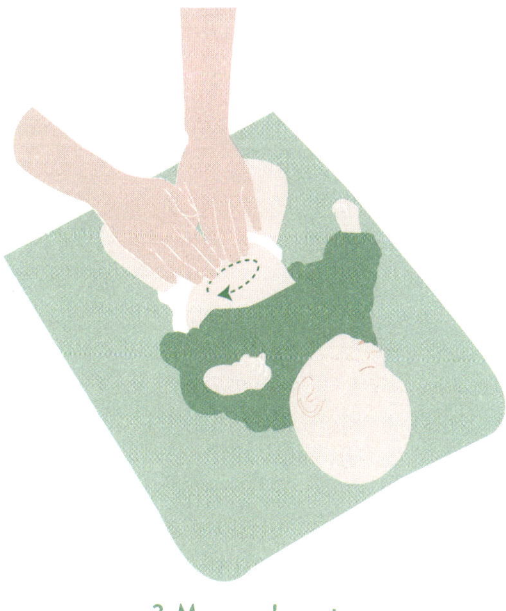

3. Massage de ventre

4. Position Bouddha

Comment habiller bébé

Face à son nourrisson, on est parfois hésitant…
Comment choisir des vêtements adaptés ?

Peut-on laisser bébé en pyjama toute la journée ? Quelles sont les astuces pour l'habiller facilement ? Laurence Rameau, puéricultrice, vous guide.

Jour et nuit

Le bébé va apprendre le monde qui lui est donné à percevoir, l'alternance entre le jour et la nuit par exemple. Le vêtir différemment selon les périodes de la journée va aussi l'aider à se repérer. Prendre le temps de l'habiller contribue également à créer des moments relationnels de soin qui sont importants dans l'établissement des interactions précoces et du lien d'attachement.

Des vêtements adaptés

Les critères déterminants, outre la température (voir aussi p. 138), sont le confort et la possibilité donnée au bébé de bouger. À la maison, vous pouvez donc lui mettre :

– un sous-vêtement de type body, à manches longues l'hiver. Il est préférable à l'ensemble culotte (qui peut serrer le ventre) et brassière (qui peut se soulever et découvrir le corps de bébé) ;

– un vêtement facile à mettre, souple, avec des systèmes de fermeture aisés et qui ne risquent pas de blesser l'enfant. Par exemple, une salopette est plus confortable qu'un pantalon qui risque de comprimer le ventre du bébé. Un tee-shirt à col large et un pull dont les boutons sont sur les épaules ou le col sera plus facile à enfiler. Ou une combinaison en molleton qui remplace l'ensemble ;

– des chaussettes tant que le bébé ne se déplace pas. Elles doivent être faciles à enfiler et toutes douces. Vous pouvez ajouter des petits chaussons souples avec un élastique qui enveloppe la cheville du bébé et reste bien en place. Ensuite, le bébé pourra rester pieds nus dans la phase d'apprentissage de la marche à la maison, si le sol n'est pas trop froid, ce qui lui permettra de bien former sa voûte plantaire (voir aussi p. 171).

La bonne technique

Que ce soit une manche, une jambe de pantalon ou une chaussette, retroussez le tissu et placez-le sur la main, la jambe ou les orteils de bébé, puis déroulez le vêtement sur le membre. Pour un vêtement qui passe par la tête (le col ne doit pas être serré), froncez-le et passez le visage de bébé avant le crâne, pour qu'il continue à vous voir.

Les vêtements à éviter

Comme les bébés n'aiment pas enfiler des vêtements par la tête, préférez les bodys qui s'enfilent comme une chemise ou un gilet. Les gants sont impossibles à mettre, les moufles sont plus adaptées. Attention, une écharpe peut étrangler bébé. Lorsque les petites filles commencent à se déplacer en rampant ou à quatre pattes, méfiez-vous des robes et jupes qui entravent leurs mouvements. Par ailleurs, privilégiez le coton aux matières synthétiques, qui irritent, ou à la laine, qui gratte.

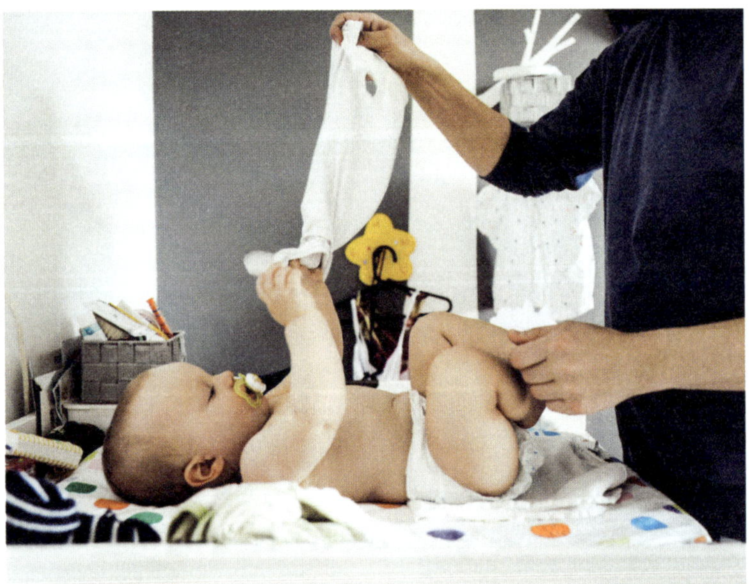

Voyager avec bébé

Pas toujours simple de penser à tout quand on voyage avec un jeune enfant ! On a toujours peur d'oublier quelque chose et on a tendance à en emmener trop...

Contrairement à ce que l'on pourrait penser, il est plus facile de voyager avec un bébé qui ne se déplace pas encore ! Ensuite, il a envie de bouger et les trajets peuvent lui sembler bien longs.

Que boire et manger ?

S'il est allaité, c'est facile, sinon, il faut prévoir les biberons ou une boîte de lait en conséquence. S'il a moins de 6 mois, mieux vaut laisser l'enfant au biberon pendant le temps du voyage, avec des petits pots de compote de fruits en plus si besoin. S'il est plus âgé, préparez des repas à l'avance et mettez-les dans une glacière. Emportez toujours un petit biberon d'eau en supplément.

Bien l'installer

En dehors des bras, veillez à poser bébé dans un endroit sans risque et sans nuisance (pas de musique trop forte, de tabac, etc.). Pour la nuit, apportez un lit parapluie ou un couffin (avec matelas adapté) et une turbulette. Vous pouvez aussi envisager de faire dormir bébé dans sa nacelle. Pour la sieste, la poussette, surtout si elle se met totalement à l'horizontale, est un bon compromis.

Rester propre

Emportez un sac à langer avec tout le nécessaire pour changer sa couche, ses vêtements, et avoir de quoi lui faire une petite toilette de chat. S'il ne prend pas de bain pendant 2 jours, cela n'a aucune conséquence. Vous pouvez le laver au coton et à l'eau.

Le garder au chaud

Quand vous voyagez en hiver, prenez garde à ce que votre bébé ait bien chaud. Vous pouvez opter pour un body en coton et des vêtements en laine douce (ou en polaire) par-dessus. Une combinaison dans laquelle glisser bébé lorsque l'on sort dehors est appropriée. Attention à ne pas oublier son bonnet et ses moufles pour protéger ses extrémités.

Marie a dit

On a toujours tendance à emporter notre maison avec nous lorsqu'on part en vacances avec un tout-petit, alors que bien souvent, on peut trouver beaucoup de choses sur place. Hé oui, il y a des couches dans tous les supermarchés ainsi que des petits pots, et même (si, si) des tétines de rechange en cas de besoin. En clair, à moins de partir à Paumé-les-Bains, vous pouvez prendre la base et toujours ajuster sur place. De la même façon, il est possible de louer du matériel de puériculture de plus en plus facilement pour des courts séjours, ça peut parfois simplifier la vie.

EN CAS D'IMPRÉVU

Pensez à vous équiper d'un thermomètre, de médicaments antipyrétiques, d'antalgiques de base (ou en fonction de l'enfant) et d'une crème type pâte à l'eau pour lutter contre les érythèmes fessiers.
Et surtout, gardez toujours avec vous son carnet de santé !

Je passe aux couches écolo !

Les couches de bébé représentent une pile de déchets conséquente chaque jour. Les couches lavables et les couches jetables écolo sont une alternative possible pour faire un geste pour la planète.

Faire un geste écologique en changeant votre enfant, c'est possible grâce aux couches lavables et naturelles.

Zéro déchet

Imaginez que vous allez changer 5 000 à 6 000 fois la couche de votre bébé... Autant de déchets qui font grossir vos poubelles. En plus du geste écolo, les couches lavables sont sans perturbateur endocrinien, souvent bio et divisent le budget au moins par deux ou trois.

Les couches lavables sont constituées d'une couche absorbante en tissu sur laquelle on vient placer une culotte de protection imperméable. Vous pouvez ajouter un petit voile de protection biodégradable, que vous jetez ensuite. Aujourd'hui, les fabricants proposent différentes couches tout-en-un :

– Couches TE1 : la partie absorbante n'est pas dissociable de la partie imperméable. Tout va au sale, il faut en prévoir 20 ou 30 par taille.

– Couches TE2 : l'insert est séparé de la culotte de protection. Comptez une dizaine de couches pour une trentaine d'inserts, que vous devrez laver.

– Couches TE3 : plus rares, on peut insérer des protections jetables dans ces couches hybrides. Pratique quand on sort !

Jetables mais écologiques

La différence entre une couche jetable écologique et une couche jetable classique se situe dans le choix des composants. Ces matériaux écologiques sont signalés par des labels : Ecolabel, FSC, Nordic Ecolabel, etc. Toutefois, aucune marque ne propose une couche jetable 100 % biodégradable à cause des fixations, des élastiques...

L'extérieur est généralement conçu à partir de matières naturelles et renouvelables (maïs, bois, coton). L'intérieur est en cellulose de bois, sans chlore. En général, il n'y a ni parfum ni lotion. La partie absorbante est constituée de gel polyacrylate appelé SAP (pour qu'elle soit absorbante). Pour un comparatif, vous pouvez consulter le blog Bébé au Naturel (blog. bebe-au-naturel.com).

LE RAPPORT DE L'ANSES

Début 2019, l'Agence nationale de sécurité sanitaire, de l'alimentation, de l'environnement et du travail a publié un rapport sur ce qu'on trouve dans les couches, dénonçant la présence de substances indésirables et demandant à ce que les fabricants les fassent disparaître. Ces substances ne sont pas volontairement ajoutées (en dehors du parfum, qui peut provoquer des allergies), mais elles apparaissent au cours du processus de production. Il n'y a pas de danger grave et immédiat pour les bébés, le souci étant plutôt l'exposition prolongée à ces produits.

Marie a dit

Si vous avez envie de vous lancer dans l'aventure couches lavables mais que vous craignez d'être débordé et de ne rien comprendre, optez pour les tout-en-un. Un peu plus onéreuses à l'achat, elles ont l'avantage d'être en tout point similaire à une couche classique : on l'installe et, une fois souillée, on la lave ! C'est très simple à gérer pour les parents, mais également pour la crèche et les assistantes maternelles. Si vous optez pour les couches écologiques, pensez à vous procurer un kit « test » disponible chez la majorité des fabricants pour vérifier que votre enfant supporte bien la coupe et les matières choisies, ainsi pas de mauvaises surprises !

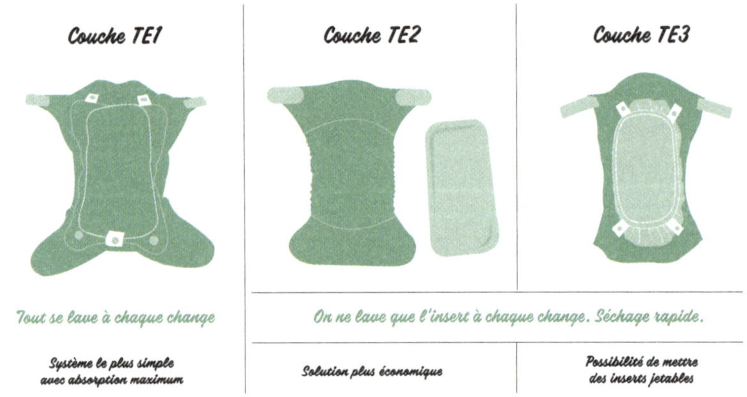

Le congé parental

Après le congé maternité, maman ou papa peuvent décider de rester un peu plus longtemps auprès de bébé.

Si le congé parental peut être une belle opportunité d'accompagner ses enfants et de les voir grandir, il faut faire attention à ne pas le fantasmer, au risque d'être déçu ou de s'y faire piéger et d'y laisser toute son énergie. Ouvert aux mères comme aux pères, il est toujours très majoritairement pris par les mamans (plus de 95 %).

Pourquoi faire une pause

Après une naissance, les mamans hésitent parfois à reprendre leur activité professionnelle à la date prévue. Elles souhaitent en effet passer plus de temps avec leur bébé, mais des arguments financiers et pratiques entrent en jeu : leur salaire suffit à peine (ou pas) à financer le mode de garde, ou leurs horaires professionnels sont incompatibles avec un mode de garde classique. Se pose alors la question d'opter pour un congé parental, pris par la maman ou le papa. Sophie Cadalen, psychanalyste, insiste sur le fait que c'est une décision qui se prend à deux, pour ne pas se retrouver piégés dans une dualité dommageable pour votre couple : celui qui travaille/celui qui reste à la maison, donc qui devrait aussi s'occuper des tâches ménagères. Il faut être attentif à l'autre, échanger régulièrement, et réajuster en permanence.

Les modalités

Le congé parental est officiellement nommé PreParE (prestation partagée d'éducation de l'enfant). Pour pouvoir toucher l'aide (environ 390 euros par mois), il faut répondre entre autres à des critères de cotisation vieillesse (pour les détails et les cas particuliers, consulter le site service-public.fr), ce qui n'est pas le cas d'un certain nombre de mamans, qui s'arrêtent malgré tout. En 2015, le congé parental a été réformé, avec pour objectif d'inciter plus de papas à le prendre : au lieu d'un congé de 1 an pour un parent, il est réduit à 6 mois pour chacun, le père pouvant succéder à la mère (ou inversement). Or, comme le souligne Aurélia du Pasquier, conseillère en périnatalité, la réalité du marché du travail n'a pas suffisamment été prise en compte : dans la plupart des familles, le salaire du papa est supérieur à celui de la maman, et prendre un congé parental est un sacrifice financier, vu le montant de l'aide. Dans les faits, ce sont donc toujours autant les mamans qui prennent ce congé.

Stéréotypes et préjugés

Les stéréotypes encore bien ancrés dans la société expliquent aussi la faible part de papas en congé parental. Comme le rappelle Sophie Cadalen, trop de personnes restent dans l'idée que s'occuper des tout-petits est une affaire de femme. Par exemple, pour changer une couche, il faut encore trop souvent aller dans les toilettes des femmes ! Or, comme le défend Patrice Huerre, pédopsychiatre, chaque parent porte en lui la fonction d'autorité, d'affection et de protection d'égale manière, l'un pouvant se substituer à l'autre : c'est l'enfant qui fait le parent. Par ailleurs, persiste un manque de reconnaissance évident de l'implication avec les enfants au quotidien, ce qui se traduit par les petites phrases bien connues des parents au foyer, du type « Mais qu'est-ce que tu fais de tes journées ? » Parfois, c'est aussi dans le milieu professionnel que

Parole de parent

Hélène, maman d'Adelin et de Roman (5 ans)

La vie au quotidien avec les jumeaux, ce n'est pas du tout la vie rêvée des contes de fées. On n'a plus de vie, plus de vie sociale, pas de reconnaissance de la société. Combien de fois ai-je entendu : « Tu ne fais rien de tes journées ! » C'est encore très mal vu de s'occuper à plein temps de ses enfants : quand on est à la maison, on doit se justifier. J'ai remonté la pente en créant un blog, « Fabuleuses au foyer », en donnant la parole à des mamans qui, comme moi, vivaient leur congé parental avec leurs hauts et leurs bas.

Parole d'expert

Sophie Cadalen, psychanalyste

Aujourd'hui, les femmes doivent assurer partout, elles doivent être les meilleures des mamans et les meilleures des professionnelles. Cette idée d'être au top tout le temps, c'est le piège. Posez-vous la question : de quoi ai-je vraiment envie ? Et osez, essayez, voyez.

la décision est mal acceptée, avec des freins, du mépris, voire une remise en cause de l'avancement.

Piège ou pause ?

Si certains ont une idée idyllique du congé parental, pensant qu'ils auront plus de temps pour eux, la réalité est que celui-ci est surtout consacré à l'enfant. Sophie Cadalen insiste : il faut être conscient des difficultés. En général, les mamans n'osent pas sortir, or, reconnaître le besoin de se ressourcer indépendamment de l'enfant est nécessaire. Ainsi, la psychanalyste recommande d'aménager des moments pour soi et d'avoir une vie hors de ses enfants, afin de préserver son équilibre. Sinon, le risque est grand, si toute son énergie leur est dédiée, de se retrouver dans une situation de solitude et de fatigue, voire même, si rien n'est fait, d'aller jusqu'au burn out parental (voir p. 230). Prendre soin de soi est une manière d'aider les autres, témoigne Hélène, maman de jumeaux.

Cette pause peut d'ailleurs être une belle opportunité pour faire le point sur ses projets de vie, par exemple s'engager dans une nouvelle voie professionnelle.

À lire

Pourquoi les pères travaillent-ils trop ?, Sylviane Giampino, Albin Michel, 2019.

Jamais sans son doudou

Doudou, nin-nin, nounours... Qu'importe son nom, cet objet transitionnel ne quitte plus votre enfant. Pourquoi est-il aussi important ?

Beaucoup de bébés et d'enfants s'attachent à une poupée, une peluche ou même à un lange qu'ils traînent partout avec eux. Que représente ce doudou pour eux ? À quel âge en ont-ils besoin ? Faut-il les laisser choisir ?

À quel âge ?

C'est souvent autour du 8e mois que votre enfant va choisir un doudou. Cela correspond à la période où il se trouve confronté à ce que l'on nomme « l'angoisse de la séparation ». Il commence à faire la différence entre lui et les autres. Il reconnaît alors les visages familiers mais pas les nouveaux visages. Avant 8 mois, il est rare qu'un enfant s'attache à un doudou en particulier.

Pourquoi un doudou ?

Dès sa naissance, l'enfant est confronté à la séparation et développe une peur de l'abandon. Le doudou va le rassurer et l'aider à supporter l'absence de ceux qu'il aime. Acteur important de sa sécurité interne, c'est le premier objet extérieur auquel il accorde de l'importance, le biberon ou le sein de la mère étant considérés par le tout-petit comme une partie de lui-même.

Un objet transitionnel

Le doudou aide l'enfant à faire la transition entre son univers familier et l'inconnu. Il y transpose beaucoup d'imaginaire, ce qui lui permet aussi d'intégrer et d'exprimer ce qu'il ressent. Par exemple, lorsqu'il affirme : « Doudou est en colère », il traduit sa propre émotion. Cette projection l'aide à se représenter ce qu'il perçoit de la réalité extérieure.

La séparation

Laissez aller votre enfant à son rythme ! L'attachement au doudou commence à décroître vers 6-7 ans, l'âge auquel l'identité relationnelle se construit. C'est aussi une période où votre enfant commence à raisonner. La relation avec le doudou se transforme ; il reste une habitude, mais l'attachement se modifie. Votre enfant dort de moins en moins avec, car il découvre d'autres centres d'attachement, comme les copains par exemple. Il sort de son monde, du « moi tout » dans lequel l'objet est comme une extension de lui-même. L'importance du doudou va s'en trouver diminuée.

Parole d'expert

Aurore Jesset, psychologue-psychanalyste

C'est toujours l'enfant qui choisit son doudou car il faut qu'il l'investisse. C'est lui-même qui va développer le processus d'attachement.

Parole parent

Alison, maman d'Ambre (2 ans)

Nous avons plusieurs fois perdu le doudou d'Ambre, au supermarché par exemple. Il y a 6 mois, elle a de nouveau perdu celui que j'avais racheté, cette fois-ci à la maison ! Impossible de mettre la main dessus. J'en ai donc commandé un nouveau et quelque temps plus tard, nous avons retrouvé le doudou perdu. Depuis, elle a donc deux doudous identiques, mais pour s'endormir, elle ne veut que le plus ancien.

À lire

Faudrait que je sauve Doudou, mais..., Aurore Jesset, NordSud, 2008.

Les quatre saisons de bébé

Éviter qu'il ait froid en hiver, ne pas l'habiller trop chaudement en été… Trouver les bons vêtements selon les saisons peut s'avérer un casse-tête !

Il n'est jamais simple de savoir comment habiller les petits pour qu'ils n'aient ni trop chaud ni trop froid, tout en étant à l'aise. Voici des conseils pour être sûr de ses choix.

Une régulation compliquée

Le bébé a toujours un peu plus de mal que nous à réguler sa température. S'il fait chaud, il a vite trop chaud, et s'il fait froid, il peut vite se refroidir. Le risque est de bien le couvrir pour sortir et ensuite de ne pas le découvrir en rentrant, pour ne pas le réveiller par exemple.
Or ces changements de température sont particulièrement mal perçus par les bébés et peuvent occasionner des surchauffes ou des refroidissements.

L'hiver au chaud

On a souvent tendance à habiller un peu trop son bébé en hiver car on a toujours peur qu'il ait froid, surtout quand on est frileux ou frileuse soi-même. En extérieur, il faut vraiment veiller à ce qu'il soit bien au chaud, mais en intérieur il ne faut pas trop le couvrir.
À la maison, les critères déterminants – outre la température – sont le confort et la possibilité de bouger. De ce fait, prévoyez des tenues confortables qui lui permettent de se mouvoir sans être trop couvert. À partir de 6 mois, vous pouvez même lui laisser les pieds à l'air s'il fait bon.
Pour sortir, ajoutez à la tenue confortable de la maison un pull ou un gilet douillet. Vous pouvez superposer plusieurs épaisseurs que vous ôterez en fonction du lieu et de la température. Prévoyez aussi des chaussettes chaudes, un bonnet et des moufles : les extrémités se refroidissent en premier chez un bébé, particulièrement la tête. Pas de sortie sans bonnet qui couvre aussi les oreilles. Ne mettez pas d'écharpe aux petits qui pourraient s'étrangler avec. Enfin, emmitouflez votre bébé dans une doudoune ou une couverture.

L'été à l'ombre

La première consigne est de ne pas exposer bébé au soleil durant la première année. Ensuite, pas entre midi et 16 heures. La peau des bébés, très fine, laisse passer facilement les UV. Nous savons aujourd'hui que le capital soleil de chacun est limité et que les coups de soleil de l'enfance font le lit du cancer de la peau. Il faut donc particulièrement veiller à protéger la peau des bébés.

Comment le protéger ?

Votre enfant doit rester à l'ombre ou avoir la majeure partie de son corps couverte par ses vêtements. Donc optez plutôt pour des vêtements légers mais couvrants, hauts à manches longues et pantalons (en coton ou en lin, par exemple).
Pour protéger votre enfant du soleil : utilisez une ombrelle sur les cosys et poussettes, et une tente anti-UV pour la sieste. Il doit porter un chapeau à larges bords qui couvrira ses oreilles et fera de l'ombre sur son front et son cou (donc pas de casquette). Il existe aussi des maillots et vêtements anti-UV pour bébés et enfants qui protègent leur peau des rayons du soleil. Et pensez à ajouter des lunettes de soleil pour protéger les yeux.

Parole d'expert

Laurence Rameau, puéricultrice

Pour éviter les coups de chaleur des petits qui ne régulent pas encore très bien la température de leur corps, et pour éviter la déshydratation rapide, il faut leur donner à boire souvent : de l'eau au biberon entre les tétées ou les biberons de lait ; et pour les plus grands, des biberons de lait et d'eau entre les repas. On peut aussi les rafraîchir avec un brumisateur d'eau minérale, en leur proposant des jeux d'eau ou en mouillant leur tee-shirt.

Agathe a dit

J'ai la phobie des enfants trop couverts ! Je vis à la norvégienne. Je pense qu'à l'école de mon fils, on me prend pour une très mauvaise mère, car il n'est jamais assez couvert. Je suis la seule qui a oublié le bonnet et les gants l'hiver !
Et puis un jour on a diffusé un reportage dans La Maison des Maternelles sur une crèche parisienne qui faisait faire la sieste aux bébés à l'extérieur, parce qu'il était prouvé que c'était meilleur pour eux, et depuis je me sens beaucoup mieux !

Printemps

Été

Automne

Hiver

Choisir la crème solaire

Après ses 1 an, si des parties de son corps sont découvertes, elles doivent être enduites d'une crème solaire spécifiquement conçue pour les enfants : indice de protection 50 + avec mention « très haute protection », anti-UVA et UVB, avec le moins possible de produits nocifs (parfum, paraben, silicone) et des filtres minéraux et non chimiques. Elle doit aussi résister à l'eau et être sans alcool.

Pensez à appliquer de la crème au moins 30 minutes avant la sortie en extérieur et à en remettre toutes les heures et après chaque baignade. N'hésitez pas à utiliser du lait après-soleil pour hydrater la peau de votre bébé.

Parole d'expert

Laurence Rameau, puéricultrice

On passe une main dans le cou de l'enfant : cela permet de constater s'il transpire ou pas. S'il transpire, c'est qu'il a trop chaud.

Soigner la peau des bébés

Sécheresse cutanée, éruptions, acné...
La peau des tout-petits est très fragile et il faut s'en occuper en douceur.

La peau des bébés qui naissent à terme est quasiment identique à celle des adultes, mais elle doit encore s'adapter à son milieu extérieur. La flore cutanée (les bonnes bactéries de la peau) se forme dans les premiers jours de vie. En revanche, la fonction sudorale apparaît plus tard. Le nouveau-né a encore du mal à réguler sa température, c'est pourquoi il transpire peu en cas de forte chaleur. Quant à la fonction sébacée – qui fait la peau grasse –, elle est également immature. C'est pourquoi la peau de bébé est souvent sèche. Dernière particularité : la peau des bébés est très perméable et plus sensible aux traitements, ce qui signifie qu'il faut être prudent lorsque vous appliquez une crème.

Soucis fréquents

Votre bébé peut rencontrer des problèmes physiologiques bénins (contrairement aux problèmes cutanés pathologiques qui nécessitent une consultation chez un pédiatre) :

– **la desquamation** : la peau pèle ; ce phénomène est très fréquent, surtout chez les bébés qui naissent après terme ;
– **les miliaires sudorales/le milium** (ou bouton de chaleur) : des points blancs surgissent spontanément sur le visage avant de disparaître d'eux-mêmes ;
– **l'érythème toxique du nourrisson** : des petits boutons rouges semblables à des pustules apparaissent de manière plus ou moins diffuse sur le corps ; ils disparaissent en 1 semaine avec une crème antifongique.

L'eczéma chez les bébés

Cette pathologie s'inscrit dans la famille des maladies atopiques, comme l'asthme, la rhinite allergique et la conjonctivite. C'est une maladie d'origine génétique et plurifactorielle.
Pour traiter l'eczéma, vous pouvez hydrater la peau de votre bébé avec un émollient (sans parabène, sans parfum et suffisamment gras). L'idéal est de l'appliquer tous les jours après le bain sur une peau humide pour bien faire pénétrer le produit. Il est possible de faire diminuer l'inflammation en utilisant des dermocorticoïdes, notamment des crèmes à la cortisone (rassurez-vous, elle est inoffensive à ce dosage). En revanche, il est plus ennuyeux de ne pas traiter un eczéma et de le laisser s'étendre sur la peau de bébé.

Parole d'expert

Dr Cécile Méni, dermatologue pédiatrique

Choisissez un savon au pH neutre sans parfum et espacez la fréquence du bain pour ne le donner qu'un jour sur deux. Si bébé souffre d'eczéma, préparez un bain tous les jours lors des grosses poussées, afin d'éviter que les lésions ne s'infectent. Pour les changes, limitez l'utilisation des lingettes et préférez l'eau et le savon, ou le liniment (voir comment préparer un liniment p. 245).

Les maladies de l'hiver

Rhinites, gastro, grippe… Les enfants, à l'approche des mois les plus froids, sont sujets à de nombreux virus et infections bactériennes.

Il existe des moyens de s'en protéger le plus possible et de les soigner, le cas échéant, tout en évitant le recours trop systématique aux médicaments ou le départ précipité aux urgences si la situation ne le justifie pas.

Deux maladies fréquentes

Les deux maladies « stars » de l'hiver sont la gastro-entérite et la grippe.

La gastro-entérite

Elle se caractérise par des vomissements, des diarrhées et parfois des maux de tête et de la fièvre. Elle peut survenir vers l'âge de 4-6 mois – la verbalisation étant inexistante à cet âge, on sera attentif au langage corporel de l'enfant –, notamment quand l'enfant vit en collectivité. L'hygiène est alors essentielle : il est primordial de se laver les mains, de nettoyer les plans de travail, etc. Pour le traitement, dans un premier temps, utilisez des sachets de SRO (soluté de réhydratation orale). Veillez à ne pas donner d'eau car cela accentue les spasmes, donc les vomissements, donc la déshydratation. Associez au SRO un régime alimentaire spécifique : lait coupé à l'eau, carottes, riz et jambon, banane écrasée.

La grippe

Ses symptômes sont une toux, une forte fièvre, des maux de tête, des maux de ventre, de la transpiration… Le confinement favorise la transmission du virus. La grippe peut s'attraper à tout âge, même s'il est rare qu'un enfant de moins de 6 mois en soit atteint. Pour y faire face, la vaccination est la meilleure option après 6 mois, notamment pour les enfants fragiles (anciens prématurés, asthmatiques, etc.). En cas d'épidémie, il convient d'observer quelques gestes préventifs : se laver les mains, séparer les serviettes de bain, limiter les contacts, tousser dans le pli du coude, aérer les pièces… Quand la grippe est déclarée, il faut veiller à hydrater l'enfant, dégager les bronches, faire baisser la fièvre, le découvrir.

Médecin ou urgences ?

Souvent, les parents conduisent leur enfant aux urgences car ils sont angoissés par son état. Mais attention ! Aux urgences, non seulement votre enfant contamine les autres, mais il peut aussi attraper un autre microbe… Il faut donc raison garder. Si votre enfant est pâle, qu'il vomit, qu'il ne mange pas, qu'il ne s'hydrate pas, emmenez-le chez le médecin et, si et seulement si, aucun n'est disponible, vous pourrez vous rendre à l'hôpital.

Parole d'expert

Dr Arnault Pfersdorff, pédiatre

À 38-39 °C, la fièvre n'est pas une ennemie, c'est un mécanisme de défense salutaire. Si l'enfant va bien, il ne faut pas faire baisser la fièvre tout de suite. Un enfant qui a de la fièvre doit boire. Selon l'évolution de son état, vous pouvez lui administrer du paracétamol toutes les 6 heures et le découvrir pendant une demi-heure.

Quel jouet pour quel âge ?

Comment choisir le meilleur jeu pour son enfant suivant son âge et son développement ? Voici quelques pistes pour vous y aider.

En général, les parents ont tendance à acheter beaucoup de jeux pour leur bébé en espérant qu'il jouera avec chacun (souvent, ce n'est pas le cas), ou bien à en acheter trop peu, par méconnaissance ou crainte de se tromper. Il existe pourtant quelques jeux incontournables que l'on peut offrir à l'enfant suivant son évolution.

De 0 à 3 mois

Les meilleurs jouets pour le bébé, ce sont… ses parents ! À cet âge, ce qui l'intéresse et le stimule le plus, c'est de voir de près le visage de ses premières figures d'attachement et d'entendre leur voix. Pour le combler, il suffit donc de lui parler, de le bercer, de le caresser, de lui chanter des chansons. Il est cependant possible d'introduire quelques jeux qui éveillent les sens, clés de la découverte pour le bébé. On investit ainsi dans un hochet, des petits bâtons de pluie, des cubes d'activité en mousse, une boîte à musique, mais aussi dans un mobile, des peluches et tout ce qui émet des sons doux.

De 4 à 8 mois

L'âge de 4 mois est une étape importante pour le bébé, qui commence à vouloir saisir les objets. La tenue de la tête et le début de la coordination œil/main sont les acquisitions motrices principales de ce premier palier. Il aime alors les objets qu'il peut manipuler avec ses mains, et encore plus ceux qui font du bruit, comme les hochets.

De 8 à 12 mois

Le bébé explore, manipule et découvre son pouvoir sur le monde. Ses capacités motrices et sensorielles s'affinent et lui permettent une exploration plus active de son environnement. À cet âge, on favorise les cubes d'activité qui permettent de développer sa motricité (il va devoir en faire le tour pour jouer) et ses explorations. On peut aussi lui proposer des jeux de ballon ou des culbutos. Petit à petit, il comprend qu'il a un impact sur ses jouets : il tape, cela fait de la musique. Il s'amuse à vider et à remplir à répétition des contenants, à les ouvrir et à les fermer…

De 12 à 24 mois

C'est la grande étape de l'autonomie. L'enfant manifeste un véritable intérêt pour les jeux salissants, qui comportent de la glaise, de la peinture aux doigts ou avec de l'eau. Il aime explorer par le toucher et prend plaisir à le faire sans se soucier des dégâts occasionnés. Il apprécie aussi les jeux où il se sent en contrôle, comme collectionner, aligner, classer, vider et remplir. Il gagne en autonomie, apprécie d'être en action et d'avoir un certain pouvoir sur son environnement. Un enfant de cet âge a des intérêts variés. Il s'intéresse aux jeux qui mettent à profit différents aspects de son développement moteur, par exemple la coordination, la précision des mouvements ou l'équilibre. Ainsi, il adore autant jouer au ballon que construire des tours de blocs de plus en plus hautes, ou bien utiliser un crayon. Il découvre la pâte à modeler avec laquelle il peut créer. Il apprécie les jeux d'imitation, et c'est en observant ses parents qu'il s'amuse à « faire semblant ». Il bricole alors avec des outils en plastique, il prépare un repas dans une cuisinette-jouet et il emporte son doudou partout avec lui.

Agathe a dit

On a tous constaté que les enfants, surtout les bébés, préféraient le papier-cadeau au cadeau lui-même : c'est donc très facile de fabriquer des jouets pour les tout-petits avec des objets du quotidien ! Laurence Rameau, puéricultrice, propose de mettre dans une boîte à chaussures un bouchon de liège, une paille, une ficelle, du papier qui fait du bruit, bref tout ce qui vous passe par la tête, et vous verrez, c'est magique ! Votre bébé va se régaler de prendre des objets avec des textures, des couleurs différentes, pas besoin de se ruiner donc. En revanche, restez bien aux côtés de bébé quand il joue.

À lire

200 activités d'éveil, Céline Santini avec le Dr Isabelle Leddet, First, 2019.

Masser son bébé

L'occasion idéale pour partager un moment de douceur avec son tout-petit.

Le massage est un soin de grande proximité, réservé aux parents, temps de plaisir partagé entre le parent et son enfant et temps propice à la création du lien d'attachement du bébé.
Il peut aussi aider à soulager les maux de ventre liés à des coliques ou une constipation, en stimulant le transit (voir aussi p. 127-128). Laurence Rameau, puéricultrice, vous guide.

Bien s'installer

Choisissez un moment où vous êtes calme et où le bébé est disponible : on évite de masser un bébé qui est malade, qui a de la fièvre ou qui vient juste de finir de manger.
Installez-vous dans une pièce bien chauffée et sans courants d'air. Avant de commencer, préparez tout le matériel dont vous aurez besoin (l'huile, la serviette, la couche, etc.) pour ne jamais laisser le bébé seul, puis lavez-vous les mains. Installez votre bébé sur le plan de change ou à bonne hauteur. Laissez-le à plat dos.

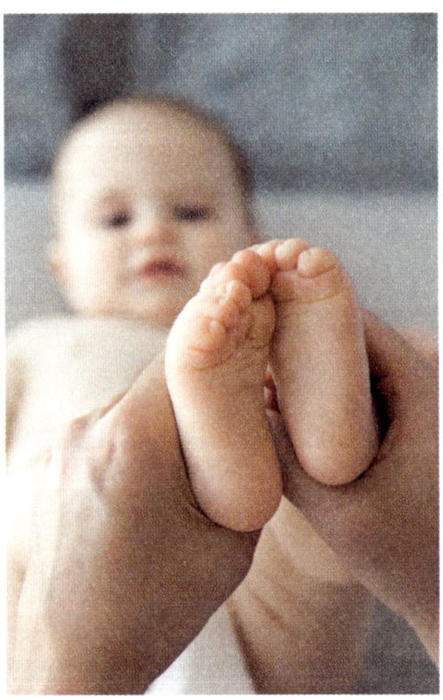

Choisir ses produits

La peau du bébé étant très absorbante, faites attention aux produits que vous choisissez, même ceux étiquetés « spécial bébé ». Pour le massage, Laurence Rameau vous recommande l'utilisation d'une huile végétale (olive, colza, pépins de raisin…). Mettez quelques gouttes d'huile dans vos mains et frottez-les entre elles pour réchauffer l'huile (celle-ci sert à éviter les frottements désagréables qui pourraient échauffer la peau du bébé).

Comment masser

Pour la pression exercée par vos mains comme pour la durée du massage, adaptez-vous à l'âge mais aussi à la personnalité de votre nourrisson. Ainsi, plus bébé grandit et plus vous pourrez allonger la durée du massage. Julie Pourbaix, instructrice en massage bébé, recommande que la pression de vos mains soit ferme tout en étant douce. Elle insiste d'ailleurs sur l'idée de toucher bienveillant. Le massage consiste à faire du bien, détendre, soulager, mais il est aussi un éveil au niveau de la communication, que ce soit par le toucher, le regard, le sourire. Vous pouvez commencer en posant vos mains bien à plat sur le corps de bébé, c'est un toucher contenant. Au long du massage, vérifiez toujours que votre bébé est d'accord pour continuer.

Parole d'expert

Laurence Rameau, puéricultrice

Les caresses sur la peau déclenchent la sécrétion d'hormones liées au bien-être, à l'attachement, au plaisir et au sommeil. Anti-stress, elles protègent le cerveau en plein développement des petits. Le massage sécurise le bébé et l'aide à prendre conscience de l'ensemble de son corps, tout en sensorialité.

Parole de parent

Maud, maman de Joseph (3 mois)

En tant que maman de trois enfants, je profite de ce moment rien qu'à deux avec Joseph. Pendant cet atelier massage, je ne pense qu'à lui, on se sourit, ce sont de beaux moments de partage.

À lire

Un massage pour mon bébé, Nadia Ivanova, First, 2011.

EXEMPLE DE MASSAGE

Les conseils de Laurence Rameau, puéricultrice

Tout au long du massage, prenez votre temps et restez à l'écoute de votre enfant. Les massages doivent être doux et calmes, ce sont des caresses. On peut compter à peu près cinq passages successifs sur chaque partie du corps avant de passer à une autre.

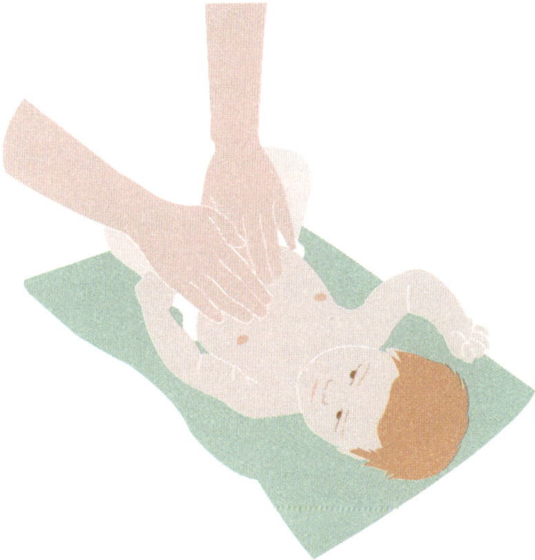

1. Commencez par masser les mains doucement avec de petits gestes circulaires, ce qui permet de les déplier.

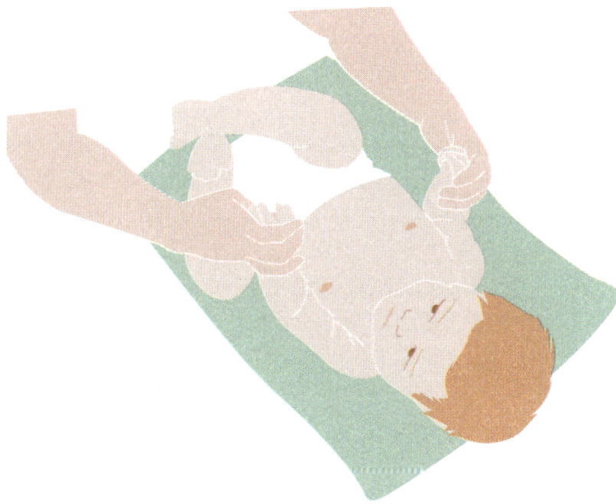

2. Ensuite, remontez vers les bras, puis le cou, le torse. Descendez sur l'abdomen dans le sens des aiguilles d'une montre (qui est le sens de la digestion).

3. Continuez le long des jambes et finissez par les pieds.

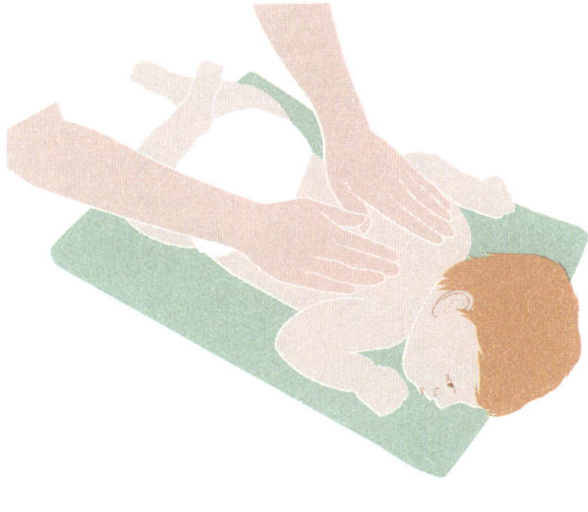

4. Si votre bébé est détendu, mettez-le sur le ventre et remontez le massage des pieds vers la nuque, en passant sur les fesses et le dos.

La vie à pleines dents !

Dès le plus jeune âge, les poussées dentaires sont particulièrement douloureuses. Plus tard, l'hygiène de ces dents est essentielle.

Que faire pour soulager bébé lors des percées ? Comment maintenir une bonne hygiène buccale des dents de lait et préserver le capital dentaire des tout-petits ?

Le calendrier des dents

Certains enfants percent des dents très tôt, dès l'âge de 3 ou 4 mois (et il arrive même que le bébé naisse avec une dent !), et d'autres très tard, vers 12 mois pour les toutes premières dents. Elles sortent à peu près toujours dans le même ordre :
– d'abord les incisives centrales du bas et du haut, entre 6 et 12 mois ;
– ensuite, les incisives latérales, entre 8 et 13 mois ;
– puis les canines, entre 16 et 24 mois ;
– enfin, la première molaire, entre 20 et 24 mois, et la deuxième molaire, entre 20 et 31 mois.
À 3 ans l'enfant a 20 dents.

Les signes annonçant la percée d'une dent

La percée d'une dent s'accompagne de signes plus ou moins marqués :
– bébé bave et salive beaucoup ;
– bébé a de la fièvre car il y a une inflammation de la gencive ;
– bébé a les joues rouges (et aussi parfois les fesses rouges) ;
– bébé a des selles molles ;
– bébé est grognon et a moins d'appétit ;
– bébé se réveille et se met à pleurer la nuit car la percée le fait souffrir.

Comment soulager bébé ?

Vous pouvez utiliser un anneau de dentition en caoutchouc que vous aurez préalablement refroidi dans le réfrigérateur (pas dans le congélateur, il serait trop froid). Le froid va apaiser l'inflammation et atténuer la douleur. L'anneau doit être suffisamment gros pour que le bébé ne l'avale pas, avec des picots qui massent la gencive, sans produit liquide à l'intérieur.

La deuxième solution consiste à masser doucement la gencive avec une brosse à dents souple ou avec un doigt entouré d'une compresse humide froide. Vous pouvez aussi utiliser un gant de toilette ou un carré éponge refroidi et laisser bébé le mâchouiller.

Autres astuces possibles : surélevez un peu son matelas car la douleur est plus vive quand bébé est en position allongée ; et si nécessaire, et en concertation avec votre médecin, administrez-lui un antidouleur.

Prendre soin des dents jour après jour

Lorsque les dents sortent, vous pouvez montrer à votre enfant comment adopter les bons gestes, dès son plus jeune âge.
De 6 mois à 1 an : essuyez les dents avec une compresse imbibée d'eau une fois par jour le soir avant le coucher.
De 1 an à 2 ans : brossez les dents avec une brosse adaptée à la bouche de l'enfant sans dentifrice, avec juste de l'eau.
À partir de 2 ans : brossez deux fois par jour avec une brosse adaptée à la taille de l'enfant et un dentifrice qui contient du fluor avec une concentration adaptée à l'âge (moins de 500 ppm – parties par million).

Aller chez le dentiste

Veillez à toujours faire soigner les dents de lait, car une carie sur une de ces dents est aussi douloureuse que sur une dent définitive. Elle peut dégénérer en abcès qui aura une incidence sur le bon développement de la future dent définitive.
La première consultation chez le dentiste peut se faire dès 1 an. Il faut ensuite compter une consultation par an, pour toute la vie.

À ÉVITER !

Pour des raisons de sécurité, il est préférable de proscrire :
– les gels anesthésiants car le bébé peut faire des fausses routes ;
– les colliers d'ambre ou tout autre collier de dentition qui peuvent présenter un risque d'étouffement si le collier casse ;
– les biscuits sucrés, le sucre étant l'ennemi des dents.

La diversification alimentaire

Nouveaux goûts, nouvelles textures, couleurs ou odeurs, à partir de 4 mois, votre bébé s'initie au plaisir de manger… comme un grand !

Cette phase du développement de l'enfant est souvent une source de stress pour les parents, qui se posent de nombreuses questions : quand démarrer ? Par quoi commencer ? Quelles quantités donner ?

À quel âge ?

La diversification alimentaire peut démarrer à partir de 4 mois, et il est conseillé de la débuter au plus tard à 6 mois. Certains prématurés qui présentent des troubles digestifs, un petit poids, etc., peuvent la décaler de quelques mois. Des études ont montré que la diversification, si elle est mise en place assez tôt et de manière progressive, peut limiter les risques d'allergie.

Quels aliments ?

Il est préférable d'introduire les légumes en premier, car votre enfant a une appétence pour le sucré ; donc si vous lui présentez d'abord des compotes, il est possible qu'il accepte moins bien les légumes ensuite. Privilégiez les carottes, les haricots verts, les épinards, les blancs de poireaux… bien cuits. Il n'est pas nécessaire de cuisiner pendant une semaine le même légume, au contraire ! Jouez la carte de la variété. Vous pouvez préparer des haricots verts pendant 2 jours, puis des carottes, et ainsi de suite. Lorsque bébé accepte bien les légumes, vous pouvez introduire les fruits.

Quelles quantités ?

Commencez par quelques cuillères, puis augmentez progressivement les quantités. Il n'y a pas de règle précise, il faut s'adapter à l'appétit de l'enfant.

Et les morceaux ?

Jusqu'à 6 mois, les légumes et fruits proposés sont mixés pour obtenir une texture très lisse. À partir de 6 mois, vous pouvez commencer à moins mixer, jusqu'à proposer des petits morceaux fondants, en fonction de l'enfant. Certains sont capables de sucer de petits fruits crus à 9 mois, par exemple (voir aussi DME, p. 150).

Pour résumer

Voici les trois clefs d'une diversification réussie :

- introduire des aliments de façon précoce et en variant les saveurs ;
- penser aux matières grasses, aux féculents et aux apports lactés ;
- ne pas augmenter les quantités de protéines animales trop vite. Cela n'a pas d'intérêt nutritionnel. Dans la première année, ne pas doubler les doses : une ration par jour suffit.

Pour le reste, faites preuve de souplesse et adaptez-vous à votre tout-petit. N'hésitez pas à en discuter avec votre pédiatre.

VOICI QUELQUES RECOMMANDATIONS :

4 MOIS

Au déjeuner : ½ pot de 130 g de purée de légumes ; compléter avec 150 ml de lait.
Au goûter : ½ pot de 130 g de compote de fruits (plutôt des fruits jaunes dans un premier temps) ; compléter avec 150 ml de lait.
Au dîner : 210 ml de lait.

5 MOIS

Au déjeuner : 1 pot entier de 130 g de purée de légumes ; compléter avec 90 à 105 ml de lait.
Au goûter : 100 g de compote de fruits ; compléter avec 120 ml de lait ou deux petits-suisses nature.
Au dîner : 100 g de purée de légumes ; compléter avec 120 à 135 ml de lait.

6 MOIS

Au déjeuner, introduction de la viande : 1 cuillère à café de viande/poisson bien cuite et mixée, avec 200 g de purée de légumes ; compléter avec 60 à 90 ml de lait ou un petit-suisse aux fruits.
Au goûter : 130 g de compote de fruits ; compléter avec 150 ml de lait ou 120 g de fromage blanc.
Au dîner : 130 g de purée de légumes ; compléter avec 120 à 135 ml de lait.

À noter : vous pouvez introduire la pomme de terre dès le début de la diversification, et les autres féculents à partir de 6 mois.

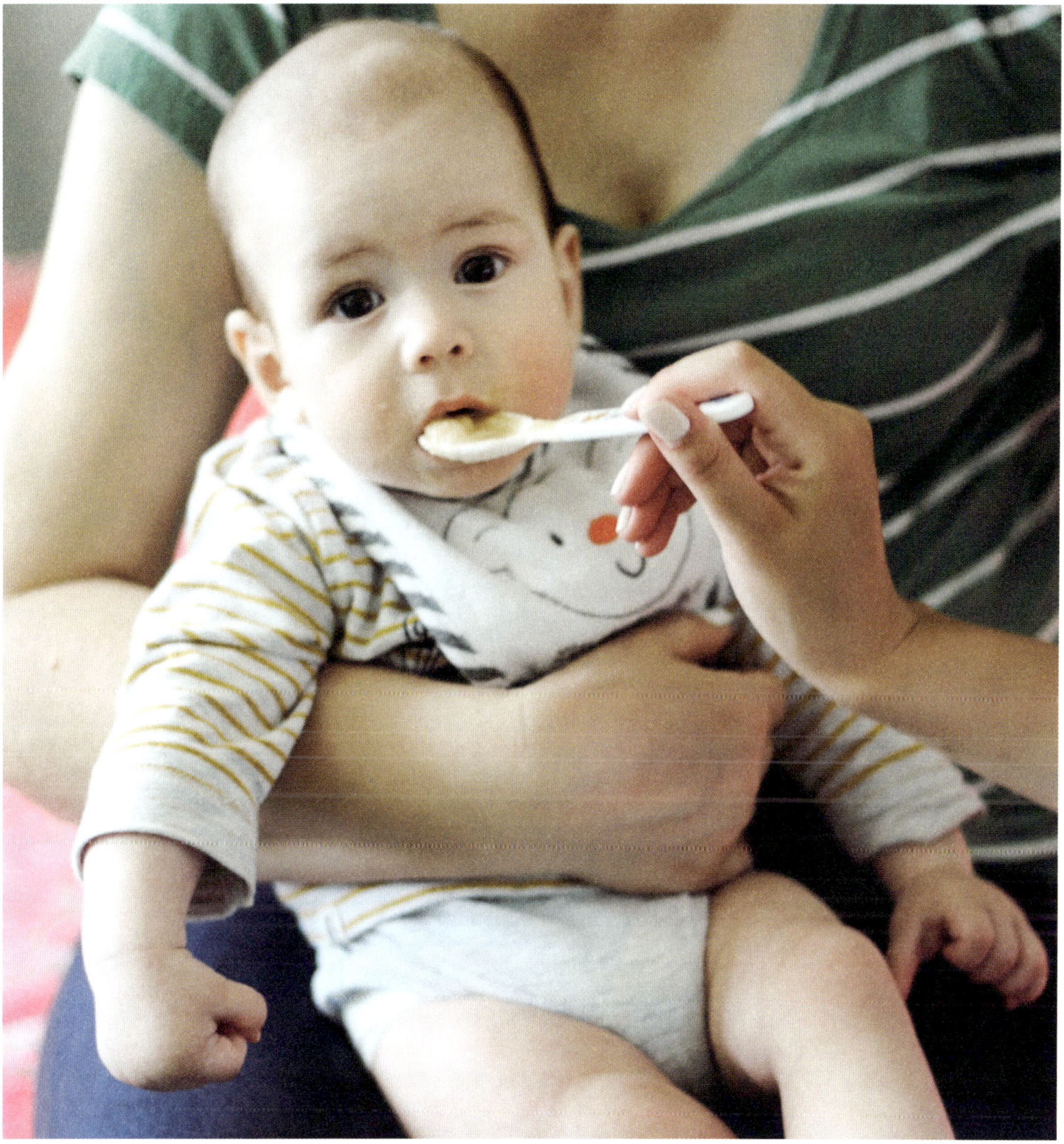

LES INTERDITS

Avant l'âge de 3 ans, quatre groupes d'aliments sont interdits :

- les crèmes dessert ;
- les crustacés, fruits de mer, etc. ;
- les fruits à coque ;
- les plats en sauce et cuisinés.

La DME

La diversification menée par l'enfant consiste à laisser le bébé découvrir par lui-même les aliments.

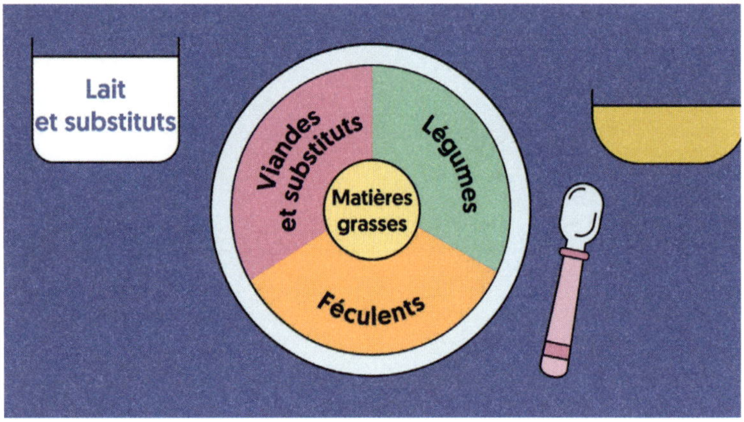

Habituellement, la diversification alimentaire est synonyme de purées et de compotes mixées très finement (voir p. 148). Tout comme, dans une démarche de motricité libre, on ne tient pas la main de bébé pour lui apprendre à marcher, la DME est une méthode reposant sur l'autonomie, qui consiste à laisser l'enfant développer seul ses compétences à se nourrir.

Les aliments proposés sont crus ou cuits, la seule condition est que bébé puisse les saisir lui-même (ils doivent donc être coupés gros) et les manger sans dents (par exemple les carottes crues seront trop dures, préférez-les donc cuites, les bananes conviennent bien, de même que la plupart des légumes cuits, ou même des pâtes). Bien sûr, il faudra veiller à sa sécurité tout au long du repas. Marie Perarnau vous conseille.

Quand et comment

Il faut que votre enfant soit prêt à manger seul. Attendez donc qu'il ait plus de 6 mois, qu'il soit capable de tenir assis dans une chaise haute, sans s'affaisser. Le principe est que le parent n'aide pas son enfant à manger, ni à la cuillère ni autrement. Au contraire, le bébé expérimente et se familiarise avec la gestuelle et les textures. Bien sûr, la sécurité impose que vous restiez à côté de lui en permanence, comme on le ferait pour n'importe quel repas.

En pratique, prévoyez une chaise haute, avec plateau pour pouvoir y poser les aliments, sinon installez bébé à table avec le reste de la famille. Protégez bien la table, par exemple avec une nappe, voire même placez une toile cirée au sol. Soyez patient, les repas dureront en moyenne plus longtemps qu'avec une purée à la cuillère (mais vous pouvez prendre votre repas en même temps que l'enfant, puisqu'il mange seul).

Quels aliments

Le menu doit être équilibré, tout comme vous le feriez pour un repas mixé finement. Rappelons que jusqu'à 1 an, l'aliment le plus important est le lait, qu'il soit maternel ou artificiel. Veillez à ce que l'alimentation soit bien variée et représente différentes catégories d'aliments, comme vous le feriez pour un repas classique : laitage, donc, mais aussi légumes, féculents, viande et équivalents, matières grasses (huile d'olive, beurre, etc.), fruits. (Voir le dessin ci-dessus et les aliments interdits p. 149). N'hésitez pas à consulter le carnet de santé de votre enfant, notamment le tableau d'introduction des aliments.

Mâcher sans dents

Certes, un bébé n'a pas encore de dents, mais il peut utiliser ses gencives vu que les aliments ne sont pas durs, et il mâche en posant la langue sur son palais pour écraser les aliments. Il va d'ailleurs apprendre à le faire de mieux en mieux.

Le risque de fausse route

C'est souvent une inquiétude face à la DME. Il faut respecter les règles de sécurité en évitant les aliments petits, de la taille de la trachée de l'enfant : pour faire simple, tout ce qui est inférieur à la largeur de votre index. Préférez donc de gros morceaux de légumes par exemple. Sachez que pour le reste, l'enfant a un réflexe nauséeux. Vous avez peut-être déjà vu un bébé avoir un haut-le-cœur : tout revient sur le devant de la bouche pour continuer la mastication.

Ressource

Vous trouverez des idées de recettes sur internet, notamment sur le site canadien Bébé mange seul (bebemangeseul.com).

Pouce, tétine ou rien

Bébé en a-t-il besoin ? Jusqu'à quand ?

Un besoin physiologique

Les petits bébés ont un besoin physiologique de téter car cela leur procure du plaisir et de l'apaisement. Si dès la vie in utero le fœtus sait trouver son pouce, une fois né, bébé oublie que c'est un réflexe naturel. Les nourrissons ne sucent généralement pas leur pouce le 1er mois car ils ne savent pas bien manipuler leurs doigts, manquant de motricité fine.

Attention toutefois, le Dr Arnault Pfersdorff, pédiatre, recommande de ne pas introduire de tétine avant l'âge de 1 mois, surtout pour une maman qui allaite. L'idéal est d'attendre que l'allaitement soit parfaitement mis en place, afin que la succion soit réussie.

Les problèmes

La tétine entraîne une dépendance : il est difficile pour bébé de s'en passer. De plus, pouce et tétine peuvent entraîner une déformation du palais et une mauvaise position des dents.

Comment éviter la tétine : si votre bébé pleure et que ce n'est l'heure ni de manger ni de le changer, vous pouvez lui toucher la main, le caresser, lui parler pour l'apaiser. Il reconnaît la présence de son parent, sa voix, son odeur qui vont le rassurer. Si ça ne fonctionne pas, prenez-le dans vos bras, promenez-le un peu, ou mettez-le sur le ventre sous surveillance (attention toutefois à ne pas faire dormir bébé sur le ventre, voir p. 116). Pour les nourrissons, vous pouvez aussi proposer votre petit doigt à téter.

Se sevrer de la tétine

Si c'est possible, tentez de l'enlever à partir de 4 mois, quand bébé commence à jouer, notamment avec ses mains, sachant qu'il peut aussi à ce moment-là sucer son pouce ou ses doigts ! Sinon, une autre période de sevrage est possible vers l'âge de 2-3 ans. Laurence Rameau, puéricultrice, souligne que ritualiser cet abandon de la tétine est intéressant. Par exemple, dans certains pays du Nord, les enfants déposent leur tétine sur un arbre, l'arbre à tétines, avec un dessin parfois, et reçoivent en retour un petit cadeau. C'est une sorte de rituel de passage de l'état de bébé à l'état de grand.

Se sevrer du pouce

Pour le pouce, il est plus difficile de s'en passer car l'enfant l'a bien évidemment toujours avec lui. Il n'y a pas de solution miracle, et il faudra quelquefois attendre 6-7 ans que l'enfant soit plus mature pour qu'il abandonne son pouce. Il existe des petits gants pour pouce ou doigt qui font comme des marionnettes. Leur côté ludique permet à l'enfant de les accepter, tandis qu'elles permettent de le déshabituer du pouce, puisqu'il sent le tissu dès qu'il en porte une à la bouche. La parole d'un professionnel (pédiatre, dentiste par exemple) peut aussi inciter l'enfant à prendre la décision d'arrêter.

Parole d'expert

Dr Tania Ikowsky, médecin de PMI

Si votre enfant pleure beaucoup, vous pouvez lui proposer la tétine, comme lors des visites chez le médecin pour un vaccin. S'il n'a pas de gros chagrin, présentez-lui autre chose, un doudou par exemple. L'idée est d'instaurer la tétine dans un temps limité.

Signer avec bébé

Voilà un moyen de communication pour échanger avec son bébé dès le plus jeune âge.

Cette pratique, qui consiste à utiliser les bases de la langue des signes avec des bébés qui ne sont pas sourds ou malentendants, intéresse de plus en plus les parents. D'ailleurs, elle est aujourd'hui proposée dans certaines crèches, dès la première année.

Les signes utilisés

Ils sont issus de la langue des signes française. Toutefois, alors que celle-ci est une langue vivante avec une syntaxe et une grammaire dans laquelle on signe tous les mots de la phrase, lorsqu'on la pratique avec les bébés, on utilise le langage oral et on ne signe que le mot qui paraît le plus important pour l'enfant. Il faut d'ailleurs insister sur ce point : geste et mot sont toujours associés.

L'origine de la pratique

Dans les années 1980, des chercheurs ont constaté que les bébés nés de parents sourds ou malentendants et dont la langue des signes était la langue maternelle communiquaient bien plus tôt que les autres, dès l'âge de 9 mois environ. En effet, alors que pour le langage oral il faut attendre au moins 18 mois que le larynx soit suffisamment formé pour permettre l'articulation précise des mots, avec la langue des signes, les bébés ont suffisamment développé leur motricité fine à partir de 8-10 mois pour faire de petits gestes intentionnels précis avec les mains afin d'exprimer leurs besoins.

Stop aux idées reçues

Certains prétendent que l'utilisation de la langue des signes avec les bébés retarderait l'acquisition du langage oral. Or, l'adulte parle normalement à l'enfant, en ajoutant simplement un signe. Grâce à cette pratique, l'enfant est dans la communication et l'interaction. D'ailleurs, Sophie d'Olce, qui anime des ateliers pour apprendre à signer avec son bébé, a constaté qu'un enfant qui signe très jeune est un enfant qui, en général, acquiert le langage plus tôt et qui aura encore plus le plaisir des mots. On se situe dans une démarche d'acquisition du langage.

Quand et comment ?

Pour Sophie d'Olce, vous pouvez vous y mettre dès la naissance ! L'enfant fera ses premiers signes vers 8-10 mois, mais commencez à lui présenter les signes dès que vous le souhaitez. Associez toujours le geste et le mot, car ce sont ici des enfants entendants qui vont parler. N'en ajoutez pas trop en même temps : au début, prenez simplement 2 ou 3 signes du quotidien de l'enfant que vous répétez chaque jour en même temps que vous réalisez l'action. Par exemple : changer la couche, prendre le bain, manger ou téter, dormir.

PARTICIPER À UN ATELIER

Voici l'une des possibilités pour apprendre à signer avec votre bébé : participer à un atelier en famille. En plus de découvrir quelques signes, par l'apprentissage d'une comptine par exemple, c'est surtout un moment d'échange et de partage avec votre tout-petit.

À lire

Signer avec son bébé, Sophie d'Olce, First, 2019.

SIGNER AVEC BÉBÉ

Bonjour

Manger

Merci

Changer la couche

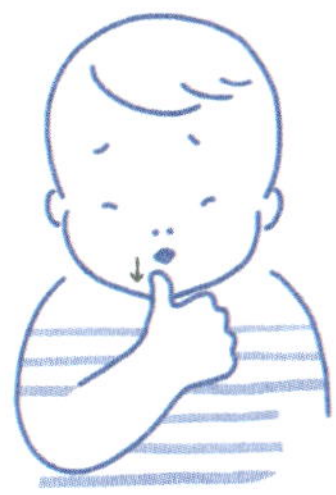

Avoir mal

Dormir

Pipi

Peur

Biberon

Téter

Au revoir

Mon enfant ne mange pas !

Que faire quand votre enfant refuse de s'alimenter ?

Il existe des moyens de prévenir et de soigner ces troubles de l'oralité qui compliquent l'alimentation de votre enfant.

Les signes qui interpellent

Le premier symptôme de ce trouble est que l'enfant ne mange pas. Il tourne la tête quand vous lui proposez un aliment ou quand il sent son odeur, et il peut même avoir un réflexe nauséeux ; certains enfants refusent parfois de se mettre à table ou ont des comportements de peur face à l'aliment.

D'autres signes doivent être pris au sérieux : l'enfant pleure ou s'énerve dès qu'il mange ; son repas dure très longtemps, plus de 45 minutes ; il est très sélectif dans les aliments qu'il accepte de manger ; il n'évolue pas dans sa diversification et reste toujours au même stade (par exemple, il ne veut manger que des purées). Enfin, il a peur de se salir et refuse d'être en contact avec les aliments.

Comment détecter le trouble ?

Il est nécessaire de réaliser un examen pour éliminer d'autres pathologies : le médecin vérifie que ce rejet n'est pas dû à une maladie (par exemple grippe, angine), à un environnement psychosocial défavorable (dans lequel l'alimentation est un problème général) ou même à des troubles psychologiques. Une fois ces options éliminées, on peut parler de troubles de l'oralité. Si ces troubles passent avec une bonne prise en charge, n'en faites pas l'économie. Certains pédiatres parlent d'un déclic et assurent qu'un enfant ne se laisse jamais mourir de faim... C'est à nuancer. Un enfant qui ne peut pas manger et qui est dégoûté par la nourriture doit être aidé, au risque que le trouble ne se poursuive à l'âge adulte, ce dont on parle moins.

Quelques gestes simples

Pour éviter l'apparition de ces troubles :

– Ne forcez jamais !

– Ne craignez pas que l'enfant en mette partout pendant les repas : il faut qu'il se salisse, cela fait partie de son développement. Si à chaque fois qu'il met les mains dans son assiette on lui dit : « Non, c'est sale », il va avoir du mal à maîtriser le monde des textures.

– Installez bien l'enfant en veillant à ce qu'il n'ait pas les pieds ballants : quand on est instable, on a du mal à manger.

– Utilisez une cuillère adaptée à la taille de sa bouche.

– Ne lui essuyez pas la bouche avec la serviette en raclant la lèvre après chaque cuillère, cela n'est pas agréable et le coupe dans son élan.

- Vous pouvez également proposer des massages de la plante des pieds et de la paume des mains qui, dans le cerveau, sont des régions proches de la bouche dont la stimulation agréable facilite l'oralité.

– Quand il est plus grand, aidez-le à appréhender les aliments avec ces cinq sens en préparant des plats colorés, aux textures différentes, en stimulant l'odorat et en lui permettant de toucher et de jouer avec les aliments sans forcément les goûter dans un premier temps. Pour l'aider avec un nouvel aliment, vous pouvez vous aider de pâte à modeler, de sable, de peinture à l'eau, etc. Pensez en effet à toujours valoriser votre enfant dans ses efforts et dans ses progrès pour mieux manger !

À QUI S'ADRESSER ?

Pour l'évaluation, vous pouvez consulter un médecin spécialisé dans les difficultés alimentaires. Ensuite, l'idée est de travailler à la fois avec des kinésithérapeutes, des orthophonistes et des psychomotriciens. Vous pouvez aussi trouver des outils précieux (jeux, livrets) sur le site de l'association MIAM-MIAM www.groupe-miam-miam.fr

Parole de parent

Séverine, maman d'Hugo (4 ans)

Tout petit déjà, Hugo ne réclamait pas pour prendre son biberon, nous devions mettre le réveil pour le nourrir la nuit. Lorsque nous avons commencé la diversification, il a tout de suite été très propre, il ne supportait pas, par exemple, d'avoir de la purée sur les mains. Les difficultés sont apparues rapidement, car il ne voulait manger qu'une seule marque de petits pots, ne voulait pas de purée maison dont la texture était différente... Sachant qu'en plus, Hugo ne mastiquait pas et avalait tout rond. Il est aujourd'hui pris en charge par une orthophoniste.

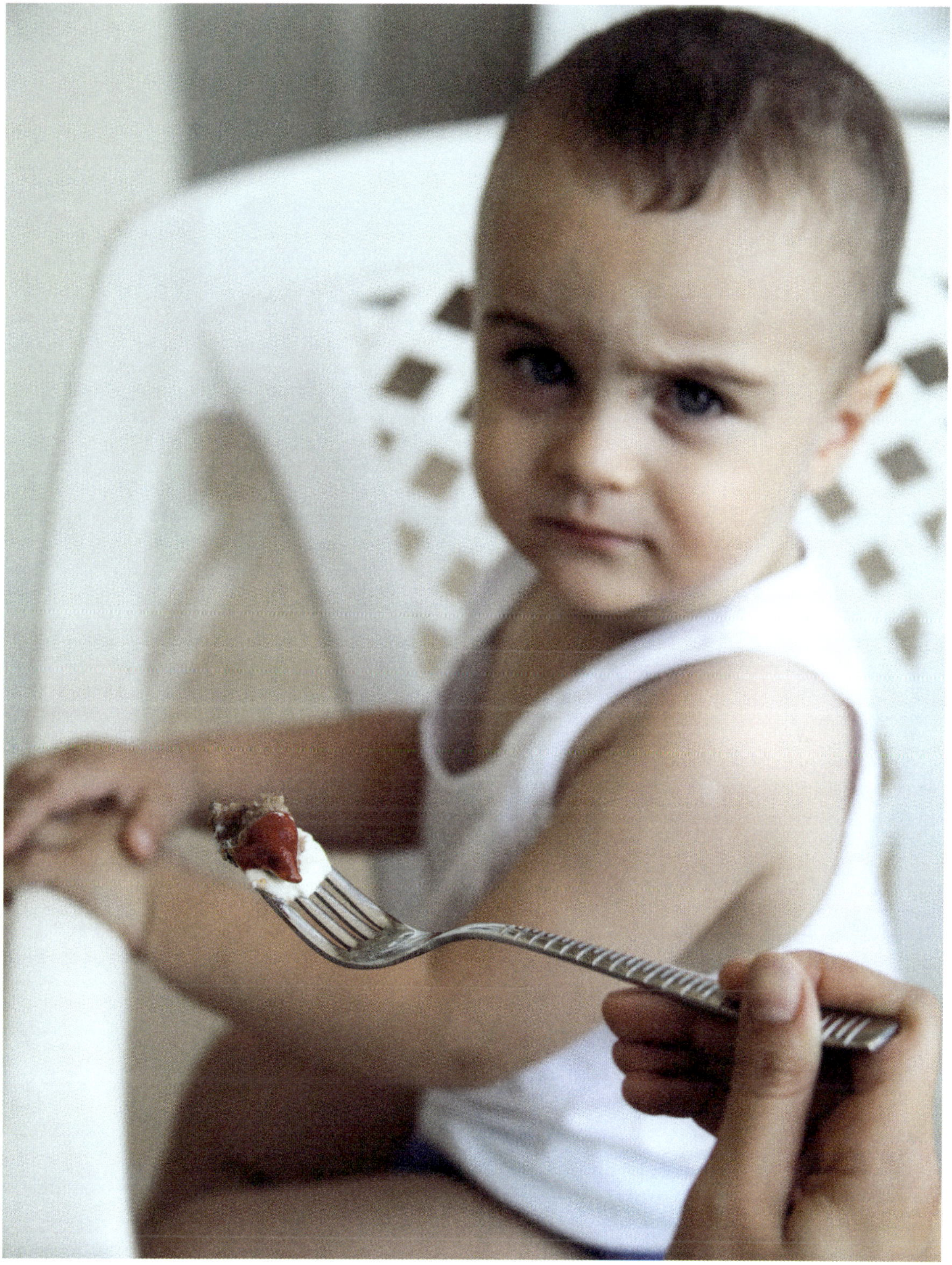

Éviter les accidents domestiques

Les accidents domestiques représentent la première cause de mortalité entre 1 et 6 ans. Les prévenir est une priorité absolue.

Chaque jour, 2000 enfants de moins de 6 ans sont victimes d'un accident domestique. La moitié nécessite une consultation aux urgences. La maison est en effet un terrain de jeux qui regorge de pièges. Prévenir ces dangers et savoir y faire face est primordial.

Les accidents fréquents

Voici les accidents constatés le plus souvent.

– Les chutes : notamment de la table à langer, dans les escaliers, de la fenêtre.
– Les brûlures : avec l'eau du bain trop chaude ou les casseroles qui se renversent.
– Les suffocations.
– Les intoxications : à cause de produits ménagers, de médicaments...
– Les noyades : en piscine ou dans le bain.

Être attentif selon l'âge

Chez les petits, il faut faire attention aux chutes et aux bains. Le nourrisson peut se retourner dès 3 mois, soyez donc très prudent avec la table à langer. Prenez avec vous ce dont vous avez besoin avant d'y poser bébé et ne le lâchez pas.
À 6 mois, il s'assoit, mais s'il tombe la tête dans l'eau, il ne pourra pas se redresser.
Vers 8 mois, bébé explore à quatre pattes. En tant que parent, vous pouvez vous mettre dans la même position et faire le tour du logement, en observant tout ce qui est à la portée de l'enfant et qui peut être tentant et dangereux.
À l'âge de la marche, il se cogne partout.
À 2 ans, on a un pic des accidents de type « ingestion de corps étrangers ».

Les bons gestes

– En cas de brûlure, appelez systématiquement les secours et, en attendant, passez l'enfant sous l'eau froide (tempérée) mais pas glacée, pendant 15 minutes. Elle ne doit pas être glacée car si la brûlure est importante, l'équipe médicale aura du mal à perfuser l'enfant avec un corps froid.
– En cas d'étouffement, sur les moins de 1 an : placer l'enfant sur votre avant bras, en maintenant sa bouche ouverte avec votre main. Posez-le sur votre cuisse, allongez la jambe pour que la tête soit plus plus basse que le corps (retenez-la) et tapez-lui dans le dos de 1 à 5 fois de façon vigoureuse, entre les deux omoplates.
S'il n'y a pas de résultat, retournez-le sur le dos toujours tête basse, et comprimer avec 2 doigts sur la moitié inférieure du sternum de 1 à 5 fois. Reprenez le cycle jusqu'à reprise de respiration.
S'il perd connaissance, il faut faire un massage cardiaque en attendant les secours (voir les gestes de premiers secours p. 58-159).
Sur un enfant de plus de 1 an, après avoir pratiqué de 1 à 5 claques dans le dos, il faut passer aux compressions abdominales (manœuvre de Heimlich, voir aussi les gestes de premiers secours p. 158).

Sécuriser la maison

La cuisine étant la pièce la plus dangereuse, installez une barrière pour en interdire l'accès à l'enfant ou faites en sorte qu'il ne s'approche pas du four ni des plaques ; posez des bloque-portes sur le placard qui contient les produits d'entretien.
Dans la salle de bains, les médicaments doivent être rangés dans un placard hors d'atteinte de l'enfant.
Installez des barrières aux escaliers et fixez dans la mesure du possible les meubles au mur.
Dans le jardin, il faut faire attention au barbecue. Si vous avez une piscine (que ce soit une grande ou une toute petite gonflable), la surveillance doit être permanente et active (quelques secondes suffisent pour que la noyade survienne) ! L'enfant doit être accompagné d'un adulte qui sait nager et qui ne le lâche pas des yeux. Quitte à faire des tours de garde ou mieux se répartir la surveillance individuellement de chaque enfant. Les petites piscines sont celles dans lesquelles il y a le plus de noyades : un enfant de moins de 2 ans peut se noyer dans 10 cm d'eau.

L'importance d'informer

Le maître mot dans les accidents domestiques, c'est l'anticipation : la majorité de ces accidents pourrait être évitée. Spots télévisés, brochures dans les cabinets de médecins pour sensibiliser les parents, consultations périnatales, mais aussi jeux pédagogiques à destination des enfants sont autant de mesures nécessaires pour prévenir les catastrophes.

Parole d'expert

Dr Noëlla Lodé, pédiatre, responsable du SMUR (structure mobile d'urgence et de réanimation) de l'hôpital Robert-Debré

En cas de chute, il faut voir si l'enfant n'a pas perdu connaissance, s'il vomit, comment il réagit. Il peut être un peu somnolent mais il faut qu'il pleure, c'est une bonne réaction. S'il vomit plus d'une fois, consultez rapidement. Cela dépend aussi de la hauteur et de l'âge de l'enfant : tomber du canapé à 3 mois présente beaucoup plus de risques qu'à 1 an

À lire

Attention, Gabriel ! Un accident est si vite arrivé !, Laurence Pérouème, éd. Bélize, 2019.

Les gestes de premiers secours

75 % des accidents impliquant des enfants de moins de 10 ans surviennent à la maison. Pour y faire face, il est utile de connaître les gestes de premiers secours.

Noyade, chute, intoxication, brûlures, électrocution... le domicile est source de bien des dangers pour les enfants. Les conséquences les plus fréquentes sont l'arrêt cardio-respiratoire (ACR) et l'étouffement. Il est nécessaire d'apprendre les bons gestes pour réagir sans paniquer en attendant l'arrivée des secours.

En cas de perte de connaissance

Que faire si l'enfant a perdu connaissance et ne répond pas aux stimulations ?

1. On libère les voies aériennes (voir gestes techniques) : on essuie le nez et la bouche des éventuelles vomissures ; on évalue la respiration (mouvements respiratoires, sons et bruits au niveau de la bouche, sentir le flux d'air) durant 10 secondes. Cette étape est obligatoire avant de faire les gestes de réanimation cardio-respiratoires (RCP).

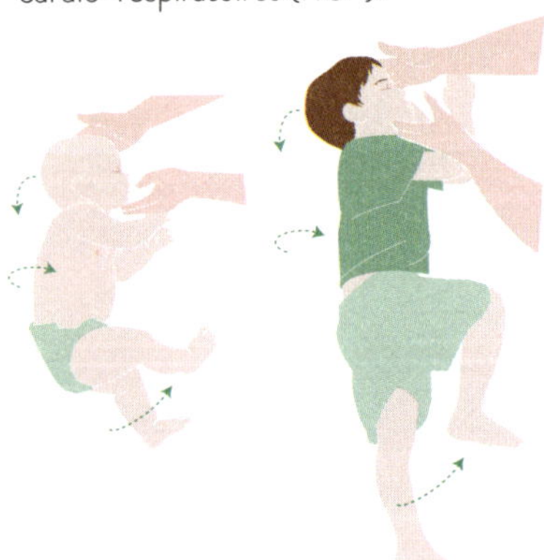

2. S'il respire on place l'enfant sur le côté (en position latérale de sécurité). Cela peut suffire à faire redémarrer le pouls. **Surtout, on ne secoue pas l'enfant, ce qui pourrait aggraver la situation.**

3. Si l'enfant ou le bébé ne respire pas : c'est un arrêt cardiaque ! : s'il y a un seul sauveteur, il faut d'abord faire une réanimation cardio-pulmonaire (RCP). Commencer par 5 ventilations artificielles bouche-à-bouche chez l'enfant ou bouche et nez pour le nourrisson (de moins d'1 an), pendant une minute. Puis appeler les secours ou AMU (au 15, 18 ou 112) et reprendre la RCP. S'il y a deux sauveteurs : l'un débute la RCP, l'autre active l'AMU. Puis reprendre la RCP, en commençant le massage cardiaque

La marche à suivre pour la réanimation est la suivante :

– **Pour les nourrissons (moins de 1 an) :**
– On libère les voies aériennes pour dégager la langue du fond de la gorge. Placez la tête à plat en position neutre, tirez le menton vers le haut et maintenir la position.
– Insufflations : bouche-à-bouche, souffler de manière lente et progressive, arrêter dès soulèvement de la poitrine.
– Compressions thoraciques : placer la pulpe de deux doigts sur la moitié

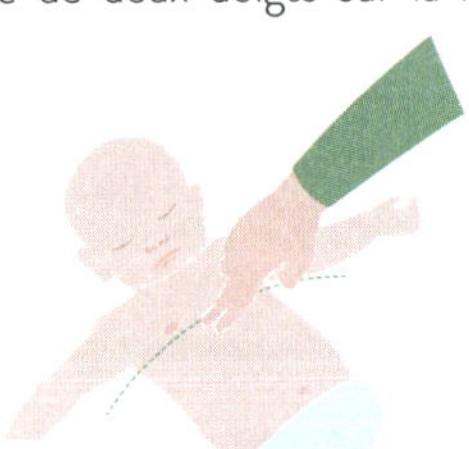

inférieure du sternum, comprimer régulièrement d'un tiers de profondeur, à une fréquence de 120 compressions par minute (2 par seconde).
– Puis alterner les gestes : le rythme doit être de 2 ventilations pour 15 massages cardiaques.
– **Chez l'enfant :**
– L'enfant doit avoir les épaules bien à plat. L'adulte se positionne à côté de lui.
– On libère les voies aériennes pour dégager la langue du fond de la gorge ; une main sur le front, l'autre sous la partie osseuse du menton, basculer doucement la tête en arrière. Tirer le menton vers le haut et maintenir la position.
– Insufflations : bouche-à-bouche, souffler de manière lente et progressive, s'arrêter dès soulèvement de la poitrine.
– compressions thoraciques : placer le talon d'une main, sur la moitié inferieure du sternum (ou à deux mains) comprimer régulièrement d'un tiers de profondeur (max 4-5 cm) à une fréquence de 120 compressions par minute (2 par seconde).
– Puis alterner les gestes : le rythme doit être de 2 ventilations pour 15 massages cardiaques.

En cas d'étouffement

Selon Noémie Sylberg, autrice d'un guide des premiers secours et formatrice aux premiers secours à domicile, il faut bien distinguer l'obstruction partielle de l'obstruction totale.

On parle d'obstruction partielle quand l'enfant émet un son (pleur, toux, bruit). Il faut alors l'encourager à tousser mais surtout sans lui taper dans le dos, car le risque serait de déplacer le corps étranger et d'aggraver la situation. Il ne faut

pas non plus le faire boire.
On est en présence d'une obstruction totale quand l'enfant porte les mains à son cou et qu'il n'émet aucun son ni aucun pleur. On procède alors aux gestes suivants :

– **Pour les nourrissons (moins de 1 an) :**

1. Positionnez le bébé sur le ventre sur votre avant bras, en maintenant sa bouche ouverte avec votre main. Posez-le sur votre cuisse, allongez la jambe pour que la tête soit plus plus basse que le corps (retenez-la)

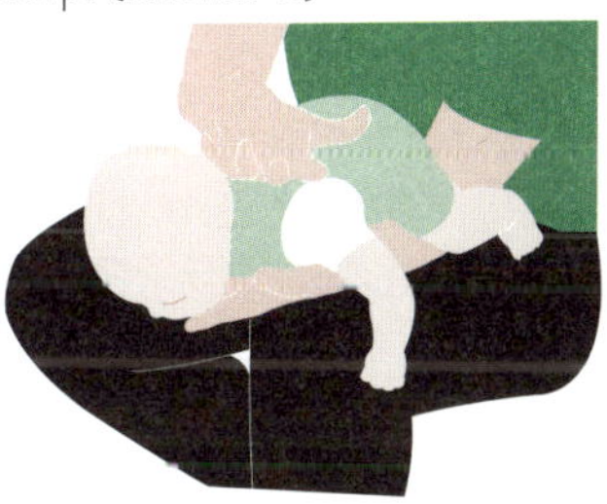

2. Donnez 1 à 5 claques dans le dos vigoureuses avec le talon de la main entre les deux omoplates.

3. Si la technique ne donne pas de résultat, retournez l'enfant et effectuez de 1 à 5 compressions thoraciques, l'enfant couché sur le dos, toujours sur les genoux de l'adulte, tête plus basse que le reste du corps.

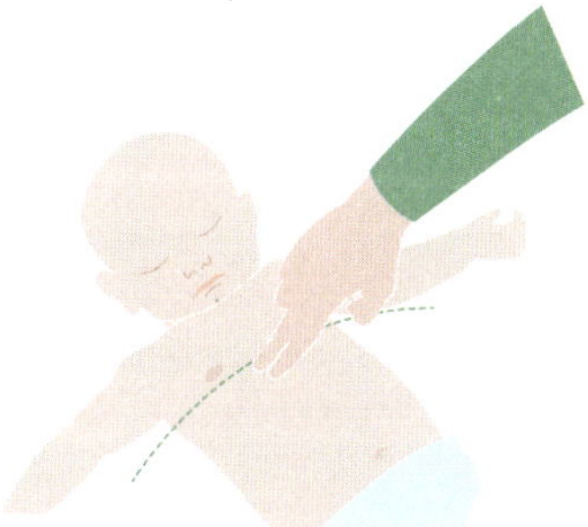

– **Pour les enfants de plus de 1 an, on pratique les compressions abdominales (manœuvre de Heimlich) :**

1. Se mettre derrière l'enfant debout et lui taper dans le dos.

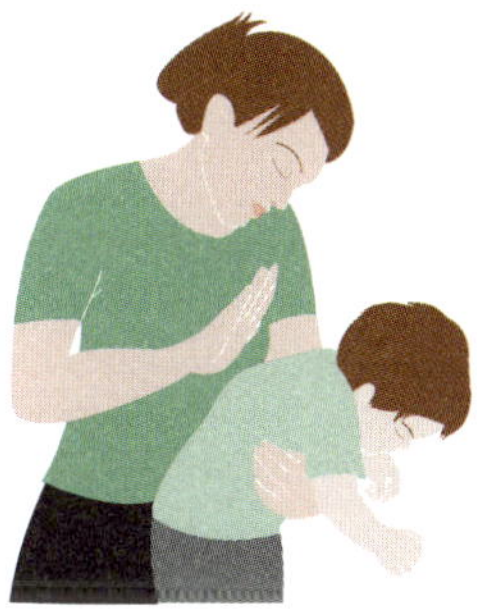

2. Donner 1 à 5 claques dans le dos vigoureuses avec le talon de la main entre les deux omoplates.

3. Si les claques ne donnent pas de résultat, faire 1 à 5 compressions abdominales avec le poing fermé au creux de l'estomac (entre le bas du sternum et le nombril). Comprimer fortement vers l'arrière et vers le haut (en oblique) et évaluer entre chaque compression s'il y a une amélioration. Cette manœuvre doit être faite jusqu'à expulsion du corps étranger.

Ces 2 techniques doivent être alternées jusqu'à reprise de la respiration. Et si l'enfant perd connaissance pratiquer la RCP.

Dans les deux cas, on ne secoue jamais l'enfant !

Attention, ces dessins sont là pour vous aiguiller une fois que vous avez appris les gestes de premiers secours. À ce titre, rien ne remplace une formation. Vous pouvez vous rapprocher des différentes organismes pour en savoir plus et vous former (voir Ressources).

Ressources

SAMU : 15
Pompiers : 18
Appel d'urgence en Europe : 112
114 : numéro unique, national et gratuit, accessible par SMS, tchat, visiophone ou fax
www.centres-antipoison.net
Pour acquérir un niveau PSC1 « Prévention et secours civiques de niveau 1 » :
Protection civile : www.protection-civile.org
Croix-Rouge française : https://www.croix-rouge.fr
Sapeurs-pompiers de France : application sauvequiveut.fr, pour apprendre en jouant

À lire

Le Guide des premiers secours pour nourrissons et enfants, Noémie Sylberg, Marabout, 2018.

Les allergies alimentaires

Démangeaisons, éruptions cutanées, reflux, asthme…
Et si les responsables de ces symptômes étaient les allergies alimentaires ?

De plus en plus d'enfants – entre 5 et 10 % – sont aujourd'hui concernés par ces allergies. Comment les repérer ? Peut-on les prévenir ? Quels traitements privilégier ?

Allergie ou intolérance ?

Dans une allergie alimentaire, c'est le système immunitaire qui réagit. Les conséquences peuvent être très graves (choc anaphylactique) ; il faut que l'enfant soit exposé au moins deux fois à un aliment pour qu'elle se développe.

Au contraire, l'intolérance alimentaire n'implique pas le système immunitaire. Elle peut être liée à un problème d'assimilation du tube digestif.

Quand l'enfant a une allergie, il ne tolère absolument pas l'aliment en question. S'il y a intolérance, il peut, par exemple, ne pas tolérer le lait pur tout en pouvant manger des yaourts et du fromage.

Les allergènes fréquents

- Le lait de vache.
- L'œuf.
- Le poisson/les crustacés.
- Les arachides.
- Les fruits à coque. Il y a aussi la moutarde.

Il existe de plus en plus d'allergies à des aliments qui étaient beaucoup moins consommés avant, comme le quinoa, le sésame… car il y a plus d'allergènes à disposition !

Les symptômes

Il existe 2 formes d'allergies. Les allergies les plus graves (dites « IgE médiées ») ont des signes cliniques qui se manifestent tout de suite après l'ingestion : urticaire, œdème à la lèvre ou au larynx, vomissements quasi immédiats, difficultés respiratoires, choc anaphylactique dans les cas extrêmes… Pour les confirmer, le médecin peut faire un test sanguin ou cutané.

Pour les allergies moins graves, les manifestations ont lieu à distance de la prise alimentaire (« non IgE médiées »). Elles sont donc plus difficiles à mettre en évidence. Les symptômes sont peu spécifiques : reflux persistant, diarrhées, eczéma… Aucun test sanguin ou cutané ne permet de les diagnostiquer. Pour en savoir plus, vous devez hospitaliser l'enfant et faire un « test de provocation orale » : les médecins lui donneront une quantité d'aliment auquel il est supposé être allergique et vérifieront dans les heures qui suivent les éventuels symptômes.

La diversification

Pour prévenir l'allergie alimentaire, la diversification alimentaire doit se faire entre 4 et 6 mois (voir p. 148), en proposant un maximum d'aliments, y compris les aliments les plus allergisants comme l'œuf, le poisson… Introduisez des arachides relativement tôt : trop attendre pourrait entraîner le développement d'allergies alimentaires ultérieures.

Concrètement, présentez les aliments allergisants toujours en quantité croissante, progressivement, et, une fois l'aliment testé, proposez-le régulièrement.

Le traitement

On élimine l'aliment en cause. Dans certains centres spécialisés, on peut envisager une immunothérapie orale (désensibilisation) : les médecins donnent alors des petites quantités d'allergène tous les jours, d'abord à l'hôpital puis dans le cadre d'un protocole à la maison.

Parole d'expert

Dr Karine Garcette, gastro-pédiatre

Pour un bébé allergique aux protéines de vache, vous pouvez proposer des préparations pour nourrisson allergique, du type « hydrolysat poussé de protéines de lait de vache », sur prescription médicale avec prise en charge de la Sécurité sociale (ceux à base de riz ne sont pas pris en charge). En revanche, ne donnez surtout pas de boisson végétale la première année de vie ! Utilisez-le en complément dans la cuisine lorsque l'enfant a plus de 1 an.

UNE AMÉLIORATION POSSIBLE ?

Selon le Dr Julie Lemale, gastro-pédiatre, certaines allergies s'améliorent avec le temps.
Les enfants vont acquérir une tolérance pendant les premières années de la vie. Pour l'œuf, l'allergie diminue dans la majorité des cas vers 3 ans ; pour le poisson, plutôt vers 5 ans.
Parfois, un aliment est toléré sous forme cuite et pas crue.
En revanche, certaines allergies, comme celles aux arachides ou aux fruits à coque, persistent.

Dans le cerveau des bébés

Et si les neurosciences nous aidaient à mieux élever les enfants ? Faisons le point sur les dernières découvertes scientifiques.

Les découvertes scientifiques récentes permettent de comprendre le développement émotionnel dès le temps de la grossesse.

On entend parler depuis quelques années de l'importance de la bienveillance et de l'empathie vis-à-vis des enfants. Le bien-fondé de cette nouvelle approche des relations parents-enfants est prouvé par les neurosciences, qui mettent en évidence le lien entre les pratiques chaleureuses et soutenantes, et le développement du cerveau des plus jeunes.

Un cerveau malléable

Avant de pouvoir utiliser des instruments pour observer le cerveau des bébés (électroencéphalogramme et IRM), les scientifiques pensaient que le cerveau d'un bébé, passif à la naissance, était une sorte d'éponge qui maturait lentement en fonction de son environnement. Aujourd'hui, on sait que le cerveau d'un bébé est aussi bien organisé que celui d'un adulte.

Dès la grossesse, et surtout pendant les deux premières années de vie, le cerveau est cependant extrêmement malléable et réagit aux relations que l'enfant entretient avec son entourage. Ainsi, on a constaté que celles-ci provoquaient des modifications sur les cellules cérébrales, les molécules, les connexions neuronales et les circuits neuronaux. La première année, le cerveau se développe au niveau sensoriel. À la fin de la première année, bébé connaît les sons de sa langue, par sa mélodie, et son babillage est imprégné par sa langue maternelle. À partir de la deuxième année de vie, bébé est capable d'être choqué par une tournure grammaticale incorrecte : par exemple, si vous lui dites : « Je prends la fraise », il comprend. Par contre, si vous lui dites : « Je la fraise », il est surpris ! Il a donc intégré la syntaxe d'une phrase sujet-verbe-complément ! De plus, il a été prouvé par de nombreuses études que les parents faisant preuve d'empathie, de chaleur et ayant une attitude de soutien vis-à-vis de leur enfant lui permettaient de développer son cerveau au maximum de ses capacités.

Comprendre les émotions

Parce que leur cerveau est encore immature, les tout-petits ne peuvent pas prendre de recul lorsqu'ils sont assaillis par des « tempêtes émotionnelles », comme les nomme Catherine Gueguen. Ils se retrouvent à exprimer leur désarroi avec des cris, des pleurs, des frustrations. Il est alors primordial de comprendre que l'enfant ne fait pas de crise, comme on le pense encore souvent, mais qu'il est submergé par ce qu'il ressent. L'entourage doit être bienveillant et montrer une empathie qui n'est pas toujours intuitive.

Parole d'expert

Catherine Gueguen, pédiatre

Les découvertes récentes en neurosciences sont extraordinaires car elles nous permettent de comprendre qu'il faut complètement changer notre modèle éducatif.

À lire

Pour une enfance heureuse : repenser l'éducation à la lumière des dernières découvertes sur le cerveau, Catherine Gueguen, Robert Laffont, coll. « Réponses », 2014.

LES DEUX CERVEAUX

Chez les plus petits, le cerveau est dominé par le cerveau archaïque et le cerveau émotionnel. La prédominance de ces deux cerveaux, encore immatures, malmène les émotions chez l'enfant, qui en souffre.

Dire les choses aux tout-petits

Lorsque votre enfant ne maîtrise pas encore bien le langage, il est parfois difficile de savoir comment lui annoncer une nouvelle, qu'elle soit heureuse ou triste.

Il est pourtant essentiel de lui expliquer les choses, avec des mots choisis, pour ne pas le laisser dans l'ignorance. À quel moment lui parler ? Comment s'y prendre ?

Les difficultés

Aujourd'hui, la parole semble assez libre, on dit beaucoup de choses aux enfants, mais l'essentiel n'est souvent pas exprimé. Un événement qui marque l'histoire familiale, qu'il soit gai ou douloureux, reste difficile à aborder. Beaucoup de parents pensent que ce n'est pas la peine de parler à un enfant qui n'a pas encore acquis le langage, car il ne comprend pas le sens des mots. Vous pensez que vous lui direz plus tard. Or l'expérience montre que « plus tard » se transforme souvent en « jamais ». Vous pouvez vous sentir pris dans vos propres émotions et ne pas vouloir affecter votre enfant. Penser le protéger est une intention louable, mais le protéger vraiment, c'est lui expliquer ce qui se déroule autour de lui.

La communication

Il est nécessaire et important de parler au tout-petit de tout ce qui concerne son quotidien, car cela a un impact sur lui. Ne rien dire serait comme le laisser regarder un film sans les sous-titres ou sans le son. Lui parler, c'est donner du sens à ce qu'il vit émotionnellement et l'aider à construire ses représentations du monde. Les tout-petits apprennent à lire les émotions sur le visage de leurs parents. Ils savent faire la différence entre une maman triste et une maman gaie.

Quand et comment parler ?

Parlez de tout, tout le temps, afin que lorsque des choses plus pesantes arrivent, elles soient intégrées dans un échange quotidien. Par exemple, pour parler de la mort, évoquez celle d'une personne de la famille, mais aussi celle d'un insecte ou d'un animal. Il n'y a pas de mode d'emploi, chacun doit trouver ses mots. Plus l'enfant est petit, plus le message doit être simple, avec des phrases courtes, affirmatives et au présent. Adressez-vous à lui en vous plaçant physiquement à son niveau. Vous pouvez également joindre le geste à la parole pour les plus petits.

Parole d'expert

Marie-Noëlle Clément, psychiatre

Il est important de parler de ce qui concerne l'enfant, mais il convient de garder des limites, comme la vie intime et amoureuse des parents, par exemple. Il faut même le protéger de cela. Chacun a besoin d'un jardin secret.

À lire

Comment te dire ? Savoir parler aux tout-petits, Marie-Noëlle Clément, éd. Philippe Duval, 2013.

Écrans ou pas d'écrans ?

À seulement 2 ans, deux tiers des enfants regardent la télévision... sans compter les autres écrans mis à disposition ! C'est le résultat d'une étude menée par l'Inserm en 2011.

En mars 2018, les Académies de médecine, des sciences et des technologies ont lancé un appel à la vigilance sur l'utilisation des écrans chez les enfants et notamment les tout-petits. Malgré les alertes qui se multiplient, il est tentant pour les parents, submergés par les tâches à effectuer, de laisser de temps en temps leurs enfants devant des écrans : télévision, tablette, téléphone... Pourtant, leur exposition n'est pas sans conséquence et peut entraîner des troubles importants dans leur développement.

Un constat alarmant

La même étude de l'Inserm rapporte que 8 % des enfants de moins de 2 ans regardent la télévision plus de 2 heures par jour, et que 47 % des parents donnent régulièrement leur smartphone à leurs petits pour les occuper. Or, il faut savoir que le temps passé devant un écran est en réalité du temps « volé » à l'enfant, qui ne découvre pas le monde réel en tant qu'acteur, avec ses cinq sens. Or, cela est primordial pour appréhender la réalité !

Des troubles associés

Lorsque l'enfant se retrouve devant un écran, quel qu'il soit, il est happé, accroché, et cela devient rapidement addictif. Des effets indésirables de plusieurs ordres peuvent apparaître :

- troubles du langage : il parle peu ou pas du tout ;
- troubles du caractère : il est agité, souvent en colère ;
- troubles des interactions : l'enfant est dans sa bulle ;
- troubles des apprentissages : l'enfant ne se repère pas bien dans l'espace, il manipule mal les objets en 3D.

Quelques règles

Voici quelques règles à suivre pour ne pas abuser des écrans.

0-3 ans : pas d'écran.

Entre 3 et 6 ans : 20 min par jour maximum, toujours accompagné.

Entre 6 et 9 ans : 30 min par jour maximum, toujours accompagné.

Enfin :

- Pas avant l'école le matin.
- Pas en mangeant.
- Pas avant de dormir.
- Pas seul dans la chambre.

Agathe a dit

Je suis une très mauvaise mère sur le sujet. Je travaille beaucoup de chez moi et j'avoue que les écrans, c'est tentant pour canaliser mes enfants. Alors j'essaye de compenser en limitant le temps passé devant, et en distinguant écrans passifs et écrans actifs : je préfère qu'ils fassent des jeux de logique (un tangram par exemple) sur la tablette, plutôt qu'ils regardent Peppa Pig *pendant des heures ! Et j'ai instauré une règle avec mon fils de 5 ans et demi : dès qu'il touche à la tablette, il doit feuilleter un livre après. Disons que ça me déculpabilise !*

UNE SEMAINE SANS ÉCRAN

Et si vous releviez le défi ? Proposée par certaines écoles aux familles, cette semaine sans écran est basée sur un principe simple : faire prendre conscience aux enfants de leur dépendance aux écrans. Une famille de quatre enfants qui a joué le jeu a ainsi pu constater que les effets sont indéniables alors que sa consommation d'écran était estimée en moyenne à 5 heures par jour et par personne. La maman voit la différence : « On se retrouve beaucoup plus en famille, à jouer ensemble, particulièrement au moment du repas où les enfants racontent avec plaisir leur journée en détail. On partage plus. »

À lire

Les Écrans : mode d'emploi pour une utilisation raisonnée en famille, Sylvie Dieu Osika, Hatier, 2018.

Ma pause sans écran, 30 jeux à partager avec ses enfants pour les éloigner des écrans, Mango, 2018.

Ressource

www.surexpositionecrans.org

Parole de parent

Maud, maman d'Aaron (6 mois et demi)

Au quotidien, je suis pour le zéro écran avant 3 ans. Pour la télévision, c'est assez simple, car nous sommes peu consommateurs ; cela devient compliqué quand nous sommes invités chez des gens. S'il nous arrive de regarder une émission, nous n'orientons pas Aaron vers l'écran, nous lui proposons des jeux, nous lui chantons des chansons. Et si cela ne fonctionne pas pour capter son attention, l'un de nous sort de la pièce avec lui. Je pars du principe qu'avant 3 ans, un enfant ne comprend pas ce qu'il voit, et j'ai peur de tomber dans le phénomène de la « télé nounou ». Je préfère, pour son développement, faire des activités et échanger avec lui. Nous faisons figure d'exception dans notre famille !

Quel mode de garde choisir ?

Assistante maternelle, garde partagée, crèche...
Les options sont nombreuses. Sur quels critères doit-on se baser pour trouver la solution qui conviendra le mieux au bébé ?

C'est l'une des grandes interrogations des parents, parfois même dès l'annonce de la grossesse : qui va garder mon bébé à la fin de mon congé maternité ? Voici des pistes pour se repérer dans la jungle des modes de garde.

Les différentes options

Plusieurs possibilités s'offrent aux parents :

– Le mode individuel : les assistantes maternelles, soit celles qui travaillent à leur domicile et sont salariées des parents, soit celles qui travaillent en crèche familiale et sont salariées de la structure.

– La garde partagée : deux familles emploient une assistante maternelle pour garder les enfants au domicile de l'une ou de l'autre.

– Les modes de garde collectifs : les crèches collectives, les crèches privées, les micro-crèches avec une garde régulière, ou des structures multi-accueil (anciennement appelées haltes-garderies) qui accueillent les enfants de façon ponctuelle et en petit effectif.

Un parcours du combattant

– Pour la crèche : chaque mairie gère les attributions de places suivant ses propres critères. Au 6e mois de grossesse, il faut se rapprocher de sa mairie pour faire une demande, à réitérer à la naissance du bébé. Elle sera examinée en commission. À noter que le coût de ce mode de garde est indexé au salaire des parents.

– Pour l'assistante maternelle : il est souvent difficile de la trouver. Pour obtenir des informations, on peut se tour-

QUELQUES CHIFFRES

• 60 % des enfants sont gardés par leurs parents (parents et grands-parents, mais majoritairement des femmes en congé parental). Le choix de la mère est souvent une nécessité, faute d'avoir trouvé une autre solution ou parce que faire garder son enfant revient plus cher que de travailler.

• 20 % des enfants sont gardés par des assistantes maternelles.

• Seulement 13 % des enfants sont accueillis en crèche alors que c'est le mode de garde le plus plébiscité par les parents (pour le coût et l'encadrement proposé).

Crèche : raisons d'insatisfaction

72,7%	Encadrement des enfants insuffisant
36,4%	Autre
36,4%	Horaires trop rigides
27,3%	Manque d'activités d'éveil
18,2%	Tarifs trop élevés
9,1%	Loin du domicile

Assistante maternelle : raisons d'insatisfaction

52,2%	Tarifs trop élevés
39,1%	Manque d'activités d'éveil
26,1%	Encadrement des enfants insuffisant
26,1%	Horaires trop rigides
21,7%	Divergence de point de vue sur l'éducation
8,7%	Loin du domicile
4,3%	Manque de confiance

ner soit vers sa mairie, qui donne parfois des listes d'assistantes maternelles, soit vers la PMI de son quartier (Protection maternelle et infantile voir p. 114), qui a la liste des assistantes maternelles agréées de son secteur.

Les critères importants

Les critères à ne pas oublier sont les suivants :

- la proximité ;
- le critère financier – il est notamment important d'étudier les aides dont on peut bénéficier dans chaque cas (voir le site de la CAF) ;
- l'intuition : il faut se faire confiance, si « on ne le sent pas », on n'insiste pas ;
- il est préférable d'avoir les mêmes visées pédagogiques.

Si l'on a choisi de trouver une assistante maternelle, on liste les questions à l'avance pour ne rien oublier (est-elle agréée ? Pour combien d'enfants ? A-t-elle une formation premiers secours ?, etc.).

Enfin, l'entretien doit se dérouler en présence des deux parents et de l'enfant, afin de prendre en compte les interactions de tous avec la candidate.

Parole de parent

Anaëlle, maman de Malo (5 ans et demi)

La fin de mon congé maternité tombait en février, Malo avait 4 mois, et je n'ai pas eu de place en crèche familiale ; c'est là que le parcours du combattant a commencé. Je ne trouvais pas d'assistante maternelle et pour la choisir, on n'avait pas vraiment de questions ni de critères, c'était au feeling. On en a rencontré 4 ou 5... Malo est resté 6 mois chez celle que nous avons trouvée puis une place s'est libérée à la crèche familiale et nous n'avons pas hésité.

Parole d'expert

Anaïs Lunet, cofondatrice de Nova Vitam, cabinet de conseil en parentalité

Pour être tranquille, il faut toujours prévoir un plan B, que l'on peut solliciter occasionnellement (comme les grands-parents ou tata Gilberte, etc.).
Pensez aussi à anticiper les mini-situations de crise (retard à cause des embouteillages). À ce moment-là, votre plan B peut prendre le relais et récupérer votre enfant à votre place, mais cela demande d'être prévu en amont.

Ressources

caf.fr
mon enfant.fr

La première séparation

Les débuts de votre bébé à la crèche ou chez l'assistante maternelle marquent la fin d'une période de fusion avec lui.

Après avoir été pendant plusieurs semaines voire quelques mois seul avec lui, vous devez vous séparer de votre tout-petit. Comment vivre ce moment le plus sereinement possible ?

La confiance

La séparation entre vous et votre enfant nécessite que vous le placiez dans un climat de confiance. La plupart du temps, si vous n'êtes pas à l'aise avec le choix de garde que vous faites ou l'assistante maternelle que vous avez choisie, vous allez avoir du mal à vous séparer de votre bébé, et lui de vous en retour. Il est donc important que vous vous fassiez confiance : peut-être que la crèche vous stresse car il n'y a pas assez de référents pour le nombre d'enfants. Ou au contraire, vous n'avez pas envie de laisser bébé avec une assistante maternelle car il aura moins de stimulations que dans une structure collective comme la crèche. Quel que soit votre choix, assumez-le ; c'est déterminant pour que la séparation se passe bien.

Préparer votre bébé

Ne cachez rien à votre enfant, anticipez en douceur le futur changement. Quand il est bébé, expliquez-lui que dans quelques mois, il ira – par exemple – dans un endroit qui s'appelle la crèche, où il rencontrera d'autres enfants. Quelques jours avant le jour J, ajoutez des précisions : « Je vais devoir te laisser mais c'est dans un endroit super, on a rencontré la directrice, j'ai acheté de nouveaux chaussons pour toi », etc. Rassurez votre enfant en lui expliquant que l'endroit où vous allez le laisser est accueillant, que vous avez tout prévu, que vous allez commencer par de courtes périodes. L'adaptation est un moment indispensable pour que le bébé mais aussi les parents prennent leurs marques et s'adaptent au nouveau quotidien.

Soigner la séparation

Si elle est bien préparée, la première séparation peut se faire en douceur. Toutefois, sachez qu'il est fréquent que votre bébé pleure au moment où vous le déposez. Une fois dans la structure ou avec la personne qui le gardera, prenez un petit temps avec lui avant de repartir. Surtout, ne partez jamais sans le prévenir, et expliquez-lui que vous (ou votre conjoint, ou tout autre personne concernée) reviendrez le chercher. Rassurez-vous, le plus souvent, les pleurs du bébé s'estompent vite une fois le parent parti.

Les bienfaits de la séparation

L'enfant débute ses expériences loin de son cercle familial, ce qui l'ouvre à un nouveau monde, de nouvelles odeurs, un nouveau champ lexical... Il trouvera chez l'assistante maternelle ou à la crèche un environnement différent de chez lui. Il a un espace adapté, il est plus libre dans sa motricité, il expérimente de nouvelles postures et il crée des amitiés précoces !

Les retrouvailles

Votre bébé va peut-être pleurer en vous voyant le soir, après une journée loin de vous. Cela peut vouloir dire qu'il lâche toute la tension accumulée pendant la journée en vous retrouvant, ou qu'il exprime la peur de vous voir repartir de nouveau. Dans tous les cas, parlez-lui et rassurez-le. Demandez à la personne qui s'en est occupée comment la journée s'est passée (cela vous rassurera peut-être et vous permettra de lui parler plus précisément de sa période de garde).

Parole d'expert

Ève Piorowicz, psychologue clinicienne

Donner un doudou à l'enfant peut l'aider lors de la transition. Cela peut d'ailleurs se faire un peu avant pour qu'il se familiarise avec l'odeur de la maman ou du papa quand elle ou il n'est pas là. En tant qu'objet transitionnel, ce doudou peut vraiment aider au relais, c'est une façon de ramener un peu de la maison dans un nouvel endroit.

À lire

Bébé, dis-moi tout, Ève Piorowicz et Sabine Turcat, Leduc.s, 2018.

Parole de parent

Anne, maman de Constance (1 an et demi)

La première fois que j'ai laissé ma fille, j'étais plutôt contente, je me disais que j'allais avoir une journée pour prendre soin de moi. Quand je suis partie, je me suis mise à pleurer dans la voiture et j'ai culpabilisé ! Je me suis dit : « Je reprends le travail trop tôt, j'ai dû arrêter l'allaitement trop vite... » Ce n'est que lorsqu'elle a eu 8 ou 9 mois que j'ai cessé de me sentir mal en la laissant.

Ça y est, bébé marche !

Les premiers pas représentent une étape fondamentale dans le développement de l'enfant et dans l'acquisition de l'autonomie. Sur ce point cependant, chaque bébé est différent !

D'abord, bébé se redresse tout seul, s'agrippe pour avancer puis se lâche et fait enfin quelques pas... Ça y est, il marche ! Mais cette acquisition ne s'est pas faite en un jour. Quelles sont les étapes qui précèdent celle des premiers pas ? Comment l'accompagner dans son développement ? À partir de quand doit-on s'inquiéter ?

La préparation

La marche est un développement neuromusculaire, c'est-à-dire à la fois un développement du corps et un développement de la commande motrice. L'enfant doit être capable de faire les transferts de poids du corps, ce qui arrive progressivement.

Pour pouvoir marcher, l'enfant va d'abord apprendre à tenir sa tête, vers 3 ou 4 mois. Ensuite, il faut qu'il puisse se retourner lorsqu'il est sur le dos, d'un côté puis de l'autre. Vers 6 mois, il se tient debout, c'est la phase des « bébés sauteurs » qui adorent cette position et que l'on voit souvent pousser sur leurs jambes. Pour réussir à marcher, l'enfant doit d'abord tenir assis. Cela arrive entre 6 et 8 mois. À 9 mois, la position assise est généralement acquise.

Suivre les signes

Première étape : si, à partir de 8 mois, l'enfant se met debout, c'est bon signe ! Il doit ensuite être capable de glisser un pied (il ne le soulève pas). Grâce à cela, il va ensuite soulever un pied et transférer son poids sur l'autre jambe. Puis il maîtrise le passage debout/assis. Enfin, il marche lorsqu'on lui tient la main. Attention, cela ne veut pas dire qu'il sait marcher, mais qu'il y est presque !

Accompagner son enfant

L'encouragement est important, évidemment, mais sans exercer de pression : mettre son enfant assis ou debout ne va pas le faire marcher plus vite. C'est aussi pour cette raison qu'à la crèche, les enfants ne sont jamais installés assis. Ils sont allongés sur le dos et ils se meuvent en fonction de leur développement neurologique.

Chacun son rythme !

On commence à parler de retard quand l'enfant ne marche pas à 18 mois et de véritable retard à 24 mois, lorsqu'on fait l'examen des 24 mois (période où la marche doit être acquise). On demande aussi aux parents à quel âge ils ont marché, pour vérifier une éventuelle faiblesse familiale au niveau du tonus. Un enfant qui se déplace assis, à quatre pattes ou en rampant prend simplement un peu plus son temps. Il est peut-être peureux ou prudent.

QUELQUES CHIFFRES

3 % des enfants marchent dès l'âge de 9 mois et 50 % d'entre eux à l'âge de 13 mois ; enfin, 97 à 98 % des enfants auront acquis cette aptitude à 17 mois. On constate qu'il existe une grande disparité quant au moment de cette acquisition primordiale. Il s'agit d'une longue période, pendant laquelle l'enfant développe de nombreuses compétences (langage, observation, manipulation...). On ne doit pas s'inquiéter trop rapidement ! Toutefois, si l'enfant ne marche pas, même à 17 mois, pas de panique : cette acquisition prend du temps.

Parole d'expert

Dr Sarah Bursaux, pédiatre

Il est intéressant pour la mobilité de l'enfant de bien disposer les jouets autour de lui lorsqu'il est sur le dos, sur un tapis. Petit à petit, on les éloigne pour encourager le mouvement du roulé-boulé. Cette étape initie celle de la marche. Il faut privilégier la motricité libre et éviter d'attacher son enfant dans un transat avec ses jouets au-dessus de sa tête. Cela ne lui permet pas de développer sa motricité.

Marie a dit

À partir du moment où bébé commence à explorer à l'extérieur, vous pouvez le parer de chaussons souples : la forme ample et arrondie sur le devant vise à ne pas gêner les mouvements des orteils lors de la prise d'appui au cours de la marche ou toute autre expérience (se mettre sur la pointe des pieds, escalader, monter une échelle...). Vous ne passerez aux chaussures que lorsque votre enfant apprendra à marcher, afin de protéger le pied en extérieur. Attention, pas de chaussures rigides : plus la semelle est épaisse et moins leurs petits capteurs de dessous de pied peuvent analyser les reliefs du sol. C'est comme marcher avec des chaussures de ski ! Pour l'aider dans ses premiers appuis, optez pour des chaussures souples qui ne contraignent ni ne serrent le pied.

MARCHER PIEDS NUS

À l'intérieur, il vaut mieux privilégier la marche pieds nus car la voûte et le pied ont beaucoup de récepteurs sensoriels. De plus, marcher pieds nus permet un meilleur développement de la musculature et un meilleur équilibre.

L'apprentissage de la propreté

Cet apprentissage est une étape très importante, non seulement pour votre enfant mais aussi pour vous, ses parents !

Enlever la couche, apprivoiser le pot puis aller aux toilettes comme un grand... À quel âge et comment débuter l'initiation à la propreté ? Quel matériel choisir ?

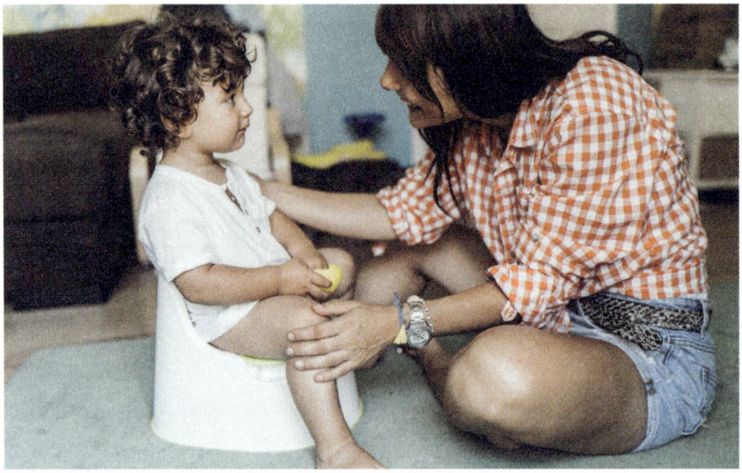

Il est prêt !

Chaque enfant est différent, il n'y a pas d'âge précis et requis pour devenir propre. En réalité, on peut l'être entre 18 mois et 3 ans.

Plusieurs signes vous indiquent que votre enfant est prêt à aller sur le pot ou les toilettes :

– Des signes physiques : votre enfant marche, il monte les escaliers en alternant les jambes, il court et sait pédaler. Cela montre qu'il contrôle ses sphincters.

– Des signes intellectuels : votre enfant comprend quand vous lui demandez d'aller sur le pot ou aux toilettes, il a acquis le langage qui va lui permettre de demander à y aller à son tour.

– Des signes psychologiques : l'enfant est prêt à accepter cette demande de votre part, il est dans le partage. Il faut alors que vous aussi, ses parents, soyez disposés à le laisser grandir.

Comment faire ?

Au début, proposez à votre enfant d'aller sur le pot ou sur les toilettes à chaque fois que vous changez sa couche. Cela lui permet d'apprivoiser l'objet et le lieu. L'avantage du pot, qui doit toujours rester dans les toilettes, c'est qu'il est à la hauteur des tout-petits. Par contre, le fait d'avoir à le vider et le laver peut rebuter certains parents. Pensez alors à la solution du réducteur que l'on pose sur les toilettes, qui permet en plus à l'enfant de tirer la chasse d'eau, un moment de plaisir non feint ! Si votre petit ne fait ni pipi ni caca les premières fois, il va peu à peu comprendre à quoi servent les toilettes et apprendre à maîtriser ses envies.

Confiance et patience

L'acquisition de la propreté est un apprentissage qui, comme tous, comprend l'erreur. Il ne faut jamais gronder ou punir un enfant qui a un accident de propreté. Au contraire, donnez-lui confiance, dites-lui que vous croyez en lui. L'écoute et la patience sont essentielles.

Marie a dit

Quelques petites astuces pour faciliter ce moment qui peut être un peu stressant : prévoyez des vêtements simples à ôter et un accès facilité aux toilettes. Soyez disponibles à tout moment et évitez d'entrer dans un système de récompense, le renforcement positif (encouragements et félicitations) suffit amplement. N'oubliez pas de glisser un change dans votre sac et pensez également à vous munir d'une bonne dose de patience, de bonne humeur, d'un brin d'humour et d'une serpillière !

Parole d'expert

Dr Dominique Brunet, pédiatre

Si les parents placent trop tôt leur enfant sur le pot ou sur les toilettes, cela peut le mettre en situation d'échec, et il peut développer un problème de confiance en lui. Il doute alors de ses compétences.

Apprendre les couleurs

Vers 2 ans, votre enfant commence à parler et à nommer ce qui l'entoure. Les couleurs font partie de ce monde qu'il découvre.

Comment l'aider dans l'acquisition de ces notions assez abstraites et compliquées ?

Le rôle des parents

Si votre enfant commence à discerner les couleurs à la crèche ou chez l'assistante maternelle, il est important que vous participiez à son apprentissage. En effet, plus il sera stimulé et accompagné dans ses découvertes, plus il arrivera à apprendre le nom des couleurs et à les associer à ce qu'il voit. Pour cela, citez-les régulièrement dans la vie quotidienne, notamment lorsque vous l'aidez à s'habiller : nommez le gilet bleu, le tee-shirt rouge, les bottes jaunes... Vers 2 ans, concentrez-vous sur les couleurs primaires (le jaune, le bleu et le rouge), puis, progressivement, intégrez de nouvelles couleurs, pour arriver à une palette élargie vers 5 ans.

Jouer avec les couleurs

Dans cet apprentissage, l'approche scolaire – demander à votre enfant de répéter après vous ne fonctionnera pas. Le meilleur moyen de l'aider est de passer par la lecture et le jeu. De façon implicite et ludique, il s'appropriera ainsi les couleurs.

Bon nombre de livres pour la jeunesse s'intéressent au sujet (voir À lire).

Pour les jeux, vous pouvez commencer par lui proposer de trier par couleur des objets familiers, comme des feutres ou des crayons, mais aussi des gommettes. Puis, lorsque votre enfant est un peu plus à l'aise, offrez-lui un memory ou un loto des couleurs auquel vous pourrez jouer ensemble. L'important est que l'apprentissage reste amusant.

À lire

Petit-Bleu et Petit-Jaune, Leo Lionni, l'école des loisirs, 1979.
Des couleurs pour maman, Marta Sorte, Fleurus, 2017.
Les Couleurs de monsieur Bear, Virginie Aracil, Bayard Jeunesse, 2017.

« Moi tout seul ! »

Quel parent n'a jamais entendu cette phrase ? L'enfant la répète pour qu'on le laisse enfin tenir sa cuillère, enfiler ses chaussures...

Il arrive que les parents ne permettent pas à leur enfant d'aller au bout de ses expérimentations, pour plusieurs raisons : parce qu'ils sont pressés ou parce qu'ils ont peur qu'il se fasse mal, par exemple. Et si l'on était un peu plus à l'écoute de son envie de conquérir le monde ?

Un désir inné d'autonomie

Être autonome, c'est avoir du plaisir à faire par soi-même, c'est être acteur de ce que l'on fait. Le désir d'autonomie est partie intégrante de notre humanité. Dès la naissance, le bébé a des capacités. Il a rapidement la notion de ce que qu'il peut effectuer ou non. Petit à petit, il va apprendre à tenir son biberon seul, attraper des objets, se retourner sur le ventre, avancer, etc. Si, dès 5-6 mois, vous le laissez expérimenter par lui-même, sans faire à sa place, il sera plus simple pour lui de devenir autonome en grandissant.

Accompagner son enfant

Repérez et notez sur un carnet tous les petits succès de votre enfant. Sa relecture vous permettra de voir ses progrès, de lui faire confiance et de l'encourager. Essayez également de le faire participer autant que possible à la maison, pour qu'il devienne « sujet » et pas seulement « objet » de son quotidien. Par exemple, au moment des repas, évitez de lui donner à manger avec la cuillère parce que vous trouvez qu'il va trop lentement. Au contraire, acceptez qu'il prenne le brocolis, la carotte à la main... pour croquer dedans et découvrir les saveurs. C'est la même posture que pour la marche et le langage. Encouragez-le et évitez les commentaires négatifs (« Tu vas tomber », « Tu ne vas pas y arriver »). Par contre, ne laissez pas votre enfant faire tout ce qu'il veut ! Il y a des règles familiales et sociales à intégrer.

Parole d'expert

Dr Françoise Ceccato, pédiatre

Lorsque l'enfant ne parvient pas à faire quelque chose seul, il faut lui expliquer que l'échec n'est pas grave et que c'est encore difficile pour son âge. La bienveillance doit prévaloir.

Agathe a dit

Mon obsession de maman : autonomiser mes enfants. Par exemple, j'ai une maison avec beaucoup de marches et d'escaliers, je me suis toujours dit que plutôt que de mettre des barrières, il était plus constructif de leur apprendre à monter et descendre tout seuls. Pour faire en sorte que mon petit Félix s'habille sans moi, j'ai pris l'habitude d'enfiler le pantalon moi-même, en revanche je le laisse le remonter lui-même. Il a l'impression qu'il fait « tusseul », et ça lui apprend les bons gestes ! Il y a mille occasions d'essayer de les autonomiser, l'air de rien, au quotidien !

Parole de parent

Charlotte, maman de Joy (4 ans) et de Léon (2 ans et demi)

Lorsqu'ils ont eu 10 mois, ils ont commencé à manger tout seuls, à la cuillère. Pour leur faciliter la tâche, on a acheté des petits tabliers avec des manches. Au début, ils mangeaient un peu à la main. Aujourd'hui, ils veulent nous aider dans le quotidien : débarrasser la vaisselle, apporter les verres sur la table...

À lire

1 à 3 ans, la grande aventure de l'autonomie !, Françoise Ceccato, Mango, 2016.

La pédagogie Montessori chez le tout-petit

Comment mettre en pratique cette méthode qui séduit de plus en plus de parents ?

Encourager l'autonomie

D'après Maria Montessori (1870-1952), l'enfant, doté d'un « esprit absorbant », n'est pas à modeler. Le parent doit avoir une démarche réflexive et se demander à tout moment s'il n'est pas en train de diriger l'enfant, ce qui serait une erreur. L'idée majeure de cette pédagogie est en effet de mettre en place un environnement qui permette à l'enfant de s'autonomiser, d'organiser sa pensée et d'affiner ses perceptions sensorielles afin de pouvoir faire les choses seul.

À partir de quand ?

L'esprit Montessori peut être mis en place dès le temps de la grossesse ! En effet, en vous inspirant de l'haptonomie (voir p. 42), vous pouvez être en communication avec le bébé, le respecter et le considérer déjà comme une personne à part entière.

Comment l'appliquer ?

Les principes de la pensée Montessori peuvent être mis en place dans le cadre familial dès le plus jeune âge, avec toujours le souci d'apporter à l'enfant des opportunités de développement, dans un environnement préparé.

Concrètement, cela peut passer par l'installation du couchage (voir Passer au lit de grand, p. 192). Dans la chambre, l'enfant doit pouvoir accéder à ses jeux et livres, en veillant toutefois à ne pas le saturer en lui proposant trop de choses. Mieux vaut sélectionner quelques jeux sur lesquels il pourra se concentrer, tout en effectuant un roulement de la sélection. Dans le même ordre d'idées – ne pas contraindre, laisser une motricité libre –, vous éviterez d'utiliser un parc. Lors des sorties à l'extérieur une fois que l'enfant a acquis la marche, mettez la poussette de côté pour marcher avec lui, en prenant le temps de découvrir les nombreux trésors de la promenade.

FABRIQUER SON PROPRE MATÉRIEL

Vous aimez les activités manuelles ? La Maison des Maternelles vous propose un tutoriel animé par Henri Sequeira (voir aussi Ressource) pour créer un mobile, ainsi qu'un autre avec Laurence Loiseau-David (voir aussi À lire) dans lequel elle détaille la fabrication d'une balle de préhension ainsi que de coussins sensoriels.

Pour accéder aux vidéos, allez sur YouTube puis tapez dans la barre de recherche : « Comment fabriquer un mobile Montessori » et « Comment fabriquer son matériel Montessori ».

Benjamin a dit

J'ai dévoré le livre L'Enfant, *de Maria Montessori. C'est le texte de référence qui offre une introduction à la pédagogie Montessori. Pas besoin de se ruiner avec d'autres bouquins sur le sujet. Préférez toujours l'original. Vous allez tout comprendre, et vous pourrez piocher dans ce livre ce qui vous intéresse.*

Parole de parent

Alexandre Mourot, papa d'Ana et réalisateur du film documentaire *Le maître est l'enfant* (2017)

Pour moi, la méthode Montessori, c'est observer l'enfant dans son désir de construction. On voit que l'enfant a une envie naturelle de faire les choses. Il apprend à marcher seul, à parler seul, etc. Or, en tant qu'adulte, on a peur et on met des entraves à son développement, car on ne le laisse pas faire. Maria Montessori, c'est la confiance.

À lire

Série *Ma journée Montessori* (8 tomes), Charlotte Poussin, Bayard, 2018.
Je fabrique mon matériel Montessori, Laurence Loiseau-David, La Plage, 2017.

Ressource

lejardindekiran.com
Un site de ressources éducatives comprenant de nombreux tutoriels pour créer du matériel Montessori.

Dépister l'autisme infantile

Chaque année en France, on estime que 8 000 bébés naissent avec un trouble autistique.

Plus le diagnostic est posé tôt, plus vite les enfants peuvent être pris en charge et progresser dans de bonnes conditions. Quels sont les signes qui doivent vous alerter chez votre tout-petit ?

Définition

L'autisme est un trouble du neurodéveloppement qui survient précocement et associe des troubles de la relation et de la communication à des comportements spécifiques.

Il existe une grande variété de formes d'autisme, et les spécialistes s'entendent pour dire qu'il y a autant d'autismes que d'enfants autistes.

Les signes d'alerte

Avant 18 mois, les signes d'un trouble peuvent être discrets. Votre bébé peut présenter des difficultés au niveau de sa tonicité (lorsque vous le portez par exemple), une absence de babillage, d'échange de regards, de pointer... Mais cela peut aussi faire partie d'un développement un peu plus lent.

Après 18 mois, les signes deviennent plus identifiables chez votre enfant :

- des difficultés à s'engager dans une relation avec les autres (échanger des regards, répondre à son prénom ou à un sourire...) ;
- un retard de langage ou une utilisation particulière du langage (un langage très soutenu par exemple) ;
- une exploration particulière des objets : un enfant présentant un trouble autistique ne saura pas comment se servir d'un jouet, mais aura besoin de le sentir, d'observer ses couleurs etc. ;
- des activités répétitives ;
- des difficultés à supporter les changements ;
- des troubles sensoriels (sensibilité exacerbée au bruit, par exemple).

Que faire ?

Dans un premier temps, il convient de demander l'avis d'un généraliste, d'un pédiatre ou d'un médecin de PMI (Protection maternelle et infantile). Certains d'entre eux ne sont pas suffisamment formés...ce qui rend le diagnostic précoce difficile. Souvent, votre intuition et votre inquiétude en tant que parents vous poussent à consulter. Vous pouvez alors vous tourner vers un Centre ressource autisme (CRA), qui saura vous orienter pour trouver un spécialiste, ou vers des associations (voir Ressources).

Ressources

autismeinfoservice.fr
ou 0 800 71 40 40
Autisme Info Service est le premier dispositif gratuit et national, d'écoute et d'information.

Le site du Groupement National des Centres Ressources Autisme : www.gncra.fr

Le site du Groupement National des Centres Ressources Autisme : www.gncra.fr

Le site du gouvernement sur l'autisme : www.handicap.gouv.fr/autisme-et-troubles-du-neuro-developpement

www.sosautisme : une association composée de journalistes, avocats, médecins, chercheurs, infirmières scolaires, psychologues, chefs d'entreprise au service des familles touchées par l'autisme.

Le *terrible two*

Votre enfant pique des colères, dit non à tout, se roule par terre...
Il s'oppose désormais à toute autorité et vous laisse désarmés.

Autour de 2 ans, et parfois jusqu'à 4 ans, tous les enfants ou presque passent par une phase d'opposition classique que les spécialistes nomment communément le *terrible two*.

Une phase normale du développement

Vers l'âge de 2 ans, votre enfant entre dans l'âge de l'individuation : il comprend qu'il est différent de vous, ses parents, qu'il existe comme une personne à part entière, avec ses propres désirs et envies. Il s'affirme alors en s'opposant, ce qui peut se traduire par de grosses colères. Il teste ainsi vos limites mais également les siennes.
Cette phase d'opposition peut être courte ou longue selon les enfants, mais elle est tout à fait normale et nécessaire à leur développement.

Que faire ?

Même s'il est difficile de garder son calme, essayez de ne pas vous énerver. Si vous vous sentez dépassé, passez le relais à votre partenaire ou allez souffler dans une autre pièce (après vous être assuré que votre enfant est en sécurité là où il se trouve).
Voici quelques pistes pour aider votre enfant à retrouver son calme :
– Prenez-le dans vos bras pour le « contenir », en le berçant et en lui parlant calmement.
– Isolez votre enfant dans une pièce pour vous éviter de crier et d'entrer en conflit avec lui. Assurez-vous auparavant que la pièce ne présente aucune menace pour sa sécurité.
– Ne discutez ni ne justifiez vos décisions. Si vous avez dit « non », tenez votre position. Vous pouvez cependant essayer de formuler vos refus avec des phrases plus « positives ». Par exemple, au lieu de lui dire : « Non, tu ne peux pas prendre les ciseaux », dites : «Tu peux prendre les ciseaux à bouts ronds, et seulement si je suis à côté de toi. »
Ne culpabilisez pas si votre enfant fait des crises violentes, s'il se roule par terre dans les lieux publics et hurle dans la rue. Il ne le fait pas contre vous, mais pour lui. En exprimant fortement ses émotions et sa frustration, il franchit une étape charnière de sa construction.

ASTUCE

Vous pouvez investir dans un Time Timer (ou un sablier) qui permettra à l'enfant de visualiser le temps qui passe grâce à la couleur qui s'amenuise parallèlement. Ainsi, il ne sera pas pris au dépourvu lorsqu'il devra aller prendre son bain ou passer à table ou arrêter de jouer.

Agathe a dit

Entre 2 et 3 ans, je n'ai jamais entendu un « oui » sortir de la bouche de mes enfants. Ils ont tous les deux tapé leur nounou, hurlé à la moindre contrariété, ce qui donne des scènes assez géniales dans les endroits publics, surtout quand on donne des conseils tous les matins à la télé ! La seule chose qui marche sur le moment, je pense, c'est de prendre en compte leur émotion. Dès qu'on dit à son enfant « Je vois que tu es fâché », plutôt que « Chut », il se calme un peu (un peu). Et puis cette période passe, je n'y croyais pas mais ce n'est pas un trait de caractère, ça passe vraiment !

À lire

La Couleur des émotions, Anna Llenas, éd. Quatre Fleuves, 2014.
Le Livre en colère !, Cédric Ramadier et Vincent Bourgeau, l'école des loisirs, 2016.
Calme et attentif comme une grenouille, Eline Snel, Les Arènes, 2017.

Les gens se la pètent, c'est abusé.

Passion cacher des objets.

CHAPITRE 4

Enfance

Les émotions de l'enfant

L'intensité des émotions exprimées par nos jeunes enfants nous surprend parfois.

Éclater de rire, piquer une colère, pleurer à chaudes larmes… Les émotions jouent un rôle fondamental dans les relations aux autres et dans la vie de tous les jours. Comment aider vos enfants à les reconnaître et à les canaliser ?

Qu'est-ce qu'une émotion ?

L'émotion est une réaction déclenchée par notre organisme pour lui permettre de s'adapter à une situation spécifique. Il existe 6 émotions « primaires » : la joie, la tristesse, la peur, la colère, la surprise et le dégoût. Par exemple, le fait de bondir sur le trottoir en entendant une voiture arriver vite est une réaction physique à la peur qu'on éprouve. Les scientifiques qualifient ce phénomène de « circuit court » : notre corps perçoit quelque chose et le cerveau déclenche la réaction appropriée. Cette réaction est différente de ce que les scientifiques nomment les « relations émotionnelles de circuit lent » : dans ce cas, le comportement est déclenché par une pensée, et non par une émotion. Un enfant qui a peur du noir (parce qu'il pense que l'obscurité est peuplée de créatures hostiles) se montrera angoissé s'il doit s'endormir dans une pièce trop sombre. Cela s'appelle une « réaction émotionnelle secondaire », un sentiment. Ainsi, la joie et la colère sont des émotions, mais pas l'angoisse ou la déception.

Dès la naissance

Dès ses premiers jours de vie, votre bébé commence à distinguer les expressions émotionnelles des gens qu'il rencontre, par le biais du visage mais également de la voix. Il lui faudra ensuite 6 à 7 mois pour apprendre à les discriminer et à les reconnaître. Lorsqu'il vient au monde, votre enfant a un fort besoin d'attachement et d'amour : les premiers mois, il va rechercher, à travers les regards mais aussi les sourires, à interagir avec vous pour développer cet attachement qui lui est nécessaire. Néanmoins, même s'il sourit, montre sa joie, ou sa colère lorsqu'il pleure, il n'est pas encore capable de comprendre ses émotions, ni de les réguler.

Gérer ses émotions

Les études scientifiques l'ont démontré : il existe une relation entre la gestion émotionnelle et les compétences académiques (apprendre à lire et à écrire, par exemple) d'une part, et les compétences sociales (c'est-à-dire nos rapports aux autres) d'autre part. Ainsi, un enfant qui apprend à gérer ses émotions sera plus à même de réussir à l'école et d'avoir des interactions facilitées à l'âge adulte.
Cette gestion et cette régulation s'acquièrent dans le temps ; votre enfant évalue son émotion au regard de l'événement qui l'a créée. Cette évaluation lui prend du temps, et c'est pour cette raison que lorsqu'il est petit, il a du mal à réguler ce qu'il ressent. Sans compter que l'événement vécu peut être interprété positivement ou négativement, avec des conséquences émotionnelles différentes.

Accompagner les émotions

Il est essentiel de ne pas réprimer les émotions, de laisser votre enfant les vivre, et de l'accompagner dans leur gestion, notamment lorsqu'il s'agit de colère ou de tristesse. La première chose à faire est de les nommer, car mettre des mots sur ces émotions permet de les comprendre et de les contenir. Pour cela, vous pouvez utiliser des outils comme des photos, des livres, des jeux pour travailler sur le vocabulaire et la différenciation des émotions. Vous pouvez aussi fabriquer une roue des émotions. De nombreux modèles sont téléchargeables sur internet. La roue, pouvant être en carton, est percée en son centre par une flèche, fixée avec une attache parisienne. Elle est composée de différentes parties, chacune représentant une émotion. L'enfant peut diriger la flèche vers sa propre émotion et mettre des mots dessus. Vous pouvez aussi « faire semblant » en jouant à avoir peur, avoir mal, être triste ou très heureux… À travers ces jeux de simulation, votre petit apprend à vivre ses émotions et à réguler leurs conséquences. Si votre enfant est submergé et fait une crise, prenez un moment ensuite, lorsqu'il a retrouvé son calme, pour parler de ce qui s'est passé afin de l'aider à y voir plus clair. Enfin, s'il est submergé régulièrement par ses émotions, n'hésitez pas à aller voir un professionnel pour en parler et trouver des solutions.

Benjamin a dit

Pourquoi ne pas proposer à votre enfant de jouer avec ses poupées, ou ses doudous, et de mimer les émotions qu'il connaît bien ? Par exemple, imaginer son petit lapin dans une colère toute rouge, puis dans un grand bonheur, puis dans une tristesse infinie, etc. Cela aidera votre enfant à comprendre ce qui le traverse lorsqu'il ressent l'une de ces émotions.

À lire

Le Cahier Émotions des enfants, Gilles Diederichs, First, coll. « Ma p'tite famille », 2019.
Au cœur des émotions de l'enfant, Isabelle Filliozat, JC Lattès, 1999.
Quand ça va, quand ça va pas : leurs émotions expliquées aux enfants, Philippe Grimbert, éd. Clochette, 2019.

Mon enfant est anxieux

De nombreux enfants manifestent de l'anxiété lorsqu'ils doivent faire face à la séparation, à une situation nouvelle ou à un événement extraordinaire.

Que faire lorsque le stress prend toute la place ? Comment réussir à apaiser votre enfant ?

C'est quoi l'anxiété ?

La peur est une réaction normale, éprouvée par tous, qui nous prévient d'un danger réel (ne pas toucher un four chaud, faire attention en traversant la rue, etc.). Elle a toujours un objet et ne dure pas.

L'anxiété est au contraire sans objet (il n'y a pas de cause déterminée), et peut envahir votre enfant sans qu'il arrive à la surmonter. Elle est souvent durable. Il peut la ressentir dès son plus jeune âge, notamment lorsqu'il ne comprend pas ce qui arrive autour de lui et qu'il s'en inquiète.

Les signes

Il n'y a pas un seul symptôme d'anxiété. Ce sont généralement des signaux associés qui doivent vous alerter chez votre enfant :

- manies et gestes répétitifs ;
- maux de ventre ;
- pleurs inexpliqués ;
- difficultés à rester calme, instabilité corporelle ;
- ongles rongés ;
- besoin constant d'être rassuré ;
- inhibition exagérée.

Tous ces signes montrent que votre enfant se sent dépassé et envahi par son anxiété. Cette dernière peut même l'empêcher d'agir ou le mettre dans des états de stress compliqués (peur d'aller à l'école par exemple).

Que faire ?

Chaque enfant est unique et il vous faudra trouver les solutions adaptées à son cas particulier. Cependant, certaines pistes ont fait leurs preuves :

- jouer pour raconter la peur ;
- lire des contes et des histoires pour l'extérioriser ;
- discuter avec votre enfant pour qu'il verbalise son anxiété ;
- le rassurer et lui parler, même lorsqu'il est tout petit.

L'important est de faire parler votre enfant, lorsque cela est possible, pour qu'il puisse raconter ce qu'il vit.

Vous pouvez aussi pratiquer des exercices de respiration, de visualisation et faire de la méditation avec lui (voir p. 208).

En cas de doute ou si vous sentez votre enfant en grande souffrance, un pédopsychiatre peut l'aider à surmonter son anxiété.

Agathe a dit

Mes enfants sont tous les deux passés par des moments d'anxiété : l'un se rongeait les ongles, l'autre a traversé une petite période où j'avais l'impression qu'il avait des tics.

À chaque fois on m'a conseillé la même chose : ne plus les gronder, « resserrer » sur eux, faire de longs câlins, partager des moments en tête à tête (même très courts). Et, à chaque fois, ça a marché !

À lire

Le Cahier Enfant serein, Nathalie Saulnier, First, coll. « Ma p'tite famille », 2018.

Booster la confiance en soi

En tant que parents, vous avez envie que votre enfant soit bien dans sa peau, heureux et épanoui. Comment l'accompagner ?

Nombreux sont les enfants qui doutent, qui ne se sentent pas à la hauteur et n'ont pas confiance en leurs capacités. Comment détecter le mal-être et, surtout, comment les aider à aller mieux ?

Un moteur

La confiance en soi est une sensation, changeante et volatile, qui donne à l'enfant le sentiment qu'il a les compétences nécessaires – acquises par lui-même – pour aller dans le monde, pour réussir à effectuer une tâche. Cette confiance est un moteur, elle évolue selon l'âge et peut concerner des domaines différents : un enfant peut par exemple avoir confiance dans ses capacités intellectuelles et moins dans ses capacités manuelles.

Le manque de confiance

Les enfants en manque de confiance peuvent l'exprimer de multiples façons : par exemple, soit ils montrent leurs doutes à chaque obstacle rencontré (faire les devoirs, apprendre à rouler sur un vélo sans petits roues…), soit, au contraire, ils se mettent en avant de façon disproportionnée pour se valoriser et obtenir l'approbation des autres.
Le manque de confiance peut être induit par des parents qui dévalorisent, des parents inquiets qui transmettent leur angoisse à leur enfant, ou encore par un échec mal vécu par l'enfant.

Que faire ?

Chaque enfant est particulier et vous devrez trouver des solutions qui fonctionnent pour le vôtre. Malgré tout, certaines pistes peuvent vous aider : encouragez-le ! Il ne s'agit pas de complimenter sans cesse votre enfant, mais de valoriser son autonomie et donc sa confiance en lui, en lui montrant qu'il est « capable » de faire de multiples choses. Soulignez ses efforts, en étant le plus descriptif possible, pour qu'il en soit fier et s'en souvienne. Multipliez les occasions d'expériences réussies et valorisantes lorsque vous savez qu'il est à l'aise dans un domaine. Enfin, laissez-le mener ses propres expériences.
Vous pouvez aussi inscrire votre enfant à un cours de théâtre pour le pousser à aller vers les autres. Le sport lui apprendra à dépasser ses peurs et lui transmettra des valeurs positives. Faire de la méditation et de la relaxation (voir aussi p. 208 et p. 212) peut également le calmer et l'amener à puiser des forces en lui-même.

À lire

L'Éducation positive, Ève Aboucaya et Candice Kornberg Anzel, Marabout, 2018.

Et si on essayait l'éducation positive ?

Nombreux sont les parents qui cherchent à éduquer leurs enfants dans la bienveillance et l'écoute.

Il est loin le temps où l'autorité était le maître mot des parents. Fini les punitions, les cris et les menaces, place au dialogue. Aujourd'hui, l'éducation positive, qui met en avant la bienveillance, réunit de plus en plus d'adeptes, convaincus qu'accueillir les émotions dès le plus jeune âge et être à l'écoute les rendra plus responsables et plus heureux.

Comprendre les principes

Quelques grands principes régissent l'éducation positive.

Elle développe la coopération : il ne s'agit pas d'imposer les choses à votre enfant mais d'agir en « équipe ».

Elle permet d'avoir une posture ferme et bienveillante : la fermeté repose sur le respect de soi, du cadre (la situation, les interdits…). La bienveillance, c'est être « connecté », respecter le monde de l'enfant, s'assurer qu'il est entendu et a une place.

Elle encourage l'appartenance et la contribution : le but est que votre enfant ait le sentiment d'appartenir à un environnement social (la famille, la plupart du temps) et d'y avoir son importance (par exemple, son avis est pris en compte).

Enfin, elle favorise l'encouragement : on essaie de développer chez l'enfant le sentiment d'être « capable » de faire les choses ; l'erreur est une opportunité d'apprentissage, autant pour les enfants que pour les parents.

Comment appliquer l'éducation positive ?

Il n'est pas simple de mettre en place la pédagogie positive chez soi. Voici deux étapes essentielles à retenir pour y parvenir :

– Utilisez la question plutôt que l'injonction. Par exemple : « Mets ton manteau » signifie « Je suis le parent et c'est moi qui pense ». Alors que si vous posez la question « De quoi as-tu besoin pour sortir ? », vous invitez votre enfant à être acteur de ce qui se passe, à penser par lui-même.

– Ayez recours au temps de pause en cas de conflit, par exemple si l'aîné tape le plus jeune. Dans un premier temps, expliquez à votre aîné qu'il ne peut pas se comporter ainsi, puis laissez-le dans son espace « temps de pause », un lieu où il pourra se calmer et se recentrer, aidé de son doudou, d'une pratique de respiration… tandis que vous consolez le plus jeune. Essayez ensuite de comprendre pourquoi il y a eu un acte violent en posant des questions à l'aîné. Cela permet à l'enfant de mettre en mots sa frustration, d'exprimer ses sentiments. Enfin, vient le temps de la réparation. Demandez à votre enfant ce qu'il pourrait faire pour montrer qu'il est désolé. Il est alors impliqué dans la réparation, que vous n'imposez pas seul.

Ferme mais bienveillant !

Dans l'éducation positive, il est important de rester ferme et bienveillant. Par exemple, si votre enfant renverse tous ses jouets dans sa chambre, dites-lui : « Je ne suis pas satisfait(e) du désordre que tu as mis dans ta chambre », puis « Tu pourras aller dehors quand tu auras rangé ». Dans le cas où votre enfant ne veut pas ranger, suscitez la coopération, en sortant de la lutte de pouvoir, et cherchez une solution ensemble.

On est ainsi loin de l'idée reçue que l'éducation positive créerait des enfants rois. Bien au contraire, elle permet à l'enfant de grandir dans un climat de respect mutuel.

Parole d'expert

Béatrice Sabaté, psychologue clinicienne

Aujourd'hui, il est démontré qu'un enfant qui se sent encouragé est plus armé pour réussir sa vie d'adulte.

À lire

Le Cahier Éducation bienveillante, Benjamin Muller, First, coll. « Ma p'tite famille », 2019.

Parents bienveillants, enfants éveillés, Laurence Dudek, First, 2017.

Lis-moi une histoire !

Souvent, votre enfant vous réclame le même livre, encore et encore. Mais pourquoi ne veut-il pas plus varier ses lectures ?

Laurence Rameau, puéricultrice, vous explique la place du livre dans le développement de bébé et sa préférence pour la lecture du même livre.

À partir de quand ?

Le livre est à proposer très tôt dans la vie de bébé, et il fait alors partie de son quotidien.

Le petit le découvre d'abord en tant qu'objet et voit comment il peut agir dessus. Ainsi, pour les plus petits, choisissez des livres cartonnés ou sensoriels qui permettent la manipulation et la découverte des pages à tourner. L'enfant crée ainsi une relation affective avec le livre avant même de le considérer pour les histoires qu'il offre, le jeu des mots et des images, les émotions qu'il procure. D'ailleurs, pour les livres avec histoires, privilégiez ceux où il y a une seule image par page car les bébés s'intéressent à tout et donc peuvent être perdus par l'afflux de sollicitations visuelles. Les livres imagiers sont excellents pour apprendre du vocabulaire.

Un apprentissage

Le bébé apprend par la régularité et la répétition. Lorsqu'il rencontre des objets, des mots, des manières d'être ou de faire, il cherche à les comprendre. Pour cela, il les rapproche de ce qu'il connaît déjà. Il prend alors beaucoup de plaisir à anticiper la suite, et cela le rassure également. En relisant la même histoire encore et encore, il vérifie que les mots sont à la bonne place dans les phrases, que les phrases correspondent bien aux images. Et c'est ainsi qu'il apprend les mots, les phrases, le sens de l'histoire et le plaisir d'apprendre.

Quelques conseils

Installez-vous confortablement ! Au moment de la lecture, laissez-lui le choix : même si c'est le parent qui crée sa bibliothèque, c'est à l'enfant de décider du livre qu'il a envie de parcourir avec vous. Dans le cadre d'une lecture répétée, n'inventez pas les histoires mais lisez bien ce qui est écrit, car sinon l'enfant ne peut pas apprendre. En suivant avec le doigt, il saisit aussi que les mots prononcés correspondent à des signes écrits. Mais n'hésitez pas à lui proposer d'autres livres, plusieurs fois le même, qui pourront à leur tour devenir ses livres préférés...

Benjamin a dit

Si un soir (ça peut arriver), vous avez un peu la flemme de lire une histoire à votre enfant, pourquoi ne pas lui faire écouter une histoire en podcast ? Des braves comédiens qui font le boulot pour vous. Et quitte à sécher l'histoire, autant découvrir le podcast créé par... ma petite personne. Ça s'appelle « Encore une histoire » et le but est justement de venir en soutien des parents fatigués au moment de l'histoire du soir.

Parole d'expert

Laurence Rameau, puéricultrice

Le livre permet d'apprendre du vocabulaire, de solliciter l'imagination, de comprendre la relation entre le signe écrit et l'image. Il est plaisir avant tout. Il est un objet de culture.

S'habiller seul comme un grand !

Votre enfant grandit et veut tout faire tout seul !
Comment l'aider à devenir plus autonome ?

Parole de parent

Agathe, maman de Tom (2 ans)

Nous aidons toujours Tom à s'habiller et installons des rituels. Ses frères et sœurs lui donnent l'exemple. Au moment de la douche ou du réveil, c'est lui qui prépare, choisit et apporte ses affaires, et nous l'assistons ensuite.

Un peu avant ses 2 ans, l'enfant peut commencer à s'habiller seul. Généralement, il sait se déshabiller avant de s'habiller. Comme il l'a fait avec ses poupées, il peut dès 18 mois enlever ses propres vêtements s'ils sont faciles à retirer. Mais il faut attendre 2-3 ans pour qu'il s'habille vraiment tout seul.

Quels vêtements choisir ?

Prévoyez des vêtements faciles à enfiler en fonction de la température de la maison et des sorties en extérieur. Ils doivent être confortables : pas de vêtements qui grattent ou qui piquent. Pas de vêtements trop serrés non plus, ou qui remontent et font des plis. Pour les filles, privilégiez les leggings ou des petits pantalons souples et doux à la place des collants qui glissent tout le temps.

L'aider en s'amusant

En fin de journée, préparez avec votre enfant les vêtements qu'il portera le lendemain, en lui laissant le choix (par exemple entre deux pantalons, une robe ou une jupe, des hauts de différentes couleurs…). Cela développera son autonomie et permettra d'anticiper d'éventuelles oppositions. Acceptez aussi des goûts vestimentaires qui ne sont pas les vôtres !

Le matin, réveillez-le un peu plus tôt pour qu'il prenne son temps, car les enfants sont souvent trop bousculés. Placez-vous à sa hauteur pour l'encourager. Pour l'aider, vous pouvez faire la moitié de la tâche chacun : roulez les chaussettes au bout de ses orteils et demandez-lui de les remonter, positionnez ses pieds dans le pantalon et dites-lui de l'enfiler, laissez-le glisser sa tête dans le pull et aidez-le pour mettre les bras dans les manches. Vous pouvez faire semblant de vous tromper pour l'amuser : la culotte se met sur la tête ou sur les fesses ? Les chaussettes s'enfilent sur les mains ou sur les pieds ? Le temps de l'habillage doit rester un moment de plaisir partagé !

Marie a dit

Pour entraîner les petites mains dès 2 ans, vous pouvez trouver en librairie des livres à manipuler avec des zipettes à remonter, des fils à lacer et des gilets à boutonner. Optez également pour des vêtements simples à enfiler : pull à encolure large, gilets réversibles, chaussures à scratch. N'hésitez pas à customiser les vêtements de votre enfant : un autocollant coupé en deux et collé dans le fond de la chaussure pour savoir où va la gauche et où va la droite ; un porte-clé ou un scoubidou accroché à la zipette du manteau pour la remonter avec plus de facilité.

Passer au lit de grand

Vers 2 ans et demi, votre enfant devient trop grand pour son lit à barreaux. Il est temps pour lui de dormir dans un nouveau lit.

La plupart des enfants changent de lit vers 2 ans et demi. Toutefois, alors que certains prennent leur temps, rassurés par leur lit de bébé, d'autres l'escaladent déjà à 18 mois ! Il faut être à l'écoute de votre enfant et faire évoluer le lit en fonction de ses besoins et de son développement.

Un lit évolutif

La solution la plus classique est d'opter pour le lit évolutif : vous pouvez investir dans un lit à barreaux qui se transforme ensuite en lit de « moyen », avec un côté abaissé pour faciliter la transition, puis enfin en lit de grand quand vous ôtez les deux côtés. Lorsque vous installez votre enfant dans un lit de grand, aidez-vous de petits outils sécuritaires comme les barrières de lit qui l'empêchent de tomber. Elles sont généralement pliables, ce qui permet de les emporter pour les vacances.

Qu'en dit Montessori ?

Vous pouvez aussi suivre les recommandations de Maria Montessori (voir p. 176) et faire dormir votre enfant sur un matelas posé à même le sol. Cette médecin, célèbre pour sa pédagogie, trouvait en effet souhaitable de limiter l'utilisation du lit à barreaux et de le remplacer, dès que l'enfant sait se mouvoir seul (vers 9-10 mois), par ce dispositif. Bien entendu, il faut vérifier qu'il n'y a rien de dangereux pour l'enfant dans la chambre. Disposez à sa hauteur des livres et des jouets. Une telle organisation développe son autonomie : quand votre enfant se réveille, il a une vue globale de sa chambre et peut quitter son lit quand il le souhaite.
Idéalement, si vous disposez un matelas au sol, ajoutez un tapis pour amortir la descente qui peut être un peu chaotique au début, car votre enfant ne maîtrise pas encore tous ses mouvements à la perfection.

Marie a dit

Pas de précipitation concernant le passage au lit de grand ! Chaque enfant est différent et parfois certains se sentent bien mieux dans leur petit lit, alors tant qu'ils y dorment bien, ne changeons rien.
Pour faciliter la transition, n'hésitez pas à accompagner ce passage avec des outils rassurants qui favorisent l'autonomie de votre enfant : une veilleuse nomade pour ses déambulations nocturnes (un pipi ou un cauchemar) ainsi qu'un réveil pour signaler aux petits lève-tôt… qu'il est bien trop tôt !

Mon enfant est précoce

Une particularité qui présente à la fois des atouts et des difficultés... Quels signes présente un enfant à « haut potentiel intellectuel » ? Comment ses parents peuvent-ils l'aider à s'épanouir ?

Les signes à surveiller

Même s'il est difficile de généraliser, la majorité des enfants HPI sont très éveillés dans l'interaction. Certains ont un tonus musculaire au niveau du cou comme s'ils le tendaient pour tout voir. L'acquisition du langage se fait tôt, tout comme la stature debout, mais pas forcément la marche. Ils sont également très sensibles. Comme beaucoup de tout-petits, ces enfants posent beaucoup de questions. La particularité étant qu'elles s'enchaînent rapidement.

Quel QI ?

Seul un professionnel peut poser le diagnostic de la précocité. Techniquement, le test de QI peut se faire à partir de 2 ans et demi. Mais en terme de traitement de l'information, l'enfant de moins de 3 ans n'a pas atteint le plein emploi de sa machinerie mentale. Le score ne va pas augmenter avec l'âge mais certaines choses peuvent s'affiner. Émotionnellement, c'est un peu tôt. On conseille donc de le faire à partir de 4-5 ans pour les plus jeunes. La norme du QI se situe entre 90 et 110, le maximum étant 160. En France, on est considéré HPI à partir de 130.

Et à l'école ?

Contrairement à ce que l'on pourrait imaginer, les enfants précoces n'y ont pas forcément la vie facile... Ils rencontrent en général 3 types de difficultés :

- un manque de confiance en soi paradoxal ;
- des difficultés au niveau du travail scolaire. Ils n'ont pas l'habitude d'approfondir et confondent apprendre et comprendre ;
- des difficultés sur le plan relationnel : c'est complexe d'être en lien avec les autres. Face à cela, certains parents choisissent de les scolariser dans des établissements leur proposant un accueil particulier, mais qui restent peu nombreux. Cependant, il faut savoir qu'il existe des dispositifs d'accueil dans chaque académie avec un référent qui est là pour accompagner les familles.

UNE PRÉCOCITÉ GÉNÉTIQUE ?

Le gène de l'intelligence n'existe pas ! Les enfants précoces ont une particularité neurophysiologique : il y a plus de connexions entre la zone frontale et la zone pariétale de leur cerveau. Il y a donc plus d'informations transmises mais aussi plus d'hypersensibilité. Certaines zones cérébrales s'agitent à des moments où elles ne le devraient pas.

Ressources

www.prekos.fr Une association de chefs d'établissement qui mettent en commun les dispositifs d'accueil pour les enfants précoces.
La fédération ANPEIP Association nationale pour les enfants intellectuellement précoces.

Stop à la fessée !

Dangereuses et inutiles, les fessées n'ont plus leur place dans l'éducation.

Ces punitions d'un autre temps perturbent l'enfant et génèrent du stress.

Pourquoi donne-t-on une fessée ?

Il existe de nombreuses raisons qui poussent certains parents à donner des fessées. Cela peut venir de leur propre éducation : les adultes ayant reçu des fessées étant enfant ont vu ce schéma s'inscrire inconsciemment dans leur cerveau. Lorsqu'ils se sentent impuissants face au comportement de leur enfant, ils perdent le contrôle et reproduisent ce qu'ils ont vécu, en cédant à une pulsion de violence.

D'autres parents voient la fessée comme un geste anodin, faisant partie intégrante de leurs « outils éducatifs » et leur permettant d'asseoir leur autorité.

D'autres enfin en viennent à donner des fessées par fatigue et par stress : à la fin d'une journée de travail, alors qu'ils sont épuisés, une colère de leur enfant les amène à réagir violemment.

Les effets sur le cerveau

Les neurosciences montrent aujourd'hui que les violences répétées (fessées, punitions, menaces, mots durs...) perturbent profondément le cerveau de l'enfant. Lorsqu'un enfant reçoit trop souvent des fessées, il sécrète du cortisol, qu'on appelle aussi « l'hormone du stress ». Ce cortisol est toxique pour son cerveau en pleine construction. Plus ces épisodes de stress sont importants ou fréquents, plus la sécrétion de cortisol est abondante et risque de détruire certains neurones se trouvant dans les zones qui permettent au cerveau de réguler ses émotions et de gérer son stress. Dans le même temps, le nombre de récepteurs à ocytocine (hormone de relation et d'amour) diminue.

Que faire en cas de crise

Selon Isabelle Filliozat, psychologue, essayez d'abord de comprendre ce qui se passe dans la tête de votre enfant (voir p. 162). Son cerveau encore immature ne lui permet pas de réguler ses émotions comme le ferait celui d'un adulte. Ce que le parent interprète comme un caprice est en réalité une situation de stress pour l'enfant. Lui donner une fessée ne ferait qu'augmenter ce stress, et la production de cortisol. Il faut donc l'amener à se calmer, en faisant monter l'ocytocine et baisser le cortisol avec un câlin, par exemple. Échanger des « je t'aime », faire un bisou ou jouer avec lui, charge son organisme en hormones du bonheur. Ensuite, tentez de comprendre comment la crise est arrivée. Enfin, si jamais vous avez donné une fessée, essayez de « réparer » en parlant avec votre enfant, en nommant la peur et la honte : « Je t'ai frappé. J'ai été envahi. Qu'est-ce que tu t'es dit dans ton cœur ? » Ne laissez pas les choses en l'état, mais crevez l'abcès. De cette façon, l'enfant va se libérer de ce qu'il a ressenti, notamment de sa peur.

Parole d'expert

Isabelle Filliozat, psychologue

Jamais rien ne justifie une fessée à n'importe quel âge, à moins que l'on souhaite abîmer son enfant.

CE QUE DIT LA LOI

La loi anti-fessée a eu du mal à voir le jour : d'abord censurée en 2017 par le Conseil constitutionnel, elle a fini par être adoptée en novembre 2018 par l'Assemblée… avant de rester longtemps bloquée au Sénat et d'être enfin votée et promulguée en juillet 2019. Par comparaison, la Suède, pays précurseur, a interdit tout châtiment corporel envers les enfants en 1979.

Benjamin a dit

Vous détestez donner une fessée à votre enfant, vous savez que c'est désormais interdit par la loi. Mais c'est arrivé, vous avez donné une fessée. Après, vous êtes mal, et vous culpabilisez. Mon conseil : excusez vous. Qui a dit qu'un parent ne devait jamais s'excuser ?

À lire

J'ai tout essayé, Isabelle Filliozat, JC Lattès, 2011.

Au cœur des émotions de l'enfant, Isabelle Filliozat, JC Lattès, 1999.

Parole de parent

Nathalie, maman d'Ambre (5 ans) et de Zoé (3 ans)

J'ai commencé à éduquer mes filles de façon assez traditionnelle, à l'image de ma propre éducation, et cela m'est arrivé de donner des fessées. Or, en observant mes filles, je me suis rendu compte que l'aînée était plus anxieuse et que la cadette allait plus facilement vers les autres, était plus ouverte. Cela m'a donné à réfléchir sur ma méthode d'éducation. Depuis 18 mois, j'ai changé ma façon de faire : je donne beaucoup d'explications, j'anticipe les situations que nous allons vivre, j'utilise la diversion. En cas de crise, je fais un câlin tout de suite, puis nous utilisons la roue des émotions (voir p. 184).

Que faire si mon enfant tape, mord, griffe ?

La plupart de ces comportements sont normaux et s'expliquent facilement. Il faut cependant rester vigilant.

Chez les moins de 3 ans, les comportements agressifs sont assez courants. Les petits enfants se disputent pour des jouets, pour des problèmes de territoire… Cela fait partie du développement normal.

Une étape nécessaire

L'agressivité structure les relations sociales en les faisant évoluer vers l'échange et la communication. Il s'agit d'un instinct adaptatif. Les enfants sont des êtres en devenir qui passent par des étapes de développement indispensables, dont l'agressivité fait partie. Chez les tout-petits, il s'agit souvent de gestes purement exploratoires (tirer les cheveux, enlacer vigoureusement, mordre, lancer des objets, etc.). La très grande majorité des enfants commettra un geste agressif à un moment ou à un autre. Cette conduite diminue habituellement vers l'âge de 3 ans, avec l'acquisition du langage qui permet à l'enfant d'exprimer ses sentiments et de les comprendre. Cela lui donne accès à la compréhension subtile des choses et lui permet de vivre plus sereinement.

Quand s'inquiéter ?

Pour savoir si l'agressivité de l'enfant est excessive, il faut s'intéresser à la fréquence de ce comportement et à sa permanence. Si l'enfant ne trouve pas d'autre mode de relation ou si ce comportement est associé à d'autres symptômes (retard de développement, anxiété…), il faut s'en préoccuper et éventuellement aller consulter un psychologue ou un pédopsychiatre. L'agressivité est le symptôme d'un malaise psychique qui peut avoir plusieurs causes : un retard de développement, des problèmes anxieux, dépressifs… Cela peut aussi être réactionnel : violence subie, maltraitance. Ou encore l'expression d'une inquiétude causée par l'arrivée d'un nouveau bébé, une séparation, un deuil, un déménagement ; une rupture dans la vie quotidienne de l'enfant en somme, la peur de perdre la protection, l'amour de la mère. Cette peur peut s'exprimer par des conduites agressives.

Comment agir ?

Pour les causes « ordinaires » comme une grossesse, un déménagement, il suffit souvent d'expliquer à l'enfant que les parents prennent les décisions qu'il doit accepter ce changement, renoncer à être un enfant unique ou à perdre son ancienne maison… Cet apprentissage est obligatoire. Les parents doivent amener l'enfant à se retenir de taper.

Agathe a dit

Mon petit Félix n'arrêtait pas de taper, griffer et même cracher (vous avez bien lu) sur toute personne qui le contredisait. Quel merveilleux souvenir que sa première rencontre avec l'assistante maternelle de la crèche (surtout pour elle), lorsqu'en réponse à son « Bonjour Félix, je suis très heureuse de te rencontrer », elle a reçu un immense crachat en pleine figure, suivi d'un « Veux pas ! » On était désespérés, croyant avoir engendré un futur sociopathe. On m'avait conseillé de mettre des limites mais de ne pas m'énerver, parce que c'est plutôt contre-productif. Eh bien, sachez que ça marche : je n'en revenais pas, et pourtant je vous le confirme, ça passe comme c'est venu ! (Mais on a l'impression que ça dure mille ans.)

Parole d'expert

Dr Guillaume Bronsard, pédopsychiatre

Des comportements agressifs répétitifs sont le symptôme d'un enfant qui ne va pas bien.

Mon enfant ment

La vérité sort peut-être de la bouche des enfants…
mais les mensonges aussi !

Les affabulations de vos enfants vous font parfois sourire et rire… mais comment doit-on y réagir ? Et pourquoi se mettent-ils un jour à mentir ?

Les affabulations

Dès l'âge de 3-4 ans, votre enfant, qui a acquis le langage, commence souvent à inventer des histoires et des faits. Plus que des mensonges, il s'agit d'affabulations. Son imaginaire, très développé, lui permet de croire que tout est possible. Cela enchante sa vie, marquée par un manque d'autonomie, une dépendance aux parents et des émotions qu'il a parfois du mal à gérer. Avec ses affabulations, il développe un sentiment de toute-puissance par lequel il pense influer sur ce qui l'entoure.

Les mensonges

Lorsque votre enfant grandit et qu'il atteint l'âge de raison (c'est-à-dire environ 7 ans), sa capacité à raisonner se développe. Il apprend à tenir à distance son imagination, ce qui l'ancre de plus en plus dans la réalité. Un enfant qui à cette période de sa vie continue à raconter des histoires n'est plus dans l'affabulation, mais entre dans le mensonge. Il peut l'utiliser pour se protéger, pour éviter une punition, un mauvais jugement, ou le regard des autres qui le gêne.

Comment réagir ?

Lorsqu'un enfant affabule, ne rentrez pas dans son jeu. Même si la situation peut être drôle, il est nécessaire de lui dire que, si son histoire est jolie ou intéressante, elle ne reflète pas la réalité. L'aider à sortir de son impression de toute-puissance est une étape importante et nécessaire de son éducation et de son cheminement.

Lorsqu'il est plus grand, s'il continue à mentir, ce peut être le signe d'une souffrance ou d'un malaise, et, dès lors, ce n'est plus anodin. Surtout, ne le punissez pas, expliquez-lui que son attitude met à mal votre confiance. Si malgré tout les mensonges persistent, il peut être utile de l'emmener consulter un pédopsychiatre.

À lire

C'est pas ma faute, maman !, Emmanuelle Eeckhout, l'école des loisirs, coll. « Pastel », 2015.

Les Histoires de la récré – Mon voisin de classe est un martien, Grégoire Mabire et Éric Chevreau, Hatier, coll. « Premières lectures », 2016.

Mon enfant a… un ami imaginaire !

Comment réagir face à cet ami, invisible ou non ?

L'ami imaginaire apparaît vers 2 ans et demi-3 ans, et l'on considère le phénomène comme plutôt banal. En effet, c'est la période où l'enfant se construit et où la frontière entre l'imaginaire et le réel est floue. Après 7 ans, avoir un ami imaginaire est en revanche plus préoccupant : cela peut être le signe d'un mécanisme de défense par rapport à la réalité signalant que l'enfant est possiblement en souffrance.

Qui est-il ?

Pour certains enfants, il est le prolongement de l'objet transitionnel (le doudou). Quand ils sont petits, l'ami imaginaire peut revêtir la forme d'un animal jusqu'à devenir un véritable enfant pour les plus grands. Cet ami est soit très proche de la réalité, soit une simple « présence » pas forcément bien définie, que l'enfant peine à décrire.

À quoi sert-il ?

L'ami imaginaire joue plusieurs rôles : de même que le doudou aide l'enfant à supporter la séparation, l'ami imaginaire aide l'enfant à traverser toutes les transformations qu'il vit. C'est une période où on lui dit souvent qu'il devient grand et responsable. Or, il a besoin de temps en temps de s'échapper de cette réalité qui lui fait peur. L'ami peut aussi avoir des qualités que l'enfant idéalise. Par exemple, être tout-puissant. Cela le rassure par rapport au monde extérieur qui l'impressionne. Enfin, il peut lui servir à assumer des actes : « C'est pas moi qui l'ai cassé, c'est mon ami », dit-il. L'enfant se trouve dans la période œdipienne, pendant laquelle il ressent beaucoup de culpabilité (en voulant être seul avec papa par exemple, et éliminer maman, tout en sachant que ce n'est pas bien) ; en faisant porter la responsabilité de ses bêtises sur son ami imaginaire, il pense échapper à une punition qui l'effraie.

Quand s'inquiéter ?

Si l'ami imaginaire devient envahissant, que l'enfant ne s'exprime plus en son propre nom et ne prend jamais position : « Il faut que je demande à Arthur s'il a envie de jouer au foot ou d'aller à la piscine. » Cela traduit une angoisse de se confronter à la réalité.
Si l'enfant est persuadé que l'ami existe, qu'il lui parle en société, à la récré, et s'éloigne des autres enfants. Ou encore, si l'ami devient menaçant, effrayant, penchez-vous sérieusement sur la question et consultez éventuellement un pédopsychiatre.

Benjamin a dit

À l'âge de 3 ans, ma fille a eu un ami imaginaire. Il s'appelait Cornelius. Il nous a accompagnés en vacances tout un été. On l'aimait bien. Il faisait partie de la famille. On ne s'est évidemment jamais inquiétés de sa présence. Au contraire, on demandait souvent à notre fille de nous dire ce que Cornelius pensait de telle ou telle chose. À la fin de l'été, Cornelius est resté en vacances, et n'est pas revenu chez nous. Il nous manque un peu, alors on parle parfois de lui, avec nostalgie.

Parole d'expert

Emmanuelle Rigon, psychologue clinicienne

Faites comme vous le sentez. Si vous êtes à l'aise avec l'idée, pourquoi ne pas rentrer dans le jeu ? Par exemple, si votre enfant se met en colère lorsque vous oubliez de mettre l'assiette du copain à table, vous pouvez lui répondre : « Il n'a peut-être pas envie de manger avec nous tous les jours », pour assouplir les choses. À l'inverse, si vous n'avez pas envie de jouer le jeu, dites plutôt : « Ton ami imaginaire reste dans ta chambre pour jouer, tu peux manger avec nous sans qu'il soit là tout le temps. » Ne tentez pas de raisonner votre enfant (« Tu sais bien que ça n'existe pas, regarde, il n'est pas vrai ») car cela est intrusif et il peut se sentir rabaissé ; sachez faire preuve de délicatesse.

À la découverte de leur corps

Très tôt, vos petits découvrent leur corps et ses sensations.
Curieux de leur anatomie et de celle des autres, ils vous posent des questions.

Comment leur répondre ? Quelles limites poser à leur développement psycho-sexuel pour les protéger sans pour autant les brimer ?

Dès la grossesse

Dès la vie intra-utérine, le fœtus a des réactions sexuelles. Ses premiers mois sont le prolongement de ces réactions : bébé découvre le monde de façon sensuelle, avec sa bouche. Ainsi, boire au biberon ou au sein satisfait son besoin de manger, mais lui permet également d'éprouver du plaisir. Vers 18 mois, l'enfant s'intéresse à son sexe. Il aime le toucher, constater qu'il provoque une réaction (par exemple, une érection) et en éprouver, là encore, du plaisir. Cela fait partie de son développement normal et de la découverte de son corps. Entre 3 et 6 ans, l'enfant entre dans la phase de différenciation des sexes, ce qui l'amène à avoir envie de comprendre les autres. À travers les jeux sexuels de son âge, il apaise sa curiosité et se fait du bien. Là encore, cette phase est tout à fait normale et saine dans son développement.

Comment réagir ?

Bien souvent, le parent est gêné lorsqu'il surprend son enfant en pleine découverte de son corps, et il ne sait pas comment réagir. En réalité, il ne faut pas s'inquiéter ! Vous pouvez intervenir pour rassurer votre enfant, lui dire qu'il est normal d'être curieux. Ne le grondez pas et ne le punissez pas. En revanche, dès que possible, expliquez-lui que ces jeux ou son envie de se faire plaisir doivent avoir lieu dans son intimité (dans sa chambre), pas en public, et surtout, jamais avec les grands/les adultes.

La prévention

Il est essentiel d'éduquer les enfants dès le plus jeune âge car ils sont les premières victimes des violences sexuelles. Tout passe par la communication et la verbalisation : expliquez à votre enfant que personne, à part lui, n'a le droit de toucher son sexe, ses fesses, ou de l'embrasser sur la bouche (ni un étranger, ni un adulte présent dans son quotidien scolaire ou autre, ni ses grands-parents ou des personnes de la famille, et même pas vous, ses parents). Parlez-lui régulièrement (sans en rajouter pour ne pas lui faire peur) de son intimité et posez-lui des questions pour être sûr qu'il va bien (un enfant ne verbalisera pas toujours ce qu'il a vécu, par peur ou par honte). Sans tomber dans la paranoïa, soyez attentifs.

À lire

Ma sexualité de 0 à 6 ans, Jocelyne Robert et Jo-Anne Jacob, éd. de l'Homme, 2016.
Le Parcours de Paulo, Nicholas Allan, Kaléidoscope, 2006.

Comme chien et chat !

Vos enfants se disputent sans arrêt, se tapent et vous ne savez plus quoi faire…

Les disputes entre frères et sœurs semblent inévitables et perpétuelles. Pourquoi surviennent-elles ? Faut-il les empêcher et intervenir pour les faire cesser ?

Un conflit positif

Si vous vous sentez souvent dépassés par les conflits et les disputes entre vos enfants, il n'en reste pas moins qu'ils sont positifs et nécessaires à leur développement. À travers eux, les enfants font l'apprentissage de leurs compétences sociales, émotionnelles et civiques. C'est en quelque sorte un « terrain d'entraînement » qui les amène à comprendre leurs émotions et à les exprimer, à demander pardon, à trouver des solutions… Ces conflits les préparent, en somme, à leur vie d'adulte.

Pourquoi les disputes ?

Avant 3 ans, votre enfant se dispute avec ses frères et sœurs car il est dans une phase de possession, de convoitise : il veut que les choses lui appartiennent et il le revendique. Plus tard, les conflits dans la fratrie ont souvent lieu pour attirer l'attention du ou des parents, mais aussi pour trouver une place que l'enfant pense avoir perdue. Par exemple, une enfant qui a longtemps été fille unique se disputera avec son petit frère qui, selon elle, lui a « pris sa place ».

Que faire ?

Il n'est pas toujours simple de rester calme et de ne pas intervenir lorsque vos enfants se chamaillent, surtout si cela devient violent. Si vous le faites, essayez de ne pas prendre parti. Plusieurs solutions s'offrent à vous : séparer vos enfants, leur proposer votre aide pour trouver une issue à leur dispute, enlever l'objet du conflit (s'il est matériel)… Et si vous êtes très zen et que la situation n'est pas dangereuse, vous pouvez essayer de ne pas du tout vous immiscer pour les laisser régler leur conflit seuls.

Parole d'expert

Béatrice Sabaté, cofondatrice de l'association Discipline Positive France

Hors de tout conflit, vous pouvez confectionner avec votre enfant une « roue des choix » sur laquelle il inscrira ses solutions en cas de grosse colère ou de dispute. Lorsque le conflit survient, proposez-lui d'aller regarder sa roue afin de trouver l'option qui lui convient pour se calmer à l'instant T (taper dans un coussin, aller dans sa chambre seul, faire un câlin…).

Parole de parent

Coline, maman de Sana (4 ans) et de Linda (3 ans)

Mes filles passent leur temps à se chamailler lorsqu'elles sont ensemble, alors qu'elles se manquent dès lors qu'elles sont séparées. Cela peut être assez violent. Il est arrivé que Sana lance un jouet à la tête de sa sœur, qui a écopé d'un véritable coquard.

L'entrée en maternelle

Une étape importante pour les enfants… et leurs parents ! Nouvelles habitudes, nouveaux copains, nouvelles règles à suivre… Comment faire pour que votre enfant passe ce cap sans (trop) s'inquiéter ?

Quand on parle de l'entrée en maternelle aux parents, la plupart sont très angoissés par la question de la propreté de leur enfant. En effet, il n'est pas rare que celui-ci ait encore du mal à faire dans le pot ou les toilettes, et le dernier été avant la rentrée est souvent synonyme de « course à la montre » dans ce domaine.

Propre… et autonome !

Lorsque les parents inscrivent leur petit à la maternelle, ce qui a souvent lieu en mars, il n'est pas forcément propre, c'est logique vu son âge ! Cela lui laisse donc le temps d'acquérir cette autonomie. En effet, il s'agit bien plus d'autonomie que de propreté : pour entrer à l'école, il est important que l'enfant soit capable de demander à un adulte d'aller aux toilettes. Les Atsem (agents territoriaux spécialisés des écoles maternelles) peuvent à ce titre seconder l'enseignant(e) et sont à l'écoute des enfants. Sachez, en outre, que légalement, un établissement ne peut pas refuser un enfant qui n'est pas encore propre bien que la propreté soit fortement encouragée à l'inscription de certaines écoles.

Tâter le terrain

Avant la rentrée de septembre, la plupart des écoles maternelles, en lien avec les crèches ou de façon autonome, organisent la visite de leur établissement pour les nouveaux élèves et leurs parents. Cela permet aux uns et aux autres de prendre ses marques, de faire connaissance avec le lieu et de s'y projeter.

Parler et rassurer

Il est essentiel d'expliquer les faits aux petits, de leur dire qu'ils vont être bien à l'école, qu'ils vont y apprendre et y découvrir beaucoup de choses… Mais aussi parler des aspects plus « compliqués » de la vie en collectivité, comme le nombre important d'enfants pour un seul maître ou une seule maîtresse. Expliquer les choses clairement permet à l'enfant de les trouver plus naturelles lorsqu'il arrive à l'école maternelle.

LES CRITÈRES D'INSCRIPTION

Il n'y en a qu'un : l'âge ! Pour inscrire son enfant à la mairie, il faut qu'il ait 2 ans minimum. Ensuite, le parent porte son certificat d'inscription à l'école maternelle qui correspond à son secteur. Le directeur admet l'enfant en fonction du nombre de places qu'il a dans son établissement.

Parole de parent

Elza, maman d'Olivia (3 ans)

Pour la préparer, je lui ai offert un livre sur l'école maternelle à son anniversaire et elle le sort tout le temps. On a aussi les albums Montessori avec les lettres, et elle sait donc reconnaître celles de son prénom.

Halte aux poux !

Tenaces et toujours plus nombreux, les poux sont la hantise des parents… Comment les combattre ?

LA VIE DES POUX

Les femelles poux pondent 10 à 15 œufs (ou lentes) par jour pendant 20 à 30 jours. La lente se transforme en nymphe 6 à 12 jours après la ponte. La nymphe subira 3 mues avant de devenir adulte, 7 à 11 jours plus tard. C'est pour cette raison qu'il faut traiter toute la famille et la maison durant 30 jours, pour être certain du résultat.

Toujours plus sournois, les poux sont présents tous les ans dans les chevelures de nos chères têtes blondes. Quels sont les bons gestes pour en venir à bout ? Tour d'horizon pour mieux les connaître… et s'en débarrasser efficacement.

Enfermer les poux

Sachant que les poux meurent au bout de 2 jours sans nourriture, vous pouvez enfermer les affaires infectées dans des sacs poubelles : les draps pendant 2 jours, et les vêtements d'école chaque soir pendant 2 jours également. Ensuite, vous pouvez laver votre linge normalement.

Quelles solutions ?

Vous pouvez opter soit pour une lotion chimique, qui reste la solution la plus efficace et la plus rapide en matière d'éradication du pou, soit pour une solution naturelle (et moins coûteuse) si vous ne voulez pas de produit chimique.
Voici un mélange qui a fait ses preuves pour étouffer les poux : une huile végétale à appliquer sur les cheveux avec de l'huile essentielle de tea tree (attention toutefois à ne pas utiliser cette huile essentielle chez l'enfant de moins de 3 ans).
Massez les cheveux avec le mélange, puis laissez poser sous un bonnet de piscine au moins 30 minutes (voire toute la nuit, c'est encore mieux). Lavez et démêlez ensuite la chevelure.

Agathe a dit

La seule arme à avoir en permanence chez soi, c'est un bon peigne ! J'ai tout essayé, du vinaigre blanc en passant par l'huile de coco, les produits ultra-chimiques de pharmacie, les produits moins chimiques, l'huile essentielle de lavande, rien ne vient à bout des lentes, à part le peigne ! Les peignes qui sont vendus avec les shampoings anti-poux ne sont pas assez efficaces, choisissez les peignes en métal et raclez, raclez, raclez !

Le handicap à l'école

Comment rendre l'expérience des enfants en situation de handicap à l'école fructueuse et épanouissante ? Le nombre d'enfants handicapés scolarisés augmente mais les solutions pour les accompagner restent insuffisantes.

« Tout enfant handicapé a le droit d'être scolarisé dans l'école la plus proche de chez lui. » (Loi de 2005)

Ce que l'on appelle l'inclusion (l'intégration des enfants avec un handicap à l'école) est en marche mais au prix, bien souvent, de nombreux efforts de la part des parents et des enseignants.

Les AVS

Pour qu'un enfant porteur de handicap entre à l'école, il est essentiel d'obtenir une AVS (une auxiliaire de vie scolaire), qui l'aidera dans son parcours scolaire. Or, il y a un manque criant d'AVS et, si l'enseignant accepte l'enfant en classe, celui-ci ne peut pas suivre car il se trouve « noyé » au milieu des autres, sans accompagnement personnalisé. Dans les faits et malgré la loi, un enfant handicapé sans AVS dédié n'est souvent pas scolarisé.

S'épanouir à l'école

Pour nombre d'enfants handicapés et bien accompagnés, l'entrée à l'école est pourtant source de joie et d'épanouissement, que ce soit dans l'apprentissage de l'autonomie ou les relations avec les autres enfants. Même si les acquisitions sont parfois plus lentes, elles sont bien réelles.

Former les enseignants

Si l'on souhaite mettre en place une véritable école inclusive en France, il faut que les enseignants soient formés, mais surtout qu'ils soient accompagnés, et pas seulement par les AVS. Dans trois départements, la Seine-Saint-Denis, la Corrèze et la Réunion, des enseignants spécialisés deviennent des conseillers à la scolarisation des élèves handicapés. Ainsi, si l'enseignant a un souci, il appelle son collègue, qui va travailler dans la classe avec lui sur l'évaluation de l'enfant ou la pédagogie. Pour mettre en place une vraie inclusion qui se déploie, il faut y consacrer des moyens sans sacrifier la qualité de l'enseignement. La Finlande, classée premier pays d'Europe pour la qualité de son enseignement, est aussi le pays où l'inclusion scolaire est la plus développée.

CHIFFRES

Selon les études, 98 % des enseignants sont favorables à l'accueil des enfants porteurs de handicap dans leur classe, mais 75 % seulement le jugent possible.

Parole de parent

Clotilde, maman de Baptiste, atteint de trisomie 21

Baptiste progresse super bien. L'orthophoniste et le psychomotricien le constatent aussi. Il a envie de faire plein de choses alors que jusqu'à présent il fallait des trésors de diplomatie pour lui faire faire une activité. Il rit tout le temps, alors qu'il était assez renfermé.

Turbulent ou hyperactif ?

Le trouble déficitaire de l'attention avec ou sans hyperactivité (TDAH) toucherait entre 3,5 à 5,6 % des enfants scolarisés en France. Comment savoir si un enfant a besoin de se défouler ou s'il présente un véritable trouble à diagnostiquer ?

En quoi la prise en charge du TDAH permet-elle aux enfants de mener une vie familiale et une scolarité plus faciles ? Quels traitements sont proposés ?

Le TDAH, c'est quoi ?

Un enfant agité n'est pas forcément hyperactif. Certains enfants sont turbulents dans la cour mais arrivent à se concentrer une fois entrés en classe. Dans ce cas, ils ont simplement besoin de bouger, de se défouler...

L'hyperactivité est avant tout un trouble de l'attention. Le professionnel de santé va davantage observer la façon dont l'enfant se pose et se concentre.

Détecter les signes

Quand un enfant a du mal à faire une activité sans bouger, à rester à table, quand il réagit avec brusquerie, impulsivité, hypersensibilité, quand il ne semble pas écouter même s'il est intéressé, on est en droit de se poser des questions. Ces enfants n'ont souvent pas conscience du danger. Ils peuvent traverser la rue sans regarder, ce qui est directement lié à leur impulsivité. Ils peuvent également avoir des problèmes de sommeil : ils ont tendance à se coucher tard et à avoir un endormissement compliqué et un sommeil agité.

Que faire ?

En France, seulement 10 % des enfants ayant un TDAH reçoivent un traitement médicamenteux. Ce pourcentage a fortement augmenté ces dernières années mais reste bien en dessous des moyennes européennes et nord-américaines. La Ritaline est un traitement de référence qui fonctionne bien sur l'inattention. Cela ne guérit pas, mais peut apporter une aide importante. L'attitude des familles et de l'entourage est essentielle : il est important de comprendre le trouble, d'arrêter de punir pour au contraire valoriser les enfants grâce au renforcement positif. Des aménagements scolaires sont nécessaires (avec une AVS par exemple), associés à, éventuellement, de la rééducation en orthophonie et/ou psychomotricité, et un soutien de l'enfant en psychothérapie.

LES FORMES DE TDAH

On peut distinguer l'enfant en déficit d'attention et hyperactif, l'enfant en déficit d'attention et impulsif (il ne sait pas contrôler ses émotions), et l'enfant en déficit d'attention mais sans autres manifestations.

Faire face aux troubles « dys »

Dyslexie, dyspraxie, dysphasie ou encore dysorthographie… Il existe de nombreux troubles « dys », qui peuvent affecter jusqu'à 8 % des enfants d'une même classe d'âge.

Comment reconnaître et diagnostiquer ces troubles au plus tôt ? Quelles en sont les conséquences sur la vie quotidienne des enfants et comment les prendre en charge ?

« Dys », ça veut dire quoi ?

Les troubles « dys » sont des troubles de l'apprentissage : l'enfant éprouve des difficultés à acquérir certaines compétences telles que la motricité, le langage, la lecture, l'écriture ou le calcul. Cela n'a rien à voir avec son intelligence ni le QI. Tous ces troubles sont reconnus comme des handicaps cognitifs, donc invisibles. Leurs causes ne sont pas psychologiques mais d'origine neurologique : les circuits opérationnels des « enfants dys » ne fonctionnent pas de la même façon que ceux des autres enfants.

Un diagnostic difficile

Prenons l'exemple de la dyslexie : Si elle est vite repérée quand elle est importante, une dyslexie légère est difficile à identifier car l'enfant compense. Par exemple, il va connaître son livre par cœur et le réciter, pas le lire. La dyspraxie est, quant à elle, un trouble méconnu (par le corps médical et le corps enseignant). Certains enfants se font diagnostiquer très tard, et parfois même jamais ! Le diagnostic est d'autant plus difficile à poser que les enfants présentent souvent plusieurs troubles d'apprentissage associés : par exemple, plus de la moitié des enfants dyspraxiques développent aussi un trouble du langage écrit.

Qui consulter ?

Après avoir vérifié la vision et l'audition, il convient de demander un bilan orthophonique (pour la lecture, le calcul ou le langage), ou un bilan psychomoteur (pour les problèmes de coordination et de motricité). Le diagnostic doit être médical, posé par un spécialiste du trouble (neuropédiatre, pédopsychiatre) ou un médecin de première ligne sensibilisé à ce genre de dysfonctionnement (pédiatre, médecin traitant ou de PMI).

L'accompagnement

Il revêt deux formes : la rééducation et l'aménagement de l'environnement. Pour ce qui est de la rééducation des dyspraxiques, par exemple, on privilégie les exercices de psychomotricité. Pour faciliter leur vie quotidienne, on préfère les chaussures à scratch à celles à lacets, on conseille l'usage de la brosse à dents électrique et de l'ordinateur pour l'écriture, etc.

Pour les dyslexiques, c'est l'orthophonie qu'il faut travailler. On doit aussi mettre en place des aménagements scolaires spécifiques (énoncer les consignes à l'oral, laisser plus de temps pour les exercices).

Les enseignants sont hélas peu formés, notamment en ce qui concerne la dyspraxie, et les parents sont souvent obligés de réitérer chaque année leur demande d'aménagement scolaire.

Quel que soit le dysfonctionnement, il est essentiel de rebooster l'estime de soi de ces enfants, fragilisés par leur trouble. En effet, ils ont souvent l'impression d'être moins intelligents que les autres. Il est donc nécessaire de les valoriser sans relâche.

LES DIFFÉRENTS TROUBLES

La dyslexie correspond à un trouble de l'apprentissage du langage écrit ; la dyspraxie est un trouble de la coordination des mouvements ; la dysphasie concerne l'apprentissage du langage oral ; la dysorthographie recouvre les problèmes liés à l'acquisition et à la maîtrise des règles de l'orthographe.

Parole de parent

Julie, maman de Céleste, atteinte de dyspraxie (8 ans), d'Hector (10 ans), de Grégoire et de Violette (5 ans)

Je me suis retrouvée très seule. J'ai eu du mal à me faire comprendre par mon entourage. Le blog de Fiamma Luzzati – une BD humoristique sur son expérience avec son enfant dyspraxique – a débloqué les choses avec mes proches. Si je peux donner un conseil aux parents, c'est d'écouter leur intuition et de persévérer dans la recherche d'un trouble éventuel. Il y a des signes qui ne trompent pas. Je reste abasourdie par la méconnaissance du corps médical sur ces dysfonctionnements. En cas de doute, il ne faut pas hésiter à consulter un neuropédiatre.

À lire

La Dyspraxie : 100 questions/réponses, Nathalie Franc, Ellipses, 2016.
Dyslexie et troubles associés, on s'en sort !, Dr Catherine Billard, Tom Pousse, 2016.

Mon enfant zen !

La méditation de pleine conscience et le yoga sont deux outils qui peuvent aider votre enfant à canaliser son énergie.

La méditation de pleine conscience séduit de plus en plus : adultes, ados, et maintenant, enfants. Cette pratique a le grand avantage de nous apprendre à vivre le moment présent. Quant au yoga, il permet aux enfants de se recentrer et d'écouter leurs sensations.

La pleine conscience

Laïque et contemporaine, la méditation de pleine conscience est une forme d'entraînement du mental qui vise à ramener son attention à ce que l'on est en train de vivre, et à être attentif à ce qui se passe à l'extérieur et à l'intérieur de nous. Elle nous offre de vivre le moment présent.

Pour les enfants, elle est un outil efficace qui les amène à retrouver le calme intérieur en leur permettant de se relier à toutes leurs ressources (forces, qualités, capacités). En effet, le stress, qui produit du cortisol, a un effet néfaste sur les apprentissages car il ne permet plus d'avoir l'espace nécessaire en soi pour apprendre, comprendre et mémoriser.

Le calme induit par la pleine conscience dégage au contraire un espace à l'intérieur de soi pour être plus libre de penser, et aiguiser son attention.

Vous pouvez, par exemple, aborder la pleine conscience avec les enfants en pratiquant le Stop-Feel-Go. Cet exercice proposé par Jeanne Siaud Facchin, psychologue et psychothérapeute, est décomposé en trois temps. L'enfant qui en ressent le besoin fait d'abord une pause (Stop) : il arrête de penser et laisse circuler ses pensées ; puis il passe au Feel : il est à l'écoute de ce qui se passe dans son corps, accueillant ses sensations et émotions ; ensuite, il continue son activité (Go). C'est une façon pour les enfants de prendre conscience de leur « météo intérieure ».

Le yoga

Pratique millénaire, le yoga propose un ensemble de postures et d'exercices de respiration qui apportent un bien-être physique et mental au pratiquant. Les bienfaits du yoga sont multiples, de l'assouplissement à l'équilibre en passant par la réduction du stress et le développement de la concentration. Il complète ainsi très bien la pratique de la pleine conscience.

Quelques exercices

Il est tout à fait possible de mettre en place des exercices de yoga en les adaptant aux enfants.

Dire bonjour à Blanche-Neige : debout, on lève les bras haut au-dessus de la tête pour dire bonjour à la princesse dans son château. Puis, on redescend les bras doucement vers l'avant, jambes tendues, jusqu'à toucher le sol pour dire bonjour aux Sept Nains.

Avec ce mouvement, l'enfant s'étire puis assouplit l'arrière de ses jambes et son dos.

Aider les Nains : jambes écartées de la largeur du bassin, bras tendus sur les côtés, on penche le buste à droite puis à gauche.

Avec cet exercice, l'enfant étire les muscles de son buste et fait travailler ses abdominaux.

Faire l'arbre : en équilibre sur une jambe, on monte le pied de l'autre jambe sur le mollet, bras tendus de chaque côté du buste pour ne pas tomber.

Avec cette posture, l'enfant apprend à se concentrer et à se recentrer pour garder son équilibre.

à lire

Le Cahier Méditation et concentration parent-enfant, Gilles Diederichs, First, coll. « Ma p'tite famille », 2018.
Calme et attentif comme une grenouille, Eline Snel, Les Arènes, 2010.
Tout est là, juste là, Jeanne Siaud-Facchin, Odile Jacob, 2014.
Comment la méditation a changé ma vie... et pourrait bien changer la vôtre !, Jeanne Siaud-Facchin, Odile Jacob, 2012.

QUATRE POSTURES DE YOGA

Dire bonjour à Blanche-Neige

Aider les Nains

Faire l'arbre

Occuper les enfants en voiture

Pas toujours simple d'éviter l'ennui à vos enfants pendant les longs trajets en voiture !

Voici quelques bonnes astuces pour distraire les enfants qui trépignent et se chamaillent sur la banquette arrière.

Pour les plus petits

Le maître mot pour les petits – comme pour les plus grands – est l'organisation. Vous pouvez investir dans un organizer de voiture, qui s'accroche au siège conducteur ou passager. Outre de l'eau, de la compote et des biscuits, vous y glisserez quelques jouets : hochets, anneaux, peluches qui s'attachent, que l'enfant sortira au fur et à mesure ou que vous lui donnerez s'il est trop petit pour le faire seul. N'oubliez pas la tétine et le doudou (toujours attachés pour ne pas qu'ils tombent par terre). Pensez également au CD de chansons et de contes à écouter durant le voyage.

Pour les plus grands

Sans aucun matériel, jouez à des jeux en famille, comme les fameuses devinettes, les « Qui a vu le premier » (un camion rouge, un arbre, un oiseau, un panneau de vitesse recommandée...).
Sinon, investissez dans des livres de stickers, de coloriages, ou fabriquez-les vous-même en puisant des idées sur internet. En reliant les feuilles, vous aurez ainsi un joli classeur à donner à votre enfant. Pour éviter de perdre les crayons et les feutres, le carnet d'ardoises avec des craies spéciales qui ne font pas de poussière est une bonne solution.
Les jeux de casse-tête à partir de 4-5 ans font également passer le temps.
Enfin, certains jeux de société existent en petit format, comme les Scrabble®, Hippos Gloutons® ou encore Qui est-ce ?®.

Ressource

Application gratuite Vu !, qui reprend les jeux « Qui a vu », accessible hors connexion et permettant de jouer en famille, jusqu'à six personnes.

Vivre avec le diabète infantile

Cette maladie chronique touche de plus en plus d'enfants en France. Les causes du diabète infantile, très contraignant au quotidien pour les parents comme pour les enfants, restent incertaines.

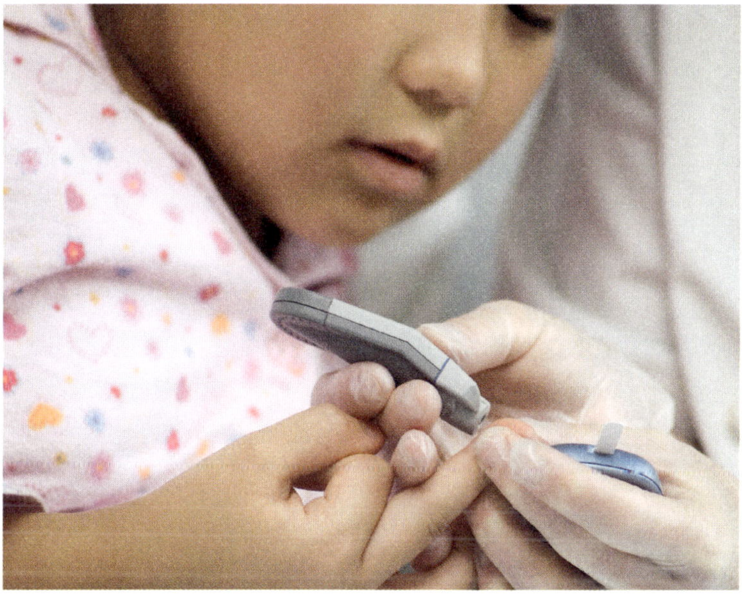

On compte dans l'Hexagone entre 20 000 et 25 000 enfants atteints de diabète de type 1, le diabète de type 2 concernant en majorité les adultes. Maladie chronique qui ne se guérit pas, le diabète implique des contraintes journalières que les enfants doivent suivre précisément, sous peine de faire face à de graves complications.

Détecter les signes

On ne connaît pas encore précisément les origines de l'apparition du diabète, qui n'est pas dû à un problème de régime alimentaire. L'une des hypothèse mises en avant ces dernières années est l'hypothèse hygiéniste : ainsi, un environnement trop stérile aurait une incidence négative sur le système immunitaire, qui se développerait mal, ce qui entraînerait des maladies.

Les deux principaux signes indiquant un diabète de type 1, pouvant se déclarer dès l'âge de 6 mois, sont une très grande soif et des urines abondantes ou, pour les plus grands, le retour d'une énurésie (pipi au lit) qui avait disparu.

Quel traitement ?

Le traitement pour le diabète est unique et vital : c'est l'insuline. Par injection ou par pompe, il est mis en place à vie. Très contraignant au quotidien pour les enfants et leurs parents, il nécessite de mesurer sa glycémie (c'est-à-dire le taux de sucre dans le sang) plusieurs fois par jour pour ajuster l'insuline dont l'enfant a besoin afin d'éviter les hyper- et les hypoglycémies.
Le but est d'arriver à maîtriser la quantité de glucides que l'enfant absorbe pour savoir combien d'insuline il faut lui injecter.

Parole de parent

Emmanuelle, maman de Norah (6 ans) atteinte de diabète et d'Adam (16 mois)

Norah vérifie plusieurs fois par jour sa glycémie. Au départ, son traitement nécessitait 5 piqûres d'insuline par jour. Ma fille a finalement choisi d'installer une pompe à insuline qui lui en injecte en continu à l'aide d'un cathéter implanté dans sa cuisse.
La solution est moins pénible pour elle, même si ce cathéter doit être changé tous les 2 jours. Norah ne suit aucun régime spécifique mais respecte des doses de glucides à chaque repas (notamment le soir, pour éviter de tomber en hypoglycémie la nuit).

Ressource

adj-diabete.fr
L'association Aide aux Jeunes Diabétiques accompagne les jeunes et leurs familles.

Le retour au calme

Comment aider nos enfants à se recentrer, à retrouver leur sérénité après une colère ou une frustration ?

Voici quelques exercices pour les accompagner vers « un retour au calme » (voir aussi p. 208).

La bouteille zen

Avec seulement quelques éléments, vous pouvez fabriquer un support de méditation simple et efficace pour votre enfant.

Il vous faudra :
- une petite bouteille en plastique lisse ;
- 500 ml d'huile de paraffine ;
- des perles, des paillettes, des sequins.

Commencez par remplir la bouteille avec l'huile puis ajoutez les perles ou les paillettes. Fermez ensuite la bouteille.
Regarder et contempler la bouteille va aider votre enfant à retrouver son calme et à canaliser son attention.

Les activités

De nombreuses activités simples, qui demandent peu ou pas de matériel, peuvent aider grandement votre enfant à stabiliser son état émotionnel.
Proposez à votre enfant de danser quelques minutes les yeux fermés, en rythme, pour se recentrer.
Avec les plus grands, qui savent lire et écrire, prenez une feuille, tracez une ligne et demandez-leur d'écrire les mots qui leur viennent à l'esprit pour les exprimer et s'en décharger.
Vous pouvez aussi organiser le jeu de la statue, votre petit devant rester debout, immobile, pendant quelques minutes.
Enfin, pour évacuer la colère ou le stress de façon symbolique et physique, votre enfant peut froisser une feuille, pétrir une balle anti-stress ou de la pâte à modeler.

À lire

Collection « Petit Zen », Fleurus.
Mes petits moments de méditation, Stéphanie Couturier, Gründ, 2017.
Aider votre enfant à gérer ses colères, Stéphanie Couturier, Marabout, coll. « Le cabinet des émotions », 2017.

QUATRE ACTIVITÉS POUR SE RECENTRER

Imaginer l'école de demain

L'école française est à la traîne sur de nombreux aspects. Bienveillance, autonomie... Tour d'horizon des valeurs qui devraient inspirer les réformes de l'éducation.

Malgré les plans, les réformes et les efforts de bon nombre d'enseignants, l'école française est à la traîne. Selon la dernière étude Pisa, qui compare la scolarité dans 34 pays, nos enfants ont un niveau scolaire très moyen. Pire encore, ils prennent peu de plaisir à apprendre, tandis que l'école ne parvient plus à réduire les inégalités sociales. Quelles solutions apporter pour repenser l'école d'aujourd'hui, et de demain ?

De mauvaises fondations ?

L'école a été fondée sur une idéologie, des valeurs et des traditions mais pas sur la connaissance de la vie humaine. Aujourd'hui, nous savons que nous apprenons principalement lorsque nous sommes actifs plutôt que passifs, lorsque nous sommes motivés et lorsque nous faisons des erreurs...

S'aider des neurosciences

Le jeune être humain possède une intelligence plastique extraordinaire : son cerveau se câble sans effort à partir de ses expériences quotidiennes. Entre 700 à 1000 nouvelles connexions neuronales par seconde se créent pendant les cinq premières années de la vie. L'enfant apprend constamment, sans avoir rien d'autre à faire que de vivre aux côtés des adultes. Mais, parmi les centaines de connexions qu'il crée par seconde, le cerveau ne conserve que les connexions les plus fréquemment utilisées. C'est ce que l'on appelle « l'élagage synaptique ». Il permet à l'être humain d'apprendre et de se spécialiser. Le cerveau se structure donc à partir de ce qu'il reçoit et, s'il reçoit peu, il se développe mal.

La première période de la vie est donc à la fois une période de grande opportunité et de grande vulnérabilité. L'environnement et le milieu dans lequel l'enfant évolue déterminent, bien plus que ses gènes, son intelligence et sa réussite.

Il est également essentiel de développer les fonctions exécutives de l'enfant, qui vont lui permettre d'agir de façon organisée pour atteindre ses objectifs quels qu'ils soient.

Pour cela, il faut amener précocement et progressivement l'enfant vers une autonomie de plus en plus maîtrisée. L'encourager à faire seul, à se chausser seul, à ranger ses affaires seul, à se savonner seul : il doit atteindre un objectif précis et donc focaliser son attention, contrôler ses gestes et ses émotions, planifier ses actions, et rester flexible en cas d'erreur. Il est nécessaire que l'adulte l'accompagne sans faire à sa place, en l'encourageant, puis en s'effaçant progressivement.

DES CHIFFRES ALARMANTS

Chaque année, 40 % de nos enfants sortent du CM2 avec des lacunes qui les empêcheront de poursuivre une scolarité normale au collège.

Une classe bienveillante

L'amour, l'empathie, la confiance, l'entraide sont essentiels dans une salle de classe. Aujourd'hui, nous le savons, le stress abîme les structures cérébrales fondamentales et vient geler l'apprentissage. À l'inverse, avec une attitude bienveillante, tout passe au vert (nouveaux neurones, ocytocine, dopamine, endorphine, sérotonine...) : c'est un catalyseur pour l'apprentissage. Une étude finlandaise a d'ailleurs montré qu'au-delà de la méthode et du matériel pédagogique, le paramètre le plus important est l'attitude chaleureuse de l'enseignant. Sans compter qu'un environnement bienveillant permet aussi un épanouissement des personnalités individuelles, ce qui nourrit le collectif.

“ Je ne veux pas conformer un être humain mais le révéler.”

Céline Alvarez, autrice et chercheuse

Parole d'expert

Céline Alvarez, autrice, chercheuse et ancienne enseignante. Entre 2011 et 2014, elle a mené une expérience pédagogique dans une maternelle en zone d'éducation prioritaire et « plan violence », à Gennevilliers

Les résultats ont dépassé nos attentes. C'était exceptionnel. À la fin de la deuxième année, tous les enfants de grande section et 90 % de moyenne section étaient lecteurs. Ils affichaient également d'excellentes compétences en arithmétique mais aussi de grandes qualités morales et sociales. Et ces apprentissages fondamentaux : lire, écrire et compter, ont été des conquêtes rapides, faciles et joyeuses. Mais le plus étonnant a été le développement d'une personnalité joyeuse, sereine, confiante, généreuse et créative. C'est ce qui a le plus étonné les parents.

À lire

Les Lois naturelles de l'enfant, Céline Alvarez, Les Arènes, 2016.
Une année pour tout changer, Céline Alvarez, Les Arènes, 2019.

Parole de parent

Aïcha, maman de Mustapha, ancien élève de moyenne section de Céline Alvarez

Vers octobre-début novembre, j'ai vu qu'il s'intéressait aux lettres. Il avait vraiment une nouvelle demande par rapport aux livres. Il voulait lire. Il cherchait à décoder certains mots. Fin novembre, Céline m'a dit que Mustapha commençait à lire. Il avait un petit livret avec des mots qu'il a apporté à la maison pendant les vacances et il lisait les mots. J'étais surprise parce qu'il comprenait même le système des lettres muettes. L'autonomie aussi, ça a été étonnant. Il voulait tout faire tout seul. L'année précédente, je l'assistais pour mettre ses chaussures, son manteau... Après, il voulait tout faire par lui-même pour toutes les tâches quotidiennes.

L'animal et l'enfant

L'animal joue un rôle important dans la vie de l'enfant : se sociabiliser, apprendre le respect de l'autre, le sens des responsabilités…

On ne compte plus les bienfaits attribués aux animaux dans la vie d'un enfant. Et quand cet enfant est particulièrement fragile, malade ou handicapé, cette présence se révèle encore plus bénéfique – par exemple, on voit désormais les animaux entrer dans les hôpitaux.

Les principaux bienfaits

L'animal est un compagnon de jeu rassurant, toujours à l'écoute, à qui l'enfant peut tout dire. Ainsi, quand il est malheureux, il enfouit ses mains dans la fourrure de l'animal : le contact avec le pelage l'apaise. La présence de l'animal agit sur la pression artérielle. Ensuite, l'enfant est très souvent fier de son compagnon, sa présence le valorise. Il est aussi responsabilisé, car des missions lui sont souvent confiées (le sortir, le brosser). De plus, l'enfant aborde les notions de cycle de vie : la maladie, la reproduction, la mort. C'est souvent le premier décès auquel il est confronté, et cela lui permet de grandir.

La médiation animale

Cette pratique se développe, permettant de donner à l'enfant des clés pour sa vie quotidienne, par exemple grâce à l'équithérapie (avec chevaux et ânes). Isabelle Mathioux, zoothérapeute et sophrologue, souligne que les enfants se sentent accueillis sans jugement par les animaux. Cette stabilité est rassurante et sécurisante, elle aide à diminuer le stress. La médiation travaille notamment sur la persévérance, sur la concentration et l'attention à l'autre, mais aussi sur les émotions lorsqu'elles sont envahissantes. Le but est de donner à l'enfant des ressources d'empathie, envers les animaux et envers ses camarades. Quand un enfant a du mal à communiquer, parler avec lui de l'animal permet d'initier le dialogue, et les réactions de l'animal peuvent l'aider à se rendre compte de ses comportements et de leurs conséquences (par exemple, il crie et l'animal s'éloigne, il est calme et l'animal revient).

Face au handicap moteur

Tous les sens sont en éveil avec un animal. L'enfant développe le toucher mais aussi sa force physique car il veut aller vers l'animal. D'ailleurs, il peut éventuellement s'appuyer sur lui pour rester debout, c'est un support du point de vue moteur.

En fonction des enfants

La sensibilité de l'enfant à l'animal n'est pas générale. Par exemple, certains enfants ne voudront jamais approcher un cheval (phobie, désintérêt…), d'autres seront hypersensibles à son contact. Sur les enfants réceptifs, les effets peuvent être incroyables. En revanche, prenez le temps de réfléchir si vous décidez d'adopter un animal. Il peut apporter énormément à votre famille, mais il représente aussi des contraintes et des responsabilités.

Parole d'expert

Christine Levant, psychomotricienne

Les animaux, tels que les petits rongeurs ou les chiens, ont exceptionnellement le droit d'entrer à l'hôpital, parce qu'il ont répondu à un certain nombre de critères. Leur présence et l'interaction avec les enfants a un impact sur la façon dont ces jeunes patients vivent leur maladie. S'ils doivent se rendre à l'hôpital pour une ponction lombaire ou une chimiothérapie et qu'ils savent qu'ils vont voir les animaux avant, ils viendront plus facilement à ce rendez-vous en anticipant cela. Les protocoles sont ainsi mieux tolérés.

Parole de parent

Katia, maman de Maëline, hospitalisée depuis 4 mois

Quand Maëline vient [à cet atelier avec les animaux à l'hôpital], la maladie et les soucis restent à la porte, ce sont vraiment des petits moments de bonheur.

Ressource

www.handichiens.org
Pour les enfants porteurs de handicap, l'association Handi'chiens forme des chiens d'assistance qui sont ensuite remis aux familles.

CHAPITRE 5

Parents

Et le couple dans tout ça ?

Lorsque bébé arrive, il chamboule tout sur son passage, y compris le couple que vous formiez avec votre moitié…

Pas toujours simple de retrouver ses marques et de rester amoureux quand bébé prend toute la place. De nombreux jeunes parents traversent alors un *baby clash*, qui met à mal le couple. Assez taboue, cette crise est un processus de transformation (d'amants à parents) qui peut être bénéfique pour le couple, s'il sait la dépasser.

Une vraie déstabilisation

Alors que le projet d'avoir un bébé est un engagement fort entre deux personnes qui s'aiment et ont envie de former une équipe parentale, son arrivée fait l'effet d'un tsunami presque dévastateur. Il remet en cause toute la dynamique des nouveaux parents, qui passent d'un couple conjugal à un couple parental.
La naissance d'un bébé amène en effet d'importants bouleversements psychologiques (décentrage de soi vers le bébé, réflexion sur sa place de parent, positionnement dans l'histoire familiale, etc.) mais aussi physiques (fatigue, stress).
Le couple doit alors s'ajuster à sa nouvelle vie, ce qui demande du temps et une remise en question des rapports avec le partenaire. On observe souvent qu'une bulle se crée autour du bébé, chaque parent étant concentré sur la vie et le quotidien du nouveau-né… au détriment de sa vie amoureuse.

Se réapprendre

Ne perdez pas de vue que vous avez décidé de faire un enfant avec votre partenaire par amour, parce que vous aviez envie de fonder une famille et, sans doute, de resserrer vos liens. Il va peut-être vous falloir du temps pour redevenir un couple d'amoureux, et pas seulement de parents, mais c'est essentiel pour votre équilibre.
Pour cela, soyez patients, car il est évident que la fatigue des premières semaines (voire des premiers mois) ne vous pousse pas à faire des efforts. Quand votre quotidien avec bébé est bien rodé et que vous êtes plus en forme l'un et l'autre, prenez du temps pour vous individuellement, mais aussi à deux. Même si ces moments sont courts, ils sont des respirations nécessaires qui vous aideront à vous retrouver. N'hésitez pas à solliciter vos proches pour garder votre bébé, ou à prendre une baby-sitter régulièrement si vous en avez les moyens. Quand il grandira, vous pourrez même envisager de temps à autre de voyager sans lui.

Communiquer

Ne cessez jamais de communiquer avec votre partenaire : l'écoute et la confiance vous permettront de retrouver votre complicité. Essayez de partager vos sentiments et vos ressentis, en utilisant le « je » au lieu du « tu », plus accusateur.

Parole de parent

Marianne, maman d'Anatole (3 mois)

Mon mari a toujours eu un fort désir de paternité et j'ai eu tout de suite peur que ma place dans sa vie et dans sa tête soit amoindrie avec l'arrivée d'un bébé. Je lui en parlais pendant la grossesse mais il en riait. Pour me rassurer, je me suis même rapprochée de lui en m'intéressant à des hobbies qu'il avait, comme le foot. Je me suis mise à regarder les matchs, à apprendre, à lui en parler… Depuis l'arrivée de bébé, nous profitons de moments à deux, même 2 heures, pour être ensemble. On s'écoute aussi beaucoup, tous les soirs on se demande comment s'est passée notre journée.

On s'appelle, on se fait une bouffe.

Les différentes méthodes de contraception

Si la pilule reste la contraception la plus utilisée en France, d'autres méthodes fiables existent.

Quels sont les moyens de contraception existants et comment les choisir ? Voici un tour d'horizon pour vous permettre d'y voir plus clair.

La pilule

Bien qu'elle soit de plus en plus remise en cause ces dernières années, la pilule reste un moyen contraceptif très fiable (si elle est prise correctement, sans oublis, etc.). Il en existe deux types :

– La pilule combinée : elle contient des œstrogènes et des progestatifs. Elle se prend 21 jours consécutifs pour un arrêt de 7 jours ensuite. On peut parfois la prendre en continu. Elle est bien tolérée par la majorité des femmes mais a des contre-indications importantes : tabac, hypertension, diabète, cholestérol, antécédents familiaux de thrombose.

– La pilule micro-progestative : on la prend en continu, et elle ne contient que des progestatifs. Cette pilule peut avoir comme effets secondaires des saignements hors règles, de l'acné et des douleurs aux seins.

On a beaucoup parlé en 2013 des pilules de troisième et quatrième générations (les plus récentes) car le risque de thrombose associé était plus important que pour les pilules précédentes. De fait, ces pilules récentes ne doivent pas être proposées en première intention (on leur préfère les première et deuxième générations), mais elles peuvent l'être ensuite, au cas par cas.

Quoi qu'il en soit, la prise de la pilule doit se faire en concertation avec votre gynécologue, et vous devez être très suivie.

En post-partum : ne reprenez pas votre ancienne pilule après votre accouchement, mais prenez rendez-vous avec votre médecin ou une sage-femme pour faire le point. Vous conviendrez ensemble de la bonne pilule à prendre, notamment si vous souhaitez allaiter car toutes ne sont pas compatibles avec cette pratique. Si vous choisissez la pilule, vous pourrez la commencer 2 à 3 semaines après l'arrivée de bébé.

Le stérilet

Qu'il soit en cuivre ou hormonal, le stérilet est le moyen de contraception le plus efficace.

Il en existe de deux sortes et de plusieurs tailles :

– Le stérilet en cuivre : les cycles restent naturels, mais peuvent être plus abondants.

– Le stérilet hormonal : il délivre, comme son nom l'indique, des hormones (progestatifs). Ce stérilet peut provoquer certains effets indésirables comme la prise de poids, l'acné, ou des maux de tête.

Le stérilet est posé pour 5 ans (3 ans pour les plus petits, chez les nullipares). Il est contre-indiqué en cas d'infection, de malformation de l'utérus ou de cancer.

Sachez que, contrairement aux idées reçues, il est tout à fait possible de se faire poser un stérilet quand on n'a jamais eu d'enfants.

En post-partum : il faut attendre 6 semaines au moins (plutôt 8, selon certains médecins) avant de le poser. Il est compatible avec l'allaitement.

L'implant contraceptif

Implanté dans la face interne du bras, il diffuse des hormones pendant 3 ans et est très efficace. Il est encore assez méconnu et certains médecins ou sages-femmes, qui ne se sentent pas assez à l'aise avec le dispositif de pose (et de retrait), ne le proposent pas. Notez que certaines femmes ne le tolèrent pas et qu'il peut provoquer une prise de poids significative et une modification des cycles.

En post-partum : l'implant peut être posé dès la maternité et est compatible avec l'allaitement.

Les préservatifs

Qu'ils soient masculins ou féminins, les préservatifs ont l'énorme avantage de protéger des IST (infections sexuellement transmissibles). Moins connu que le masculin, le féminin est une sorte de gaine à positionner dans le vagin. Il reste assez peu pratique. Attention si vous utilisez des préservatifs : les erreurs de manipulation les rendent moins efficaces que les méthodes médicales.

L'anneau vaginal

Positionné au fond du vagin, il produit des hormones pendant 3 semaines. Ses principaux inconvénients sont sa pose, un peu compliquée, et le fait qu'il puisse être expulsé.

Le diaphragme et la cape

Le premier se positionne sur le col de l'utérus, combiné à un spermicide. Il est réutilisable.

Le second est un dispositif à introduire dans le vagin et à plaquer sur le col, également avec un spermicide. Il est à usage unique.

Leur principal inconvénient est la pose (à chaque rapport sexuel), qui nécessite que vous connaissiez bien votre corps. La cape n'est pas recommandée pour les femmes ayant déjà accouché car leur col est plus mou.

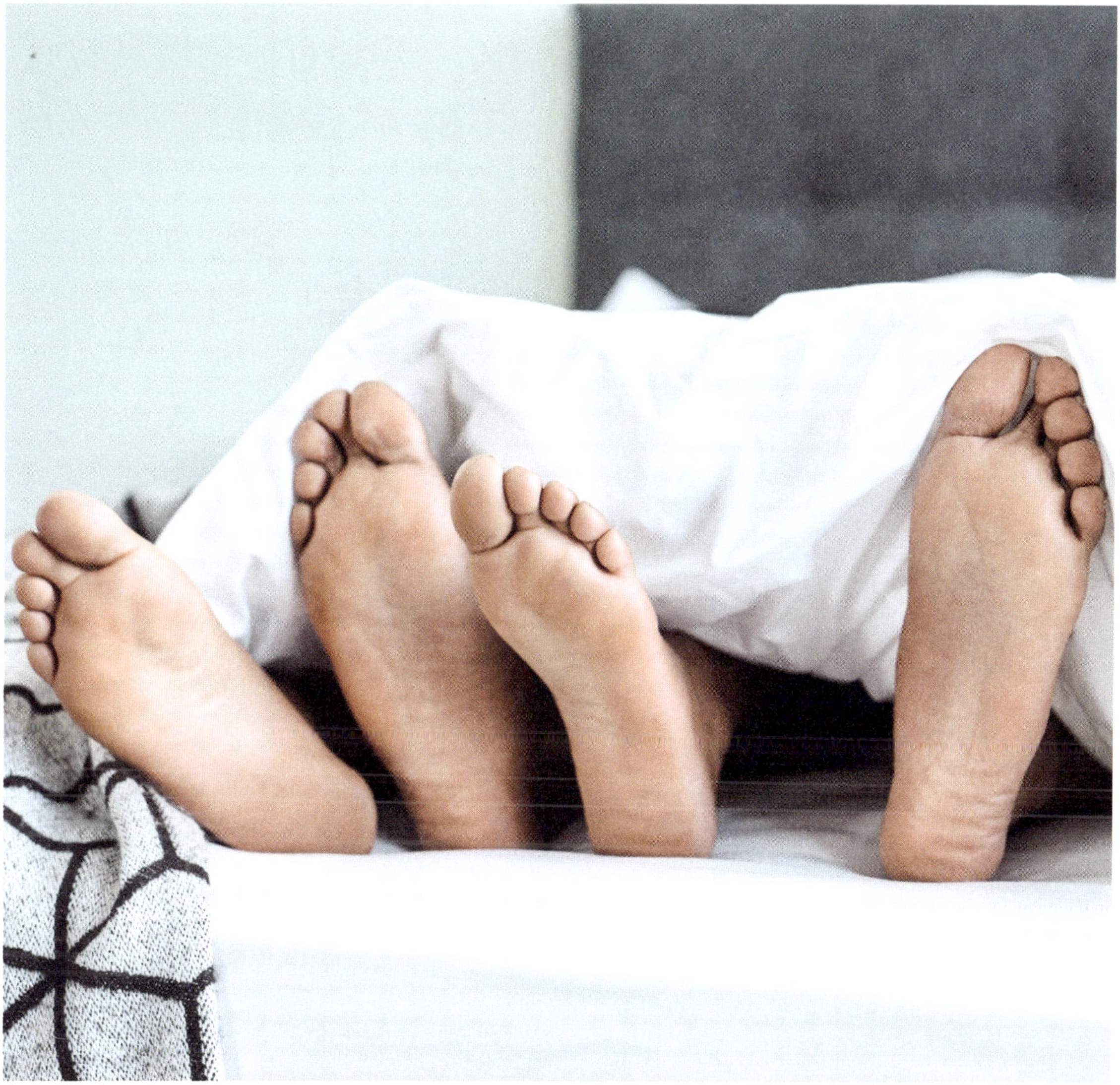

EFFICACITÉ RÉELLE DES MOYENS DE CONTRACEPTION	
Implant	99,9 %
DIU hormonal (stérilet)	99,8 %
DIU cuivre (stérilet)	99,2 %
Patch	91 %
Pilule	91 %
Retrait	78 %
Spermicide	71 %

À SAVOIR

Contrairement aux idées reçues, l'allaitement ne protège pas d'une grossesse, même s'il est exclusif.

L'intimité après l'accouchement

Comment se retrouver après la naissance ?
Comment se réapproprier sa sexualité ?

Fatigue, peur d'avoir mal, pas la tête à ça... Après l'accouchement, reprendre sa vie sexuelle ne va pas toujours de soi pour beaucoup de jeunes mamans. Anna Roy, sage-femme, vous rassure et vous conseille.

Une baisse de la libido

La naissance d'un enfant est un grand chamboulement émotionnel et physique. Il est normal que la sexualité soit perturbée à ce moment-là, sans que cela soit définitif ; une baisse du désir ne signifie pas que l'amour que vous portez à votre compagnon soit en jeu. De plus, le manque de sommeil (en plus des effets bien connus comme l'irritabilité et la dépression) provoque une baisse majeure de la libido. Acceptez d'être patients, et surtout parlez-en en couple.

Quand ?

Il n'y a pas de règle, suivez vos envies ! Toutefois, en cas de déchirure ou d'épisiotomie (voir p. 80), il faut attendre que la plaie soit cicatrisée, c'est-à-dire de 10 jours à 4 ou 5 semaines selon les cas. Pour une césarienne, la plaie interne sur l'utérus ne cicatrise qu'en 3 semaines à 1 mois : vous pouvez reprendre les rapports mais avec douceur. En pratique, Anna Roy rapporte que, d'après les expériences de ses patientes, les couples attendent entre 6 semaines et plusieurs mois.

Attention cependant : même en allaitant, certaines femmes seront à nouveau fertiles dès 3 semaines après l'accouchement. Pensez à une contraception (voir p. 224), sauf si votre projet est d'avoir des enfants rapprochés.

En cas de difficultés

Il faut distinguer gêne et douleur. Dans ce dernier cas, prenez rendez-vous avec une sage-femme ou un gynécologue pour faire le point. Si vous ne ressentez rien, peut-être que votre périnée n'a pas suffisamment récupéré – vous pouvez consulter votre sage-femme ou un kinésithérapeute (voir aussi la rééducation du périnée p. 103) –, ou peut-être êtes-vous trop fatiguée – essayez alors de vous reposer.

Si le temps passe et que vous ou votre compagnon avez du mal à retrouver une forme d'intimité, l'important est de réussir à en parler ensemble. Si cela ne suffit pas, n'hésitez pas à faire intervenir un tiers, tel qu'un conseiller conjugal ou un sexologue. Comme le souligne Laurence Siroit, psychologue-sexologue, c'est un moyen de se rassurer et de restaurer le lien érotique, de permettre le dialogue. Ces difficultés peuvent être l'opportunité d'instaurer une nouvelle sexualité, de la créativité.

Parole d'expert

Laurence Siroit, psychologue clinicienne et sexologue

Le retour à la sexualité ne passe pas forcément par le génital. Quand on parle de reprise des câlins, c'est vraiment au sens premier du terme : on commence par se re-séduire, se prendre dans les bras, s'embrasser. Il faut permettre à la femme de se détendre, faire monter son désir. À ce moment-là, c'est elle qui dit « Je suis prête à t'accueillir », et on ne reprend pas les câlins juste pour faire plaisir à monsieur.

S'organiser au quotidien

Entre le travail, la maison, l'école et les activités périscolaires, pas facile de tout gérer !

Afin de vous simplifier le quotidien, voici quelques conseils et astuces à mettre en place en famille.

Bien anticiper

Les enfants aiment anticiper les événements de la vie, suivre des routines qui les rassurent. Pour les aider à y voir plus clair dans leur emploi du temps (et le vôtre, par la même occasion), vous pouvez adopter trois outils :

– Le calendrier : fabriquez-le tous ensemble pour la semaine, la quinzaine ou le mois. Vous y noterez bien sûr les jours et les dates, mais aussi les activités de chacun.

– Le tableau des routines : avec des photos ou des petits dessins, précisez chaque jour ce que votre enfant doit faire et dans quel ordre (se lever, prendre son petit déjeuner, se laver les dents, passer aux toilettes, s'habiller, etc.). Chaque étape effectuée est cochee, ce qui rend votre enfant autonome.

– L'horloge pédagogique : décorez une horloge classique selon le rythme de l'enfant, en faisant apparaître les moments importants de sa journée. Cela lui permettra de se repérer dans le temps plus facilement.

Alléger son quotidien

Pour faciliter votre vie quotidienne, préparez la veille pour le lendemain la table du petit déjeuner, mais aussi les vêtements de chacun, afin d'éviter la course et les reproches du petit matin. Pourquoi ne pas cuisiner le week-end et congeler vos plats afin de ne pas avoir à vous mettre aux fourneaux en semaine ? Prévoyez également les menus à l'avance, cela vous évitera de réfléchir à ce que vous allez manger tous les jours. Utilisez les services de livraison des enseignes alimentaires pour ne pas passer vos samedis à faire les courses, mais plutôt profiter de votre famille. N'hésitez pas à impliquer vos enfants dès qu'ils grandissent et en sont capables (pour mettre ou débarrasser la table, faire leur lit, déposer le linge dans la machine, etc.).

Parole d'expert

Nina Bataille, coach parental

Fabriquez un tableau des tâches pour toute la famille. À partir de 4-5 ans, les enfants peuvent sans problème avoir des tâches et des rôles réguliers. Plus grands, ils feront même le tableau seuls, entre eux. Quand ils se l'approprient, il y a plus de chances pour qu'ils l'appliquent, car ils l'ont décidé.

À lire

Parents organisés, Frédérique Corre Montagu, First, 2019.

Génial calendrier pour toute la famille, Vaïnui de Castelbajac, First, 2019.

Pas d'accord sur l'éducation !

Depuis la naissance de bébé, vous ne vous êtes jamais autant chamaillés… Repas, coucher, limites à fixer : tout est un sujet de désaccord dans votre couple.

Quels sont les principaux motifs de frictions parentales ? Pourquoi et comment trouver un terrain d'entente, au moins sur certains fondamentaux ?

Les sujets de discorde

Les premiers mois après la naissance de votre bébé sont une période charnière, délicate, où il n'est pas rare de voir éclater des disputes entre vous et votre moitié. Cela est tout à fait normal dans la mesure où vous devez retrouver vos marques et endosser votre nouveau rôle de parents. Parfois, cependant, les tensions sont profondes et marquent de vraies différences sur la façon d'aborder certains sujets d'éducation :
- le sommeil (comment endormir bébé, par exemple) ;
- l'alimentation (faut-il ou non diversifier tous les jours ses repas) ;
- l'autonomie (le laisser ou non faire par lui-même).

Pas devant les enfants

Bien que vous soyez en désaccord, il est essentiel de montrer un front uni face à votre/vos enfants(s). En effet, la famille repose sur le couple et celui-ci doit rester soudé. Si vous vous disputez en face de votre progéniture, celle-ci peut se sentir inquiète et penser qu'elle est en faute. Sachant en plus que les parents sont un modèle pour les enfants et que ceux-ci ont tendance au mimétisme, cela pourrait les amener à avoir une image faussée du couple, basée sur le conflit. Donc, même si vous n'êtes pas d'accord, évitez de vous contredire en face de votre enfant, et attendez un moment calme pour en discuter entre vous.

Choisir ses combats

N'oubliez pas que si vous avez choisi d'être ensemble et de faire des enfants, c'est qu'au fond vous avez forcément des désirs et des objectifs communs ! Pour éviter au maximum les conflits, hiérarchisez chacun vos trois priorités éducatives et expliquez à l'autre pourquoi elles sont essentielles à vos yeux. Après en avoir discuté, laissez-vous des domaines de « prédilection » en faisant des concessions. Par exemple : si pour l'un, l'alimentation est un sujet sensible et fondamental, l'autre peut faire l'effort de le laisser gérer ce domaine, et prendre en charge le sommeil.

Parole d'expert

Aurélie Callet, psychologue, spécialiste du développement de l'enfant et des relations familiales

L'un des vrais sujets de discorde est le comptage de temps de qui s'en occupe. Par exemple, le parent qui rentre un peu plus tôt, qui fait le bain, le dîner, le coucher, et l'autre qui rentre plus tard du travail. Ce dernier ne se rend pas compte de la charge que ça représente pour l'autre.

Le poids de la charge mentale

Elle touche plus de 80 % des femmes... mais aussi certains hommes.
Comment identifier et soulager ce poids invisible qui pèse sur le foyer ?

Mise en lumière en 2018 par Emma, blogueuse-dessinatrice-autrice de BD, la charge mentale est désormais prise au sérieux par le public (et le gouvernement) qui cherche des solutions pour l'alléger.

De quoi parle-t-on ?

Contrairement à ce que l'on pourrait penser, la charge mentale n'est pas le fait de « faire » trop de choses ou de mal répartir les tâches ménagères. Il s'agit d'un problème qui concerne la planification et l'anticipation de tout ce qu'il faut organiser dans une vie familiale. Cette pression invisible est portée en majorité par les femmes, dont les pensées sont tournées vers la liste des choses à accomplir : frigo à remplir, inscriptions scolaires à effectuer, rendez-vous médicaux à prendre, etc. D'ailleurs, la charge mentale n'est pas seulement ménagère, elle concerne aussi des sphères telles que la santé, le travail et même la sexualité. C'est une préoccupation permanente... et harassante.

Comment la soulager ?

À l'heure actuelle, le progrès principal est la reconnaissance de cette charge qui handicape les femmes dans leur vie de tous les jours. Le prochain pas est donc de trouver des solutions qui impliqueraient plus les hommes tout en déchargeant les femmes d'une pression qu'elles subissent au quotidien.

La règle des 7D

Aurélia Schneider, psychiatre, propose des pistes de réflexion autour de la « règle des 7D ». Ainsi, elle suggère de discerner les tâches importantes ou non à prévoir, de diminuer la tyrannie des « Il faut » et « Je dois », de se déprogrammer, afin d'arrêter de se comparer et de se penser moins « performante » que les autres, mais aussi de se déconnecter, de se détendre, d'être douce avec soi-même et... de danser !

Benjamin a dit

Levez-vous un matin et écrivez sur une feuille chaque tâche que vous avez à réaliser (je parle de tâche chiante, comme la lessive ou les courses). Demandez à votre conjoint(e) de faire pareil. Le soir, avant de vous coucher, sortez votre liste (que j'imagine longue) et comparez-la avec celle de votre moitié. S'il y a une nette différence (55 tâches pour vous, 2 pour lui (ou elle), c'est le moment d'organiser la riposte. Laissez-lui en choisir 3 ou 4, qui à partir du lendemain, lui seront destinées. Et une semaine plus tard, recommencez. L'objectif est de redistribuer la charge mentale et de mettre en place une véritable parité dans votre couple d'ici quelques mois.

À lire

Un autre regard. Trucs en vrac pour voir les choses autrement, Emma, éd. Massot, 2017.
La Charge mentale des femmes... et celle des hommes. Mieux la détecter pour prévenir le burn-out, Aurélia Schneider, Larousse, 2018.

Le burn out parental

Si vous vous sentez au bout du rouleau, tant physiquement que moralement, vous faites peut-être un burn out parental.

Cet état assez tabou, différent de la dépression post-partum, toucherait 5 % des parents en France. Pourquoi se retrouve-t-on en burn out parental ? Y a-t-il des profils à risque ? Comment peut-on s'en sortir ?

Les symptômes

Les symptômes du burn out parental sont nombreux, mais les spécialistes en retiennent trois principaux :

– un épuisement moral, émotionnel et physique qui rend toutes les tâches compliquées à réaliser ;

– une distanciation affective avec les enfants : le parent est en pilote automatique, il ne s'investit plus, ou beaucoup moins ;

– un sentiment de perte d'efficacité et d'épanouissement : le parent a l'impression d'être un mauvais parent.

Des facteurs de risque

On a tendance à imaginer que le burn out parental concerne les parents ayant de nombreux enfants jeunes. C'est faux : il peut concerner des familles avec un seul enfant, et pas forcément petit.

Certains facteurs sont cependant identifiés comme étant à risque : le perfectionnisme parental (notamment induit par la pression sociétale) ; la difficulté à exprimer ses besoins ; le besoin d'être dans le contrôle ; le manque de soutien du conjoint ; le manque de moments de qualité avec son enfant (c'est-à-dire où le parent en profite autant que son petit).

L'éviter et s'en sortir

Dans la vie émotionnelle, il est primordial de maintenir en équilibre la balance entre stress et ressources. Il est normal qu'elle penche d'un côté ou de l'autre ; cela l'est moins si elle reste trop longtemps du côté négatif : il y a alors un risque de burn out. Il faut donc prêter attention aux facteurs de risque et les modifier.

Si le burn out est installé, n'hésitez pas à en parler à votre médecin généraliste, votre premier interlocuteur. Il pourra ensuite vous aiguiller vers un psychologue. Vous apprendrez alors à prendre soin de vous, à retrouver du temps pour vous et à vous soustraire d'une pression sociétale ou personnelle néfaste.

À SAVOIR

Alors que la dépression post-partum vient dans les 12 mois suivant la naissance et qu'elle concerne la vie dans son ensemble, le burn out parental concerne une sphère de la vie (la famille), et l'épuisement est lié au seul rôle de parent. Il peut durer longtemps s'il n'est pas diagnostiqué.

Parole de parent

Audrey, maman de Léonie (10 mois)

Mon mari est un éternel optimiste, il ne comprenait pas ce que je vivais. J'avais besoin que ma maison soit rangée, que tout soit nickel. J'étais très stressée. Je voulais être la meilleure en tout. La meilleure maman, la meilleure femme, la meilleure au bureau... Chose im-po-ssible ! J'avais l'impression que ma vie s'était transformée en rouleau compresseur avec cette sensation horrible de ne pas avoir de temps pour moi. J'ai décidé de consulter. Aujourd'hui ça va mieux, je prends du recul. Mon conseil : n'hésitez pas à parler de votre ressenti. Posez-vous. Écrivez ce que vous ressentez. Tout est surmontable.

À lire

Le Burn-out parental, l'éviter et s'en sortir, Moïra Mikolajczak et Isabelle Roskam, Odile Jacob, 2017.

Mère épuisée, Stéphanie Allénou, Marabout, 2012.

Ressource

dr-mood.com

Une application gratuite pour faire le point sur un potentiel burn out parental.

Parent solo

En France, une famille sur cinq est monoparentale, avec une majorité de mamans seules.

Éducation des enfants, tâches ménagères, travail, mais aussi vie personnelle et regard des autres, la vie de parent solo est marquée par des difficultés, parfois accompagnées d'une grande souffrance. Mais cette épreuve peut aussi se révéler une opportunité de réinventer sa famille et de découvrir des ressources insoupçonnées.

Des défis quotidiens

Le manque de temps constitue l'une des difficultés récurrentes constatées par Ana Volsy, de l'association Uniparent : toute la semaine, week-end compris, le parent court entre ses différences obligations, le moindre imprévu remettant en cause une organisation déjà tendue. À cela s'ajoute fréquemment un manque de moyens, s'expliquant entre autres par des pensions alimentaires non honorées et des aides faibles et difficiles à obtenir. Le parent solo déplore souvent un manque d'écoute bienveillante, faisant face à des reproches réguliers du type : « Arrête de te plaindre, tu crois que c'est mieux chez moi », ou « Il fallait y réfléchir avant... »

Les papas solos dénoncent de leur côté des doutes et une méfiance quasi systématique qui pèse sur eux. Par exemple, l'un d'entre eux expliquait que quand sa fille voulait inviter des copines à dormir, il est arrivé que des mères refusent parce qu'il était un papa tout seul. Il a fallu inviter les mères pour qu'elles voient le logement, et expliquer la situation.

Pour sa part, Sophie Braun, avec son regard de psychanalyste, met en lumière la solitude, un sentiment de honte et un isolement très fort. En effet, alors qu'on imagine que la société a évolué, en réalité, la famille traditionnelle reste le modèle dominant et il n'est pas facile de trouver sa place en tant que parent solo.

Oser demander de l'aide

Voilà une démarche extrêmement difficile pour beaucoup d'entre nous, quelle que soit notre situation personnelle. Le parent solo revendique l'envie de montrer qu'il sait faire. Mais beaucoup disent aussi ressentir de la gêne à l'idée de demander de l'aide, comme si c'était rabaissant ou honteux. Et pourtant, celle-ci peut faire la différence. Le milieu associatif est une réponse (voir Ressource). Dans ce cadre, les parents peuvent discuter en toute confiance, sachant qu'ils ne seront pas jugés. Ana Volsy le souligne, le fait de trouver un écho à sa situation, de pouvoir échanger avec d'autres monoparents est crucial pour sortir de ce sentiment de honte et pour trouver le courage et la confiance en soi dont on a besoin au quotidien. Au-delà du soutien qu'ils y trouveront, l'échange de conseils pratiques peut aussi faciliter leurs journées (voir p. 227).

Ne pas s'oublier

Dans la réalité, le parent solo met souvent sa vie entre parenthèses, en particulier les mères, qui ont tendance à établir une relation fusionnelle avec leurs enfants. Le sentiment de culpabilité affleure dès lors qu'elles considèrent la possibilité de se remettre en couple, avec cette impression de délaisser leur enfant. Mais Sophie Braun insiste sur un point : ne pas céder à la tentation de

Parole d'expert

Valérie Roumanoff, hypnothérapeute

En cas de séparation, l'enfant a besoin de repères, de savoir concrètement où il va habiter, quand il va voir son père, sa mère, etc. Mais vous n'avez pas à « tout » lui dire. Essayez, autant que possible, de ne pas lui faire part de votre rancœur et de votre colère. En effet, l'enfant sait qu'il est le fruit de ses deux parents. En parlant mal de l'un d'eux, l'enfant se sent coupé en deux et cette moitié de son identité est attaquée : il croit qu'une partie de lui est mauvaise. Pour protéger votre enfant, il faut absolument éviter cela.

Parole de parent

Mélodie, maman solo de Maëlys (8 ans) et de Madhys (6 ans)

Être maman solo, c'est gérer tout en permanence : l'école, les devoirs, les repas, le coucher, les moments où ils vont bien, les moments où ils ne vont pas bien. Pour qu'on puisse aller plus vite et passer plus de temps ensemble, on s'organise pour que tout le monde mette la main à la pâte. Financièrement, je calcule tout. Je passe des heures à chercher des bonnes occasions. Je veux que mes enfants soient heureux, ils n'ont pas choisi la vie d'aujourd'hui, et je fais en sorte qu'ils puissent faire ce qu'ils ont envie, partir en vacances, découvrir le monde...

Parole d'expert

Ana Volsy, secrétaire générale d'Uniparent

Cette réalité doit être plus intégrée à notre modèle social, ce qui passe par une prise de conscience collective de ce nouveau mode de parentalité. Nous croyons à un autre modèle d'entraide, plus solidaire, sans inévitablement être tributaires d'une aide financière de l'État.

la dichotomie « je suis mère ou je suis femme ». Même si c'est très compliqué, ne pas oublier sa vie de femme, ou d'homme, est fondamental. La présence d'un tiers, par exemple un membre de la famille du parent ou un proche, peut aussi être bénéfique pour rééquilibrer les rapports parent-enfant.

Réinventer sa famille

Valérie Roumanoff (voir À lire) a souhaité se rebeller contre l'état d'esprit très sombre des publications qui existent sur le sujet. Pour elle, se raccrocher à l'idée que cette situation non choisie est temporaire est l'une des clés qui permettent de s'imaginer s'en sortir. En changeant son regard, on s'autorise à accepter le merveilleux qui peut naître d'une situation aussi difficile. Ainsi, une séparation peut permettre de révéler un parent différent, en soi ou en son ex-conjoint. En effet, en passant du temps seul avec son enfant alors qu'il n'en avait pas l'habitude, le parent construit une relation plus individuelle, créant de nouveaux moments de complicité. C'est aussi l'occasion de réinventer un nouvel équilibre dans la famille, chacun devant trouver sa juste place.

À lire

Parent solo, Valérie Roumanoff, Eyrolles, 2018.

Ressource

uniparent.com
Ce site propose aux familles monoparentales un réseau social facilitant l'entraide et le partage d'informations entre parents solo.

La famille homoparentale

À ce jour en France, plus de 250 000 enfants grandissent dans une famille homoparentale.

Une famille homoparentale est constituée de deux parents du même sexe. Dans celle-ci, l'enfant ou les enfants peuvent avoir été adoptés, être nés à l'issue d'un parcours de PMA (qui vient tout juste d'être ouverts aux femmes célibataires), une démarche de coparentalité ou encore de GPA (c'est-à-dire de gestation pour autrui, ce qui est encore interdit par la loi française).

Devenir parents

Depuis le désir d'enfant jusqu'à l'arrivée de celui-ci, le chemin est souvent long et ardu pour les couples homosexuels. Devenir parents est donc un projet mûrement réfléchi, nécessitant une grande implication. De plus, comme le souligne le Dr Hefez, psychiatre et psychanalyste, si c'est relativement aisé pour les femmes de faire des enfants, c'est par comparaison extrêmement compliqué pour un couple d'hommes. Il ajoute que dans les représentations sociales, les hommes sont aussi vus comme moins aptes, ce qui renforce la difficulté de l'accès à la parentalité. Toutefois, le parcours est compliqué tant pour les hommes que pour les femmes. Il a fallu attendre septembre 2019, pour que les couples de femmes puissent accéder aussi à la PMA. Jusqu'ici elles devaient faire les démarches à l'étranger. Dans tous les cas, le processus d'adoption pour le père ou la mère non biologique est très long.

La répartition des rôles

Le Dr Serge Hefez observe à quel point la répartition des rôles se transforme, même au sein des couples hétérosexuels : les fonctions paternelles et maternelles s'échangent, se modifient. Comme en témoigne Marc-Olivier Fogiel, les rôles dans un couple gay ne sont pas les mêmes et permettent à l'enfant de se construire un schéma familial, comme dans n'importe quel modèle parental. De même que dans un couple hétérosexuel, en caricaturant un peu, il y a souvent un parent consolant, empathique, et un parent qui gronde et transmet les règles avec autorité. Ces rôles s'établissent de manière spontanée. D'ailleurs, on a tendance à croire qu'un couple homosexuel exclut l'altérité sexuelle, mais c'est faux. L'autre sexe est présent à travers la famille, les amis, l'école, la culture.

En parler aux enfants

Le Dr Stéphane Nadaud, pédopsychiatre et philosophe, conseille aux parents de répondre aux questions des enfants sur leurs origines, même si ces derniers s'interrogent tôt. Ils peuvent aussi en parler à leur bébé s'ils le souhaitent. Toutefois, il nuance : il faut que la démarche soit sincère, pas que les parents parlent des origines pour se dédouaner de leurs angoisses. Quant à la manière de leur dire, chacun choisira ses propres mots au moment voulu, ils seront peut-être instinctifs ou longuement mûris. Un père témoignait de son expérience en formulant ainsi : « Tu as deux papas et une maman de naissance. »

La pression sociale

Les familles homoparentales témoignent souvent de la peur du jugement des autres. Le Dr Stéphane Nadaud parle de double peine, comparant cette pression

Parole d'expert

Dr Serge Hefez, psychiatre et psychanalyste

Il y a une évolution de la famille dans laquelle tout le monde peut trouver sa place. Il n'y a plus une norme familiale mais des normes familiales, et l'être humain a tout à y gagner dans son humanité. Il devient plus universel, il absorbe plus de compétences, est moins coupé en deux, entre deux univers totalement étanches, celui des hommes et celui des femmes.

Parole de parent

Jérôme, papa de Kolia (5 ans et demi)

Sur l'acte de naissance russe était mentionné le nom de Dominique, le père biologique, et celui de la mère porteuse. Pour la démarche d'inscription à l'état civil en France, on est allés jusqu'à la Cour de cassation pour l'obtenir et l'acter. Kolia a eu son acte de naissance retranscrit dans les registres français à 4 ans passés. Nous avons entamé une procédure d'adoption simple. Aujourd'hui, je n'apparais sur aucun papier. Mais je ne sais pas comment parler de l'adoption à mon fils, comment lui expliquer : je suis son père depuis qu'il est né, et je demande un papier pour devenir son père…

sociale à une épée de Damoclès. Les parents craignent que leur enfant aille mal, cette peur étant induite par la société qui leur renvoie une image de famille différente. Or, ces enfants vont bien ! La pression se situe plus du côté des parents que des enfants. Pour ceux-ci, grandir dans une famille homoparentale est leur quotidien, dans un environnement différent d'il y a 20 ou 30 ans, où les préjugés et les stéréotypes étaient beaucoup plus marqués qu'aujourd'hui.

Face aux remarques

Votre enfant vous raconte qu'on lui a dit que sa famille n'était pas normale. Que lui répondre ? Le Dr Nadaud est clair : que ces personnes se trompent. Il vous recommande d'insister : ce qui est important, c'est ce en quoi croit votre famille ; il y aura toujours quelqu'un pour dire qu'on n'est pas bien, qu'il s'agisse du schéma familial, du physique ou autre. Il faut faire front ensemble, dire à votre enfant que cette remarque vous fait aussi de la peine. Et s'il le souhaite, vous pouvez aller parler à cet enfant ou à ses parents.

Problèmes d'état civil

La reconnaissance du parent non biologique est un parcours du combattant. La différence de ces familles se situe là : elles doivent aujourd'hui faire des démarches longues et fastidieuses pour que leur famille soit reconnue devant la loi, en termes d'état civil et de filiation en passant généralement par une procédure d'adoption. Or, comme le souligne le Dr Hefez, cette question participe de l'identité des enfants et de la sécurité de la famille : du jour au lendemain, il peut arriver n'importe quoi à l'un des parents alors qu'il n'est pas reconnu comme tel. C'est au nom de l'intérêt de l'enfant que la Cour européenne des droits de l'homme veut imposer à la France cette reconnaissance.

À lire

Qu'est-ce qu'elle a ma famille ?, Marc-Olivier Fogiel, Grasset, 2018.
Homoparentalité. Une nouvelle chance pour la famille ?, Dr Stéphane Nadaud, Fayard, 2002.
La Fabrique de la famille. Réinventer de nouveaux liens, Dr Serge Hefez, Kero, 2016.

La famille recomposée

Aujourd'hui, en France, 1,5 million d'enfants vivent en famille recomposée.

Dans ces familles de plus en plus nombreuses, il n'est pas toujours simple de trouver sa place, ni pour les parents, ni pour les enfants.

Composer une fratrie

Dans ces familles où les liens du sang n'existent pas toujours, l'enjeu principal est de composer une fratrie et une histoire commune. Bien souvent, les enfants arrivent à créer un lien de fraternité, de complicité, d'aide et d'amitié. En se reconnaissant mutuellement, notamment lorsqu'ils n'ont pas les mêmes parents, en se donnant une place au sein de la famille, ils apprennent l'altérité et la tolérance. C'est un défi, mais aussi une richesse incroyable. Parfois même, les liens entre quasi (voir encadré ci-dessous) sont beaucoup plus simples que les liens entre demi, dont les relations, plus proches de celles des frères et sœurs « classiques », sont empreintes de rivalité et de jalousie. L'arrivée d'un nouveau-né dans une famille recomposée rééquilibre souvent les relations entre les membres de la fratrie, alors reliés par ce bébé.

Et avec les beaux-parents ?

Il arrive fréquemment que les enfants n'aient pas de bonnes relations avec le nouveau conjoint. Ces difficultés naissent lorsque l'enfant veut rester loyal à son autre parent (bien souvent la mère, ce qui met la belle-mère en position de « rivale »), ou lorsque le beau-parent montre des différences de traitement entre les enfants, ce qui peut être ressenti comme une injustice. Elles peuvent également apparaître parce que l'enfant continue d'idéaliser le couple formé par ses parents, rêvant qu'il se recompose… Dans tous les cas, l'enfant se révolte, montre qu'il est en colère voire qu'il va mal, pour rapprocher ses parents et repousser son beau-parent. Cela peut alors créer des difficultés dans la famille recomposée.

La jalousie

Il est bien sûr essentiel de traiter tous les enfants de la même façon, car un traitement différent peut exacerber les tensions. Chaque enfant doit sentir qu'il a une place, qu'il existe dans la famille, même s'il est présent seulement une semaine sur deux. Cela étant, cette uniformité peut amener les enfants biologiques à être jaloux des autres membres de la fratrie. Il est donc important, en tant que parent, de rassurer son enfant, et de trouver un équilibre entre le fait de considérer tous les enfants de la même manière et la nécessité de reconnaître les besoins de chacun. Pour un enfant biologique, sans faire de différence marquée, il est toujours bon de montrer par des petits signes qu'on le considère un peu différemment des autres. Ainsi, on peut passer des moments seul avec lui, privilégiés, pour le rassurer sur l'amour qu'on lui porte.

LES DÉNOMINATIONS

Dans les familles où les enfants cohabitent, les dénominations sont spécifiques : ainsi, un demi (frère ou sœur) est celui avec lequel on a un parent en commun ; un quasi (terme sociologique) est celui avec qui on n'a aucun lien de sang. Dans la réalité cependant, beaucoup d'enfants de familles recomposées se considèrent simplement comme frères et sœurs.

Parole de parent

Alexandra, belle-maman de Rose (6 ans)

Rose est toujours dans le regret du couple de ses parents. Elle est dans la provocation constante, ment beaucoup et m'a déjà dit : « Je n'arrêterai pas de mentir jusqu'à ce que je vive chez ma mère ou que tu partes. » On l'a emmenée voir une psy qui nous a dit qu'elle allait très bien mais qu'il fallait rester ferme.

Les familles mixtes

En France, un enfant sur cinq naît dans un couple de parents mixtes. Une situation parfois plus compliquée qu'il n'y paraît.

2 origines, 2 nationalités, 2 cultures, 2 religions… si la mixité est souvent vue comme une richesse, la réalité est un peu plus complexe.

Réalité *vs* clichés

Face à la mixité dans le couple, deux clichés s'opposent souvent : une image idéalisée de la famille ouverte et tolérante, où le bonheur prédomine ; et une autre plus sombre, qui met en avant les problèmes d'identité des enfants et des difficultés d'appartenance. Dans les faits, la mixité ne présente pas un visage unique : ainsi, certaines familles mixtes ne sont pas biculturelles et ne transmettent pas les valeurs des deux parents, alors que chez d'autres, la double culture est très présente.

Des compromis

Quand l'enfant naît dans une famille biculturelle et que les parents souhaitent transmettre leurs traditions, les compromis sont souvent plus importants que dans les familles dites « traditionnelles ». En effet, le rapport à l'identité, à l'histoire familiale est souvent fort, et les enjeux de transmission très présents. Les parents doivent donc être à l'écoute l'un de l'autre pour discuter de ce qui leur importe et expliquer les traditions qu'ils veulent mettre en place avec leur enfant. Chacun fait un pas vers l'autre, ce qui permettra, de fait, une richesse dans l'éducation des enfants.

Du point de vue des enfants

Si le dialogue existe entre les parents, les enfants seront nourris des traditions transmises par leurs deux parents. Il faut cependant nuancer ce tableau idyllique car certains enfants (et parents, par ricochet) peuvent ressentir des difficultés face à la mixité. Par exemple, en ce qui concerne la couleur de peau des membres de la famille, un enfant métis pourra être confronté aux regards des gens dans la rue ou aux questions de personnes lui demandant si sa maman, à la peau blanche, est réellement la sienne. Les clichés ont malheureusement encore la vie dure.

LE BILINGUISME

Dans un couple mixte, les deux parents parlent souvent deux langues différentes, véritables vecteurs de transmission. Si certains choisissent de ne parler qu'une seule langue, d'autres souhaitent que leurs enfants soient bilingues. Pour cela, il faut commencer à parler à l'enfant dans les deux langues dès la naissance, car son système cérébral est optimal avant 3 ans. La pratique doit ensuite être quotidienne car, tout comme le langage, le bilinguisme est un processus dynamique.

À lire

Enfants de couples mixtes, Anne Unterreiner, Presses universitaires de Rennes, 2015.

Déconstruire les stéréotypes de genre

Dans notre société, les stéréotypes liés au genre sont toujours omniprésents.

Ils existent dans les jeux et les livres pour enfants, mais aussi dans nos comportements d'adultes. Comment lutter contre ces clichés souvent inconscients pour parvenir à une véritable égalité entre les hommes et les femmes ?

Dès la naissance

La différenciation masculin/féminin se met en place dès la naissance, dans les interactions que les parents et la famille ont avec le nouveau-né. Des études ont ainsi montré que les pleurs des bébés ne sont pas interprétés de la même façon selon que l'enfant est une fille ou un garçon... Plus largement, la segmentation existe au sein de la société, qui met en place un véritable système s'adressant différemment aux petites filles et aux petits garçons. Ainsi, l'enfant est baigné dès le plus jeune âge dans un milieu qui ne cesse de lui rappeler qui il est : les jeux d'imitation sont favorisés pour les filles alors que l'on donne aux garçons des jouets à manipuler ; les émotions acceptées pour les filles ne le sont pas pour les garçons (pour qui on tolère surtout la colère). Dans l'habillement, on incite les garçons à être à l'aise alors que leurs comparses portent des vêtements plus « compliqués ». Tous ces comportements viennent des adultes qui, inconsciemment ou non, reproduisent des schémas stéréotypés.

Quelles solutions ?

Si l'on souhaite que les enfants grandissent dans l'égalité, sans stéréotypes de genre, il faut que les parents, mais aussi les accompagnants dans les structures collectives, travaillent à revoir leur éducation. Ainsi, l'association Artémisia à Toulouse propose dans les crèches le programme Égalicrèche visant à former les encadrants à déconstruire les clichés, à travers un programme d'égalité pour les enfants. Cela passe notamment par une réflexion sur les jeux proposés et les interactions avec les plus petits, dès 3 ans.

D'une façon plus globale, il est nécessaire de sensibiliser tous les parents aux stéréotypes de sexe pour que l'orientation des enfants dès le plus jeune âge cesse. Pour cela, il faut repenser les jouets, mais aussi la littérature jeunesse, l'habillement, le sport (les garçons font souvent des sports collectifs, contrairement aux filles), etc. C'est en déconstruisant les stéréotypes de genre dès l'enfance que l'on peut espérer une égalité plus tard. Car si la différence biologique des sexes est une réalité, l'égalité des aptitudes et des compétences entre hommes et femmes en est une également.

À lire

La Vie en rose, Brigitte Grésy, Albin Michel, 2014.
Manon dit toujours non, Helena Noguerra, Actes Sud Junior, 2017.

L'adoption

L'adoption peut être un souhait profond mais également une dernière chance quand un couple a épuisé toutes les solutions contre l'infertilité.

Près de 20 000 foyers disposent aujourd'hui d'un agrément en France, mais le nombre d'enfants adoptables se réduit fortement. Comment se préparer à l'arrivée d'un enfant adopté ? Que doit-on lui dire de son histoire personnelle ?

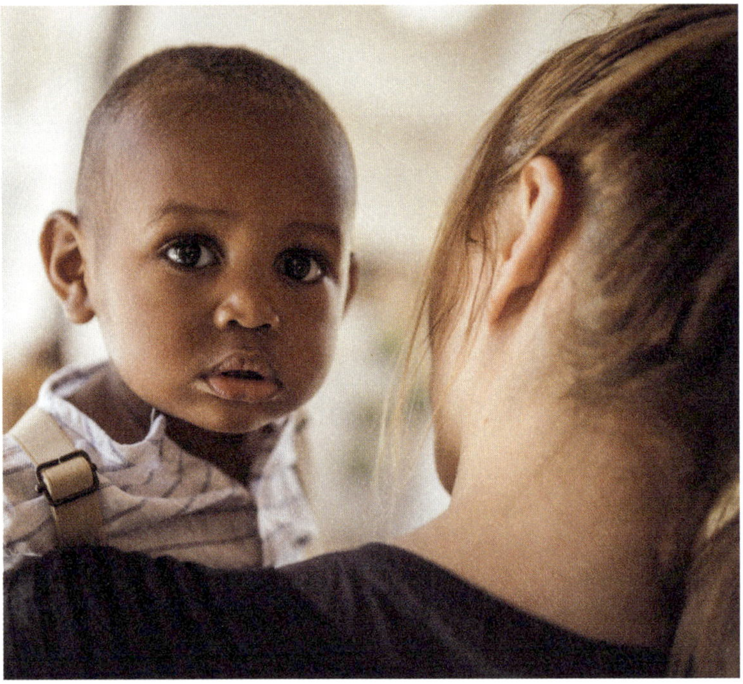

Les démarches

En France, pour adopter, il faut faire une demande d'agrément au conseil général de son département, par courrier. Puis, pendant 9 mois (le temps d'une grossesse), le ou les demandeur(s) rencontrent des psychologues et des cadres sociaux éducatifs pour parler de leur désir d'enfant, de leur démarche, de leur quotidien... Cette période souvent éprouvante sert à se préparer et aboutit à la délivrance – ou non – d'un agrément, valable 5 ans. Vient ensuite une période d'attente, qui peut se compter en années, pendant laquelle les parents attendent qu'on leur confie un enfant.

Les démarches pour adopter un enfant à l'étranger sont différentes, et doivent être étudiées selon le pays dans lequel on souhaite adopter. La plupart du temps, il est nécessaire de passer par un organisme spécialisé.

Quand l'enfant est là

Les psychologues le conseillent aux parents adoptifs : lorsque l'enfant arrive dans sa nouvelle famille, il faut prendre le temps (au moins pendant un an) de resserrer le noyau familial autour de lui et éviter, par exemple, d'introduire de nouvelles personnes dans son quotidien (hormis ses parents et ses frères et sœurs), d'organiser des fêtes ou de changer d'endroit trop souvent. L'enfant adopté a besoin de repères, il est important de ritualiser au maximum le quotidien pour le rassurer. Cette période d'« entre-soi » va permettre de créer le lien.

Raconter

L'adoption ne doit pas être un sujet tabou : on peut en parler naturellement à l'enfant dès le départ, en choisissant ses mots selon son âge. Il est essentiel de répondre aux questions qu'il se pose, sans les anticiper, mais sans s'y soustraire. Car ce qu'il veut entendre surtout, c'est que ses parents l'aiment et qu'il est bien leur enfant, même s'il a été porté dans leur cœur plutôt que dans leur ventre.

Ressource

alpa-lefildor.fr
Ce site prépare les futurs parents à l'adoption d'enfants, qu'ils soient munis ou non de leur agrément, et accompagne aussi les parents ayant déjà adopté.

La place des grands-parents

Ils sont 15 millions en France aujourd'hui : plus jeunes, plus actifs, plus investis, les grands-parents restent l'un des pivots de la famille.

Quelles relations les grands-parents, atout cœur de la famille, entretiennent-ils avec leurs petits-enfants ? Que leur transmettent-ils ?

Les grands-parents 2.0

Aujourd'hui, on devient grand-parent autour de 55 ans en France, ce qui, avec l'espérance de vie qui s'allonge et les modes de vie plus actifs, permet à cette génération d'être plus dynamique que les précédentes. Plus en forme qu'avant, les grands-parents présentent des profils très divers, entre les actifs, les retraités, ceux qui sont très occupés et ceux qui sont très présents pour leurs petits-enfants. Dans l'ensemble, ils ont souvent une vie bien remplie et ne sont plus disponibles à tout moment comme pouvaient l'être leurs propres grands-parents. Ils ont une vie personnelle, des activités et ils le revendiquent.

Le rôle des grands-parents

Loin d'être des parents « bis », les grands-parents sont là pour transmettre à leurs petits-enfants. Ils les inscrivent dans une histoire : en leur racontant d'où ils viennent et en partageant leurs souvenirs de famille, les grands-parents apportent une richesse essentielle dans la vie des plus jeunes en les ancrant dans une filiation. Ils partagent des passions : que ce soit la pêche ou les mots croisés, les relations avec les petits-enfants sont souvent empreintes de moments passés autour de la transmission d'une activité. Dans les liens qui se créent entre les petits-enfants et leurs grands-parents, la tendresse est un pilier : ces derniers n'ont en effet plus la charge de l'éducation des enfants (qui revient aux parents) et peuvent se focaliser sur les bons moments. Il n'est ainsi pas rare de voir des liens profonds d'amour et de respect se tisser entre les générations.

Marie a dit

Pour rester en contact avec les grands-parents qui sont parfois loin, voici quelques idées : des échanges de lettres, même si cela paraît désuet, permettent de se raconter le quotidien. Skype est un bon outil pour garder régulièrement le lien en se programmant des rendez-vous toutes les semaines. Vous pouvez aussi créer un espace familial en ligne, comme un blog, pour partager les nouvelles. Enfin, ne faites pas l'impasse sur les vacances en famille, un incontournable une fois dans l'année !

À lire

Grands-parents débutants, Caroline Cotinaud, First, 2018.

Divorce, comment en parler ?

Parler du divorce aux enfants est toujours un moment difficile… Voici quelques pistes pour vous y aider.

Quand et comment évoquer le sujet du divorce ? Quels mots utiliser ? Que peut-on leur dire ou ne pas leur dire ?

Le bon moment

Il est toujours difficile de choisir le bon moment pour parler aux enfants de la séparation de leurs parents tant la dynamique de couple est différente selon les familles. L'essentiel est de trouver un juste équilibre entre l'annoncer trop tôt, alors que vous n'êtes pas encore apaisés dans votre décision, et le faire trop tard, quand les conflits prennent trop de place au sein du foyer. Le bon moment arrive lorsque les questions sur le mode de garde, l'école, la maison… sont clarifiées et que vous êtes d'accord sur ce que vous allez dire à vos enfants.

Comment leur dire ?

Lorsque l'on annonce une séparation ou un divorce, il est important de le faire à deux, devant toute la fratrie. Essayez de rester neutres et de ne pas critiquer l'autre parent. Utilisez des mots simples, clairs et concrets. Vous pouvez par exemple dire : « On ne s'aime plus suffisamment », ou encore « Il y a trop de conflits entre nous ».

Rassurez vos enfants en leur précisant que si votre couple amoureux n'existe plus, le couple parental perdure et que l'amour que vous leur portez ne cessera jamais quoi qu'il arrive. La famille reste une famille même si elle change de visage.

Notez que même si votre enfant est un nourrisson, vous pouvez lui parler en adaptant votre discours. Il ne percevra pas les mots mais comprendra toutes vos émotions.

Quelles répercussions ?

Dans la majorité des cas, les enfants ont peur des conflits, dont ils se sentent souvent responsables. La séparation peut être bien vécue si elle permet d'apaiser le quotidien et si l'enfant est entouré. Insistez sur le fait que l'amour que vous lui portez ne changera jamais et qu'il n'est pas la cause de votre séparation. Peut-être trouvera-t-il même des bénéfices secondaires à la situation (deux maisons, deux chambres, des cadeaux plus nombreux à Noël…). Cependant, certains enfants vivent mal cette annonce et présentent des signes qui ne trompent pas : sommeil difficile avec des cauchemars, résultats scolaires en baisse… Dans ce cas, n'hésitez pas à aller consulter un pédopsychiatre pour les aider dans leur cheminement et leur acceptation.

Parole de parent

Agnès, maman d'Amélie (6 ans) et d'Adeline (2 ans et demi)

Nous étions ensemble depuis 17 ans, mariés depuis 15 ans. J'ai pris la décision de divorcer et j'ai commencé les démarches aussitôt, pris conseil auprès d'un avocat… Mon conjoint n'était pas d'accord, il avait du mal à accepter ma décision. Nous avons dû cohabiter quelques mois, mais dès que nous avons trouvé un logement, nous en avons parlé à nos filles. Je voyais qu'elles n'étaient pas très bien depuis quelque temps, elles sentaient les tensions depuis plusieurs mois. Pendant la colocation, elles pleuraient beaucoup, se réveillaient la nuit… Mais nous avons dû attendre que la colère de mon ex-conjoint retombe avant de leur annoncer.

Parole d'expert

Dr Gilles-Marie Vallet, pédopsychiatre

Ce qui est angoissant pour l'enfant, hormis la rupture elle-même, c'est que son quotidien soit brisé. Quand on annonce la séparation, il faut donc être en mesure de rassurer l'enfant en lui disant ce qui va se passer pour lui, concrètement. Il faut aussi être très clair dans son discours, car l'enfant va conserver toute son enfance, et parfois même à l'âge adulte, l'espoir que ses parents se remettent ensemble.

On adopte le zéro déchet !

Il est possible de mettre en place quelques gestes simples pour agir de manière écolo et responsable en famille. Quels sont les réflexes à adopter à la maison ?

Il est de plus en plus facile de prendre de nouvelles habitudes, tant les innovations et les produits sont nombreux pour nous y aider. Tour d'horizon dans deux pièces clés de la maison, la salle de bains et la cuisine.

Dans la salle de bains

Haro sur le plastique et les produits bourrés d'additifs nocifs pour les enfants comme pour les parents ! Il est possible d'opérer de petits changements pour avancer vers une consommation plus écolo. En plus des couches lavables (voir aussi p. 132), pourquoi ne pas acheter une serviette à langer en bambou, dont le côté imperméable est facile à nettoyer ? Pour les fesses de bébé et les joues de maman, préférez des carrés lavables en machine. Vous pouvez également équiper toute la famille de brosses à dents en bambou ainsi que de shampoings et savons solides. Enfin, pensez aux jouets de bain en caoutchouc naturel, idéal pour mâchouiller sans danger.

Dans la cuisine

Là encore, on dit stop au gaspillage. Acheter en vrac, de saison et local est le premier pas vers une consommation responsable. Pour les ustensiles de cuisine, privilégiez le bambou, mais aussi l'inox ou le silicone, qui remplacera les pailles en plastique. Pour les rouleaux d'essuie-tout, on mise sur ceux en tissu lavable plutôt que sur le traditionnel papier absorbant. Côté papier alu, on l'oublie définitivement, pour adopter le papier enduit de cire d'abeille. Enfin, vous pouvez purifier l'eau du robinet avec du charbon actif pour limiter votre consommation de bouteilles en plastique.

Marie a dit

Petit à petit, essayez de passer au vrac à la maison : des sacs en tissu permettent de se ravitailler à juste dose et, à l'arrivée à la maison, il suffit de transvaser dans des bocaux dédiés. Pour les produits ménagers et même les produits d'hygiène, il est possible de trouver de nombreuses recettes afin d'éviter l'achat de flacons et de pots en plastique. Pour les goûters, les collations ou les pique-niques, c'est pareil, vous pouvez investir dans des boîtes, dans des lunch box et dans des gourdes qui éviteront le suremballage.

Fabriquer ses produits d'entretien : un jeu d'enfant !

Il est facile de fabriquer soi-même les produits d'hygiène, mais aussi d'entretien, qui vont être en contact avec bébé.

Les marques vendues dans le commerce proposent des produits avec des listes d'ingrédients souvent longues, incompréhensibles, avec des composants généralement nocifs pour bébé (comme le méthylisothiazolinone, qui peut provoquer des allergies, ou le phénoxyéthanol, un perturbateur endocrinien). Voici quelques idées de produits faits maison, bio, pour être sûr de ce que l'on utilise.

Lessive bio

Ingrédients pour 1 litre :

1 litre d'eau

75 g de savon de Marseille blanc râpé

75 g de cristaux de soude

3 c. à soupe de bicarbonate de soude

A titre facultatif : 10 gouttes d'huile essentielle de lavandin ou de citron

- Faire bouillir 500 ml d'eau. Ajouter les copeaux de savon et faire fondre.
- Ajouter les cristaux de soude préalablement un peu dissous dans de l'eau.
- Bien mélanger et ajouter le bicarbonate.
- Quand tout est homogène, couper le feu et ajouter 500 ml d'eau froide.
- Le mélange va s'épaissir.
- Une fois refroidi, le verser dans un bocal et, si besoin ajouter l'huile essentielle (toujours à froid).

Gel douche pour bébé

Ingrédients :

¼ litre d'eau

½ c. à café d'argile verte en poudre

1 c. à soupe de paillettes de savon de Marseille

1 c. à café d'huile végétale (abricot, jojoba)

A titre facultatif : 2 ou 3 gouttes d'huile essentielle de lavande vraie

- Mélanger dans une casserole l'eau et les paillettes ; bien diluer en chauffant puis attendre que le mélange refroidisse.
- Ajouter l'argile verte, l'huile d'amande douce et l'huile essentielle.
- Transvaser dans un distributeur de savon.

Liniment

Ingrédients :

- Chauffer l'eau de chaux dans une casserole.
- Dans une seconde casserole, mélanger l'huile d'olive et la cire jusqu'à ce que cette dernière ait fondu.
- Ajouter l'eau de chaux au mélange.
- Transvaser dans un flacon pompe préalablement stérilisé.

Le liniment se conserve une quinzaine de jours.

125 ml d'huile d'olive

125 ml d'eau de chaux

1 c. à café de cire d'abeille

J'ai jamais été aussi efficace.

C'est donc ça d'être parent.

Les livres jeunesse coups de cœur d'Agathe

***Quand j'étais petite...*, Sara O'Leary**
Un livre ultra poétique qui me fait penser aux histoires qu'on me lisait petite. Il y a un petit côté rétro très charmant.

***L'Attrape-cauchemars*,**
Paule Battault et Charlotte Ameling
Un livre ludique et interactif qui permet aux enfants de se préparer à une nuit sans cauchemars et de dédramatiser leurs peurs. Vraiment génial !

***Banquise blues*, Jory John et Lane Smith**
Drôle et magnifiquement illustré, ce livre, avec son petit manchot, introduit l'idée de pensée positive pour nos petits, qui mène tout droit vers le bonheur !

***Imagine*, Aaron Becker**
Ce livre est un chef-d'œuvre. Ultra poétiques, les illustrations sans texte permettent aux enfants (et aux parents) de laisser libre cours à leur imagination. Peut-être le livre qui m'a le plus marquée depuis la naissance de mes enfants.

***Les Bobos des animaux*,**
Bernd Penners et Henning Löhlein
Génial pour les plus petits : les enfants mettent des pansements (des vrais, collés sur la couverture) sur les bobos des animaux. C'est très ludique et ça permet, l'air de rien, de faire un peu de prévention !

Tous les *Babar*,
si possible des éditions anciennes
Mon père me lisait des *Babar* quand j'étais petite, et je perpétue la tradition ! En plus de l'histoire devenue culte, les illustrations sont tellement merveilleuses qu'on peut jouer à « cherche et trouve » pendant des heures !

***Pomelo découvre*,**
Ramona Badescu et Benjamin Chaud
Ce livre a donné envie à mes enfants de faire plus attention aux petits détails qui les entourent. C'est plein d'émotions. Je suis une fan absolue !

***Chien pourri*, Colas Gutman et Marc Boutavant**
Sur les bons conseils de Marie Perarnau, j'ai découvert cette série d'ouvrages incontournables qui devraient être dans toutes les bibliothèques d'enfants ! Et nous aussi, les adultes, on passe un bon moment parce que c'est drôle et décalé.

***Jules et le monde d'Harmonia*,**
Jean-Philippe Carboni
J'aime ces livres parce qu'il y a une vraie histoire, du suspense, du fantastique, et que c'est une très belle initiation à la musique. Mon fils ne se séparait pas du tome 1, même à l'école !

Les livres jeunesse coups de cœur de Marie

***Le Géant de Zéralda*, Tomi Ungerer**
Je ne saurais trop expliquer pourquoi cet album fait partie de mes favoris. Je l'ai lu et relu, et mes enfants font de même ! Il est à la fois terrifiant et réconfortant, magnifiquement illustré et riche en découvertes culinaires. Zéralda, l'héroïne, va tâcher de rassasier un ogre avec ses délicieux mets, pour l'empêcher de dévorer des enfants. Une histoire où la peur est présente, où les enfants réussissent à la surmonter tout en frissonnant. Un régal !

***Grand Loup & Petit Loup*,**
Nadine Brun-Cosme et Olivier Tallec
Grand Loup vit seul et a ses petites habitudes. Il fait sa gym, se nourrit, grimpe en haut de son arbre. Un beau jour arrive Petit Loup. Il ne dit rien, se contente d'être là et Grand Loup ne sait pas trop comment réagir. Il s'habitue peu à peu à sa présence et puis voilà que Petit Loup disparaît. Grand Loup est triste, très triste finalement, et il se demande comment faire sans lui. Un merveilleux livre sur ce qui lie les êtres, les amis, les frères et les sœurs. Des illustrations superbes et un texte qui va droit au cœur.

***La petite grenouille qui avait mal aux oreilles*,**
Voutch
Un livre très très drôle dans lequel on suit une petite grenouille dans un parcours médical compliqué. Cette petite a très mal aux oreilles et aucun spécialiste ne réussira à la soigner. Heureusement que son grand-père est là, finalement, pour poser les bonnes questions qui lui permettront d'aller mieux.

***Le roi est occupé*, Mario Ramos**
Un livre dont l'enfant est le héros et qui va le faire beaucoup rire. Des vignettes à soulever pour trouver les passages secrets qui mènent au roi que l'enfant doit absolument rencontrer. Mais que fait donc le roi ? Pourquoi ne veut-il pas être dérangé ? Une fin qui régalera les enfants et un livre qu'ils pourront vite lire comme des grands.

***L'Hiver de la famille Souris*, Kazuo Iwamura**
C'est l'hiver ! Dehors il fait froid, le vent souffle en rafales et il neige. Dans sa maison, bien au chaud, la famille Souris est au grand complet et vaque à ses occupations (brioche, luge, bricolage). Tous sont heureux et on retrouve dans cet épisode mille petits détails de la vie de famille, des moments magiques. J'aime beaucoup ces histoires que j'ai lues enfant et qui ravissent encore les miens.

***La Vie de Kuma Kuma*,**
Kazue Takahashi, Yukiyo Minagawa
Un livre petit format que mes enfants ont toujours eu plaisir à regarder. Un ouvrage sur la simplicité de la vie, sur les gestes qu'on fait, sur les petits bonheurs. J'aime énormément ce petit album apaisant et mes enfants également.

***Les contes palpitants des 7 ours nains*, Émile Bravo**
Des contes revisités à la sauce Émile Bravo avec des ours (nains) complètement déjantés. Une série parfaitement hilarante avec une lecture facilitée par un format BD, à partir de 5/6 ans et jusqu'à très, très tard. On rit de bon cœur et on en redemande !

Les livres jeunesse coups de cœur de Benjamin

***Aspergus et moi*, Didier Lévy**
Un chef-d'œuvre. Tant au niveau des dessins du génial Pierre Vaquez – sans doute l'un des meilleurs spécialistes français de la gravure en taille-douce – que de l'histoire, tellement poétique, tellement merveilleuse. Un jeune rat malin comme un singe est l'un des assistants couleur d'un célèbre peintre, Frantz Aspergus. Problème, l'inspiration et le goût pour la peinture commencent à faire défaut à ce dernier. Heureusement, le petit rat a plein d'idées pour que renaisse le génie. Chef-d'œuvre, je vous ai dit !

***Francisco*, Perceval Barrier**
Une merveille ! L'histoire d'un chat pompiste qui n'aime qu'une chose dans la vie, la solitude que lui offre son métier. Mais un jour, des clients dont la voiture tombe en panne dans sa station passent la nuit avec lui. Ce chat va découvrir qu'avoir de la compagnie, ce n'est pas mal du tout. Un livre qui donne envie de voyager. En se marrant.

***L'école de Léon*, Serge Bloch**
Un livre indispensable pour les enfants qui vont bientôt faire leur rentrée à l'école. Vous allez vivre la première journée, suivie des autres, du petit Léon qui découvre les joies de l'école maternelle. Les copains qui pleurent, la super maîtresse, les comptines et la sieste : votre enfant n'ignorera rien de ce qui l'attend. Et, accessoirement, vous vous rassurerez vous aussi, si la perspective de cette rentrée vous stresse.

***Le Mot interdit*,**
Nicolas de Hirsching et Claire de Gastold
Allez, souvenez-vous ! Je suis sûr que, petit, vous avez lu, un jour, cette histoire. Effrayante mais tellement fascinante, l'histoire d'un garçon qui, au détour d'un canular téléphonique, se voit proposer de recevoir chaque jour un jouet de son choix. À une seule condition : ne jamais commander un jeu qui se termine par le son *eur*. Au risque de devenir esclave de cette étrange compagnie...
Et à votre avis, qu'est-ce qu'il va se passer le jour où il va demander une « montre qui donne l'heure » ? Flippant, mais tellement bon. Pas avant 5 ans.

***Où tu vas comme ça ?* Gilles Bizouerne**
L'histoire d'une petite fille qui marche dans la forêt à la recherche de son papa. Elle rencontre un loup qui lui propose de l'accompagner. Ça semble une mauvaise idée, non ?
Une valeur sûre, merveilleusement illustrée par Bérengère Delaporte.

Bibliographie

Grossesse

Le Guide de ma grossesse au naturel, Willy Belhassen, Nathan, 2012.

Bien manger en attendant bébé, Dr Arnaud Cocaul et Katrin Acou-Bouaziz, First, coll. « Ma p'tite famille », 2018.

Des barbelés dans mon corps, Virginie Durant, éd. du Rocher, 2019.

Docteur, j'ai encore une question, Pr Philippe Descamps Larousse, 2016.

Devenir maman pour les nuls, Anna Roy, Julianna Vamos et Diane de Wailly, First, 2018.

Le Guide anti-toxique de la grossesse, Dr Laurent Chevallier et Claude Aubert, Marabout, 2017.

Moi, je connais bien les bébés, Myriam Szejer, Albin Michel Jeunesse, coll. « La cause des bébés », 2002.

Il y a une maison dans ma maman, Giles Andreae et Vanessa Cabban, Gautier-Languereau, 2001.

Le Bébé, Stéphanie Ledu, Milan Jeunesse, coll. « Mes p'tits docs », 2017.

Et dedans il y a..., Jeanne Ashbé, l'école des loisirs, coll. « Pastel », 1997.

Chats, tout ce qu'ils essaient de nous dire, Dr Laetitia Barlerin, Albin Michel, 2018.

Le Guide féministe de la grossesse, pour des futurs parents libres, Pihla Hintikka et Elisa Rigoulet, Marabout, 2019.

L'Officiel des prénoms 2020, Stéphanie Rapoport et Claire Tabarly, First, 2019.

Ma gym spéciale grossesse, Brigitte Parnet Evain, First, coll. « Ma p'tite famille », 2019.

Pater dolorosa, Jérémie Szpirglas, éd. Le Passeur, 2019.

Le Berceau vide, Dr Marie-José Soubieux, Érès, 2013.

Écoutez-moi grandir, Sophie Marinopoulos, Les liens qui libèrent, 2016.

Naissance

Le Cahier Jeune papa, Benjamin Muller, First, coll. « Ma p'tite famille », 2018.

In utero, Julien Blanc-Gras, Au Diable Vauvert, 2015.

Mes enfants, votre bataille, Marie Agouzoul, éd. Mareuil, 2016.

À nous regarder ils s'habitueront, Elsa Flageul, Julliard, 2019.

Ma bible de l'allaitement, Véronique Darmangeat, Leduc.s, 2018.

Allaiter et reprendre le travail, Véronique Darmangeat, Chronique sociale, 2018.

On en parle de mon périnée ?, Anna Roy, Leduc.s, 2018.

Périnée arrêtons le massacre !, Dr Bernadette de Gasquet, Marabout, 2011.

Bébé de 0 à 2 ans

Une vie secouée, Fleur Duvareille, éd. Sydney Laurent, 2019.

Le marchand de sable va passer, Valérie Roumanoff, First, 2016.

Quand va-t-il (enfin) faire ses nuits ?, Sarah Bursaux, Leduc.s, 2016.

Petites histoires hypnotiques du soir, Sabrina Féret-Hubert, éd. Dangles, 2017.

Pourquoi les pères travaillent-ils trop ?, Sylviane Giampino, Albin Michel, 2019.

Faudrait que je sauve Doudou, mais..., Aurore Jesset, NordSud, 2008.

200 activités d'éveil, Céline Santini avec le Dr Isabelle Leddet, First, 2019.

Un massage pour mon bébé, Nadia Ivanova avec Mathilde Escargueil, First, 2011.

Signer avec son bébé, Sophie d'Olce, First, 2019.

Attention, Gabriel ! Un accident est si vite arrivé !, Laurence Pérouème, éd. Bélize, 2019.

Le Guide des premiers secours pour nourrissons et enfants, Noémie Sylberg, Marabout, 2018.

Pour une enfance heureuse : repenser l'éducation à la lumière des dernières découvertes sur le cerveau, Dr Catherine Gueguen, Robert Laffont, coll. « Réponses », 2014.

Comment te dire ? Savoir parler aux tout-petits, Marie-Noëlle Clément, éd. Philippe Duval, 2013.

Les Écrans : mode d'emploi pour une utilisation raisonnée en famille, Dr Sylvie Dieu Osika, Hatier, 2018.

Ma pause sans écran, 30 jeux à partager avec ses enfants pour les éloigner des écrans, Mango, 2018.

Bébé, dis-moi tout, Ève Piorowicz et Sabine Turcat, Leduc.s, 2018.

Petit-Bleu et Petit-Jaune, Leo Lionni, l'école des loisirs, 1979.

Des couleurs pour maman, Marta Sorte, Fleurus, 2017.

Les Couleurs de monsieur Bear, Virginie Aracil, Bayard Jeunesse, 2017.

1 à 3 ans, la grande aventure de l'autonomie !, Dr Françoise Ceccato, Mango, 2016.

Série *Ma journée Montessori* (8 tomes), Charlotte Poussin, Bayard, 2018.

Je fabrique mon matériel Montessori, Laurence Loiseau-David, La Plage, 2017.

La Couleur des émotions, Anna Llenas, éd. Quatre Fleuves, 2014.

Le Livre en colère !, Cédric Ramadier et Vincent Bourgeau, l'école des loisirs, 2016.

Calme et attentif comme une grenouille, Eline Snel, Les Arènes, 2017.

Enfance

Le Cahier Émotions des enfants, Gilles Diederichs, First, coll. « Ma p'tite famille », 2019.

Au cœur des émotions de l'enfant, Isabelle Filliozat, JC Lattès, 1999.

Quand ça va, quand ça va pas : leurs émotions expliquées aux enfants, Philippe Grimbert, éd. Clochette, 2019.

Le Cahier Enfant serein, Nathalie Saulnier, First, coll. « Ma p'tite famille », 2018.

L'Éducation positive, Ève Aboucaya et Candice Kornberg-Anzel, Marabout, 2018.

Le Cahier Éducation bienveillante, Benjamin Muller, First, coll. « Ma p'tite famille », 2019.

Parents bienveillants, enfants éveillés, Laurence Dudek, First, 2017.

J'ai tout essayé, Isabelle Filliozat, JC Lattès, 2011.

C'est pas ma faute, maman !, Emmanuelle Eeckhout, l'école des loisirs, coll. « Pastel », 2015.

Les Histoires de la récré – Mon voisin de classe est un martien, Grégoire Mabire et Éric Chevreau, Hatier, coll. « Premières lectures », 2016.

Ma sexualité de 0 à 6 ans, Jocelyne Robert et Jo-Anne Jacob, éd. de l'Homme, 2016.

Le Parcours de Paulo, Nicholas Allan, Kaléidoscope, 2006.

La Dyspraxie : 100 questions/réponses, Nathalie Franc, Ellipses, 2016.

Dyslexie et troubles associés, on s'en sort !, Dr Catherine Billard, Tom Pousse, 2016.

www.lamaisondesmaternelles.fr

Le Cahier Méditation et concentration parent-enfant, Gilles Diederichs, First, coll. « Ma p'tite famille », 2018.

Tout est là, juste là, Jeanne Siaud-Facchin, Odile Jacob, 2014.

Comment la méditation a changé ma vie… et pourrait bien changer la vôtre !, Jeanne Siaud-Facchin, Odile Jacob, 2012.

Mes petits moments de méditation, Stéphanie Couturier, Gründ, 2017.

Aider votre enfant à gérer ses colères, Stéphanie Couturier, Marabout, coll. « Le cabinet des émotions », 2017.

Les Lois naturelles de l'enfant, Céline Alvarez, Les Arènes, 2016.

Une année pour tout changer, Céline Alvarez, Les Arènes, 2019.

Parents

Parents organisés, Frédérique Corre Montagu, First, 2019.

Génial calendrier pour toute la famille, Vaïnui de Castelbajac, First, 2019.

Un autre regard. Trucs en vrac pour voir les choses autrement, Emma, éd. Massot, 2017.

La Charge mentale des femmes… et celle des hommes. Mieux la détecter pour prévenir le burn-out, Dr Aurélia Schneider, Larousse, 2018.

Le Burn-out parental, l'éviter et s'en sortir, Moïra Mikolajczak et Isabelle Roskam, Odile Jacob, 2017.

Mère épuisée, Stéphanie Allénou, Marabout, 2012.

Parent solo, Valérie Roumanoff, Eyrolles, 2018.

Qu'est-ce qu'elle a ma famille ?, Marc-Olivier Fogiel, Grasset, 2018.

Homoparentalité. Une nouvelle chance pour la famille ?, Dr Stéphane Nadaud, Fayard, 2002.`

La Fabrique de la famille. Réinventer de nouveaux liens, Dr Serge Hefez, Kero, 2016.

Enfants de couples mixtes, Anne Unterreiner, Presses universitaires de Rennes, 2015.

La Vie en rose, Brigitte Grésy, Albin Michel, 2014.

Manon dit toujours non, Helena Noguerra, Actes Sud Junior, 2017.

Grands-parents débutants, Caroline Cotinaud, First, 2018.

Sites internet

Grossesse

www.lecrat.fr Le CRAT est un site d'informations accessible à tous, professionnels et patients, référenciant les risques des médicaments pendant la grossesse et l'allaitement, et conseillant une autre molécule en cas de doute sur un médicament.

www.endofrance.org EndoFrance est l'association française de lutte contre l'endométriose.

tabac-info-service.fr

www.chantermarchervivre.org Pour en savoir plus sur le CMV et ses conséquences, consulter le site de l'association Chanter Marcher Vivre.

www.grossesse-sante.org L'association Grossesse Santé informe les femmes sur les risques de la pré-éclampsie.

ameli.fr Rubrique détaillée « Grossesse : démarches et accompagnement ».

service-public.fr Les conditions à remplir et les démarches à effectuer pour bénéficier des congés maternité et paternité.

www.jumeaux-et-plus.fr La Fédération Jumeaux et Plus pourra vous accompagner dès l'annonce de votre grossesse.

http://securange.fr/ Pour vous accompagner dans le choix du siège de votre enfant, ce site est spécialisé dans le comparatif de sièges auto. C'est une source précieuse d'informations !

association-agapa.fr et ***petiteemilie.org*** Des associations qui viennent en aide aux parents confrontés au deuil périnatal comme l'AGAPA ou encore Petite Émilie dans le cadre d'une IMG.

www.souvenange.fr Souvenange est une association de photographes bénévoles qui prennent en photo les enfants décédés dans les maternités, à la demande des parents, dans une démarche de souvenir.

Naissance

apaad.fr L'Association professionnelle de l'accouchement accompagné à domicile a publié en 2019 un état des lieux des pratiques des sages-femmes françaises accompagnant les naissances à domicile.

sosprema.com L'association SOS Préma peut vous conseiller et vous soutenir.

www.consultantslactation.org Si vous avez des interrogations sur l'allaitement ou sa mise en place, vous pouvez faire appel à un consultant en lactation.

lllfrance.org La Leche League, association pour le soutien à l'allaitement maternel.

allopmi.fr Pour connaître le centre PMI le plus proche de chez vous.

Bébé de 0 à 2 ans

syndromedubebesecoue.com Pour en savoir plus sur la prévention.

tatiana-syndromedubebesecoue.com Une association qui accompagne et soutient les familles.

reseau-morphee.fr *Un réseau consacré à la prise en charge des troubles chroniques du sommeil.*

mpedia.fr *Un site où les parents peuvent poser toutes leurs questions.*

bebemangeseul.com Des idées de recettes.

www.surexpositionecrans.org

caf.fr Le service public qui gère les prestations financières d'ordre familial et social.

mon-enfant.fr Site géré par la Caisse nationale des allocations familiales.

lejardindekiran.com Un site de ressources éducatives comprenant de nombreux tutoriels pour créer du matériel Montessori.

autismeinfoservice.fr Autisme Info Service est le premier dispositif gratuit et national, d'écoute et d'information par téléphone, mail et chat.

sosautismefrance.fr Association composée de journalistes, avocats, médecins, chercheurs, professeurs, infirmières scolaires, psychologues, chefs d'entreprise au service des familles touchées par l'autisme.

Enfance

https://prekos.fr Une association de chefs d'établissement qui mettent en commun des dispositifs d'accueil pour les enfants précoces.

ajd-diabete.fr L'association L'Aide aux Jeunes Diabétiques accompagne les jeunes et leurs familles.

www.handichiens.org Pour les enfants porteurs de handicap, l'association Handi'chiens forme des chiens d'assistance qui sont ensuite remis aux familles.

Parents

dr-mood.com Une application gratuite pour faire le point sur un potentiel burn out parental.

uniparent.com Ce site propose aux familles monoparentales un réseau social facilitant l'entraide et le partage d'informations entre parents solo.

alpa-lefildor.fr Ce site prépare les futurs parents à l'adoption d'enfants, qu'ils soient munis ou non de leur agrément, et qui accompagne aussi les parents ayant déjà adopté.

Index

CRÉDITS ILLUSTRATIONS ET PHOTOS

Illustrations pages 19, 31, 37, 40, 58, 77, 78, 98, 103, 119, 121, 126, 150, 167 : Archives La Maison des Maternelles
Photos pages 36, 123, 215 : Archives La Maison des Maternelles
Avatars « Agathe a dit », « Marie a dit », « Benjamin a dit » et « à lire » : Mélisande Luthringer
Illustrations pages 7-9, 56, 57, 139, 185, 199, 209, 213, 217, 231 : Mélisande Luthringer
Illustrations pages 60, 61, 108, 109, 180, 181, 218, 219, 223, 246, 247 : Leslie Plée
Illustrations pages 12, 22, 85, 193 : Nathalie Jomard
Illustrations pages 15, 47, 64, 67, 73, 99, 107, 129, 132, 145, 158, 159 : Capucine Deslouis

Illustrations pages 244, 245 : Lili aime le nougat
Illustrations page 153 : Junko Nakamura
Photos pages 10, 62 : Catherine Delahaye

Les photos suivantes sont extraites du site https://www.istockphoto.com/fr
p. 14 nensuria ; p. 17 vgajic ; p. 18 Charday Penn ; p. 20 Rawpixel ; p. 21 nd3000 ; p. 23 miljko ; p. 24 gpointstudio ; p. 25 skhoward ; p. 26 gorodenkoff ; p. 27 VLG ; p. 29 SolStock ; p. 30 AleksandarNakic ; p. 32 DonnaDiavolo ; p. 35 Rawpixel ; p. 38 petrenkod ; p. 41 mikkelwilliam ; p. 42 MorozVyacheslav ; p. 43 M_a_y_a ; p. 45 Mikolette ; p. 48 dolgachov ; p. 49 vgajic ; p. 51 PeopleImages ; p. 53 ArtMarie ; p. 59 narvikk ; p. 65 fizkes ; p. 69 RealCreation ; p. 70 kipgodi ; p. 75 gdinMika ; p. 76 gaiamoments ; p. 79 kipgodi ; p. 81 gorodenkoff ; p. 82 RealCreation ; p. 86 andresr ; p. 88 damircudic ; p. 89 kenkuza ; p. 91 jpgfactory ; p. 93 SolStock ; p. 94 PeopleImages ; p. 95 PeopleImages ; p. 97 Yuri_Arcurs ; p. 100 Pilin_Petunyia ; p. 102 YsaL ; p. 105 PeopleImages ; p. 106 sandsun ; p. 110 olesiabilkei ; p. 113 monkeybusinessimages ; p. 114 julief514 ; p. 116 Halfpoint ; p. 120 jacoblund ; p. 122 Anchiy ; p. 125 Daniela Jovanovska-Hristovska ; p. 127 AleksandarNakic ; p. 128 ozgurcankaya ; p. 130 TommL ; p. 131 encrier ; p. 133 ChrisCrafter ; p. 135 Rawpixel ; p. 137 Daniela Jovanovska-Hristovska ; p. 140 Rawpixel ; p. 141 LisaValder ; p. 143 monkeybusinessimages ; p. 144 CAP53 ; p. 147 stock_colors ; p. 149 fortise ; p. 151 Mikolette ; p. 155 U.Ozel.Images ; p. 157 Halfpoint ; p. 161 LightFieldStudios ; p. 163 fizkes ; p. 165 quintanilla ; p. 166 tatyana_tomsickova ; p. 169 Rawpixel ; p. 171 svetikd ; p. 172 filadendron ; p. 173 Eva Katalin Kondoros ; p. 175 johnnyscriv ; p. 177 UrsaHoogle ; p. 179 Lisa5201 ; p. 182 eclipse_images ; p. 186 tatyana_tomsickova ; p. 187 Ulza ; p. 189 killerb10 ; p. 190 damircudic ; p. 191 FamVeld ; p. 192 Nicola Katie ; p. 195 katiafonti ; p. 197 Yuri_Arcurs ; p. 200 Kativ ; p. 201 Nadezhda1906 ; p. 202 nailiaschwarz ; p. 203 YSach ; p. 204 KatarzynaBialasiewicz ; p. 205 Lisa5201 ; p. 207 KatarzynaBialasiewicz ; p. 210 digitalskillet ; p. 211 Anetta_R ; p. 212 ZeynepOzy ; p. 214 DGLimages ; p. 220 PhotoAttractive ; p. 225 Dean Mitchell ; p. 226 Nattakorn Maneerat ; p. 227 Halfpoint ; p. 228 AleksandarGeorgiev ; p. 229 PeopleImages ; p. 233 Halfpoint ; p. 235 AleksandarGeorgiev ; p. 237 skynesher ; p. 238 kate_sept2004 ; p. 239 filadendron ; p. 240 wundervisuals ; p. 241 Petar Chernaev ; p. 243 Halfpoint

L'éditeur adresse ses remerciements à Flora Kremer du CRAIF ainsi qu'à Karine Wagner de la Croix-Rouge pour leur relecture et leurs remarques précieuses.

Rédaction des textes : **Anne Bazaugour et Amélie Poggi**
Suivi éditorial : **Marie Tourat**
Correction : **Carine Barth**
Conception maquette : **Sophie Villette**

Éditions First, un département d'Edi8
92, avenue de France 75013 Paris France
Tél. : 01 44 16 09 00 Fax : 01 44 16 09 01
E-mail : firstinfo@efirst.com
Site internet : www.editionsfirst.fr

SBN : 978-2-412-04834-4
Dépôt légal : janvier 2020
Imprimé en France par Pollina - 91173